六波羅探題の研究

森幸夫著

目次

目　次

序章　研究史と本書の構成

第一節　六波羅探題の研究史

六波羅探題は鎌倉幕府軍が後鳥羽上皇軍に圧勝した承久の乱に伴い、京都東郊の六波羅の地に設置された幕府機関である。首長である初代の探題には北条泰時（北方）・同時房（南方）が就任した。六波羅探題は正慶二年（元弘三・一三三三）に足利高氏によって滅ぼされるまで、百十年以上に亘り、鎌倉幕府の京都出先機関として重要な役割を果たした。例えば『太平記』の記述等により、その軍事警察機構としての活動振りはよく知られているところである。

さて六波羅探題の主要任務は、「如二右京兆《（北条義時）》爪牙耳目一、廻二治国之要計一、求二武家之安全二」[1]む、つまり①京都（朝廷）とその周辺の動静の監視にあり、また「六波羅トハ、洛中警固并西国成敗御事也」[2]とみえているように、②洛中警固と③西国成敗（訴訟）とがあった。①・②・③の何れも、幕府・朝廷の安全保障や御家人・荘園領主の権利擁護に関わる重大な任務であり、六波羅探題が鎌倉幕府の西国支配において重要な位置を占めたことがよくわかる。このように六波羅探題は鎌倉幕府の枢要な西国統治機関であったため、早くも江戸時代後期に幕命により和学講談所が編纂した『武家名目抄』に、職名部廿六中として按文（解説・疑義）とともにその関連史料が採録されている。[3]また一九一四年に完成した、百科史料事典ともいうべき『古事類苑』の官位部三十九に、六波羅探題の職掌・補任以下の制度・沿革等に関する史料が収録された。[4]両書により、南北両探題の人事や六波羅探題府の組織等の概要について窺い知ることが可能となったといえる。

しかしながら六波羅探題の考察が漸く盛んとなったのは、後述するように、近年のことである。六波羅探題研究は長らく停滞期にあったといえる。上記したように六波羅探題は、西国支配を担った鎌倉幕府の枢要な統治機関であったが、その重要性に反して研究は遅れがちであったと言わざるを得ない。分厚い蓄積を有する鎌倉時代の政治・法制史研究においても、何故か六波羅探題を主題としたものは僅かしかみられなかった。その理由を考えてみると、六波羅探題に関する史料は、文書はもちろん、公家や寺社の日記、さらに年代記等の編纂史料にも及んでおり、『武家名目抄』や『古事類苑』以上に史料を収集するという基礎的作業に多大な労力を必要としたためと思われる。『大日本史料』も鎌倉中・後期分は未完である。しかし竹内理三氏編『鎌倉遺文』が一九九七年に完結して鎌倉時代の文書が容易に通覧できるようになり、また『民経記』『実躬卿記』（何れも『大日本古記録』）等の鎌倉中・後期の日記類も公刊が進行しつつある。史料的条件が整備されたことにより、近年、六波羅探題研究もにわかに活発化してきた。以下、現在に至る研究史についてみてみよう。

近代以降の六波羅探題に関する初めての考察は、一九〇七年に発刊された三浦周行氏『鎌倉時代史』[5]（早稲田大学出版部）とみられる。「第一期　創業時代」の「第二十九章　戦後の経営」第百五節として「両六波羅の創設」を記述する。「六波羅の北殿、南殿」「重要なる政治機関」「六波羅の管轄」の三つの項に分け、簡明に概説している。続いて五年後の一九一二年には中田薫氏「鎌倉室町両幕府の官制に就て」[6]が発表された。これは鎌倉室町幕府の職制を扱ったもので六波羅探題に関する専論ではないが、『武家名目抄』の所説を批判しつつ、六波羅侍所や同問注所が存在しなかったことが明らかにされている。一九三八年刊行の石井良助氏『中世武家不動産訴訟法の研究』（弘文堂書房）「第一篇　鎌倉幕府不動産訴訟法」も、六波羅探題を単独な形で考察したものではないが、鎌倉幕府における訴訟手続きを豊富な事例に基づき解明するなかで、六波羅探題についても触れるところが少なくない。翌一九三九年石井氏は、「鎌倉時代の裁判管轄（二）」[7]において、六波羅の管轄地域が尾張（のち三河）・加賀以西であり、また『新編追加』の正元元年（一二五九）六月十八日付法令により六波羅の権限が拡大したことを明らかにされた。

中田・石井両氏の研究に典型的なように、当初、六波羅探題については法制史研究の視点から西国成敗機関の側面を中心に考察がなされたといえる。しかし六波羅探題は関東や鎮西探題との比較の中で言及されている感が強く、完結的な単独での考察対象とはなされておらず、この意味で一九三〇年代までは六波羅探題の専論はいまだ存在しなかったと言ってもよいと思われる。一九四三年に発刊された佐藤進一氏『鎌倉幕府訴訟制度の研究』（畝傍書房、一九九三年岩波書店再刊）「第四章　六波羅探題」が初めての本格的考察と位置付けられる。同書は関東・鎮西探題をも含めて鎌倉幕府の訴訟制度の展開を体系的に論じたもので、六波羅探題については「訴訟機関」と「管轄権」の二節に分かち、史料の博捜に基づいた緻密な検討が加えられている。まず前者では六波羅評定衆（文永三年〈一二六六〉以前）、同引付衆（弘安元年〈一二七八〉以前）、五方引付制（永仁以降）の成立時期等が明らかにされた上で、正安二年（一三〇〇）～延慶元年（一三〇八）の間に関東の制度に倣って引付責任制が導入され、六波羅裁判制度が確立することが解明されている。また正和二年（一三一三）に刑事訴訟が、引付管轄より検断頭人の管轄に移ることが指摘されている。一方後者では、六波羅の管轄地域が尾張（のち三河）・加賀以西で、越訴奉行も文永四年に初見すること等を指摘し、「六波羅は審級上からも遂に関東より独立しえなかった」との結論を示された。佐藤氏の史料の博捜と緻密な分析に基づく考察によって、六波羅探題の職制や訴訟機関としての展開過程等が鮮明になったといえる。その研究内容は現在においてほぼ通説化しており、六波羅探題研究における画期的な成果であった。

敗戦後の一九五三・五四年に発表された上横手雅敬氏「六波羅探題の成立」・「六波羅探題の構造と変質」の二論考(8)も、その後の研究に大きな影響を与えた重要な研究である。前者はその先蹤機関の京都守護と対比しつつ、御家人統制に果たした役割等から六波羅探題成立の意義が考察されている。後者では六波羅探題の構造とその変質過程について幕府との関係に重点を置きながら多角的に論じている。六波羅探題は幕府（北条氏）の惣領制的（血縁的）な一族配置による集権的地方支配の一環であり、「西国制圧に必要最低の権限を賦与された幕府政治の請負機関」と位置付けている。六波羅と御家人とは、「幕府権力を媒介として創出され、擬制された統率服従の法的関係」に過ぎなかったことを指摘する。また鎌倉後期以降、軍事検察機能が活発化する事情を、両朝迭立問題の表面化と畿内を中心とする悪党の蜂起とに求めた。上横手氏の研究、特に後者は、北条氏支配の惣領制的性格や畿内の政治・社会情勢等を視野に入れながら、滅亡に至るまでの六波羅探題の変質過程が総合的に論じられており、特筆すべき総合研究となっている。佐藤氏の著書に続く上横手氏の研究によって、六波羅探題の構造や諸活動等が明瞭となり、その具体的な歴史像が明確に浮き彫りにされたといえる。なお上横手氏はその後、正中（一三二四〜二六）前後に悪党とそれに対処する六波羅の活動が最終段階に入ったことを「六波羅探題と悪党」(9)で考察している。

一九六三年には五味克夫氏「在京人と篝屋」(10)が発表された。洛中警固を担った篝屋をテーマとした最初の論文である。その成立や制度的変遷、さらに所在地や在京人によって勤仕される様相などが具体的に明らかにされた。一九六八年の瀬野精一郎氏「鎮西における六波羅探題の権限」(11)は、蒙古襲来以前における幕府―六波羅―鎮西各国守護という指揮系統を認めつつも、訴訟裁断権・軍事統率権ともに微弱であったとしている。また一九七四年の五味文彦氏

「在京人とその位置」[12]は、在京人を「不退在京奉公、不退祗-候六波羅-」（『吾妻鏡』寛元元年十一月十日条）と定義した上で、実例を列挙しつつ、東国からの西遷御家人と西国在住の御家人によって構成されていたことを明らかにした。そして在京人の多くが室町幕府奉公衆に連続していくことが指摘され、「御家人制の観点からみれば、室町幕府は六波羅の発展」という大きな見通しが提示されたのである。六波羅探題と室町幕府との連続面については、一九六〇年に佐藤進一氏が「室町幕府開創期の官制体系」[13]の詳細な脚注において、六波羅評定衆や同奉行人の多くが室町幕府に再出仕していた事実を明らかにされていた。一九七七年の塚本とも子氏「鎌倉時代篝屋制度の研究」[14]は、上記五味克夫氏の研究を深化させたもので、篝屋の勤仕形態や用途賦課等について論じる。保篝屋を事例に、洛中住人との接触が深まり、篝屋が定着した様子を指摘している。

一九六〇〜七〇年代も六波羅探題に関する研究は単発的であり、数えるほどしか論文は発表されなかったが、洛中警固を担う篝屋や在京人についての本格的な考察が始まり、その具体像がかなり明らかにされたことが特筆されよう[15]。

一九八〇年代半ばになると、従来の研究状況を抜け出して六波羅探題研究はにわかに活発化してくる。まず外岡慎一郎氏は六波羅の遵行使節である両使の分析から、六波羅分国ともいうべき独自の支配領域が形成されたことを明らかにし、その一方で六波羅探題が「幕府＝関東の意思とはかかわりなく、王朝権力の、いわゆる権門体制国家の軍事＝暴力機構として機能せざるを得ない状況に陥った」と指摘した[16]。その後、このような六波羅―守護・両使制は建治三年（一二七七）の六波羅探題の体制改革により成立したとし、室町幕府の遵行システムもその遺制の上に成立するとの見通しを述べている[17]。公武交渉史上における六波羅探題の役割の解明作業を行ったのは森茂暁氏である。氏は西国成敗と洛中警固に関し豊富な事例を提示しつつ考察を加えられた。西国成敗では、公家政権側の訴えを審理・裁許し強制執行を行う「王朝権力を支える六波羅の役割の一端」が明らかにされ[18]、洛中警固については、建治三年に画期を置きその活動の周辺を追っている。[19]森氏には六波羅探題と検非違使庁の相互関係の変化をたどった論考もあり[20]、六波羅が次第に使庁の追捕・検断面での職務を代替していく過程が明確にされた。また高橋慎一朗氏は探題被官に焦点を当て、彼等が検断活動において重要な位置を占めたことや、六波羅探題が「北条一門が被官との主従関係を中核に据えて西国支配を行う制度的拠点」であったことを指摘している。[21]六波羅探題の検断に関わる連絡・交渉も探題被官が果たしたとしている。[22]そしてこのような状況が進むなかで六波羅探題が西国御家人から孤立し、在京人・奉行人が離反していくと結論した。[23]その後氏は、「「武家地」六波羅は、「探題と探題被官の六波羅」でもあり」、「「北条氏の六波羅」が発展したもの」[24]、或いは「六波羅では、武家地と信仰の場が共存していた」[25]という、空間や場の問題から六波羅探題についてアプローチしている。さらに筧雅博氏は鎌倉末期の得宗専制政治を主題とした論考のなかで、在京得宗被官平次右衛門入道（安東助泰）について触れ、彼が六波羅探題から独立した存在であったことを明らかにした。[26]なお筆者も本書の原形となる六波羅探題職員に関する拙稿を出した（本章初出一覧参照）。

以上のように一九八〇年代には、六波羅探題に関して、両使、公武交渉、探題被官や職員、さらに都市論的な考察も発表され、多様な論点が提示された。なかでも六波羅探題における建治三年の画期や、六波羅が西国における遵行等を行い、公家政権側の武力機構化したともいうべき側面が浮き彫りにされたことが注目される。[27]

一九九〇年代になると、『鎌倉遺文』の完結によって関係文書を通覧できるようになり、六波羅探題発給文書を中心に据えた研究が多くみられるようになる。まず久保田和彦氏は、泰時・時房、時氏・時盛、重時・時盛、長時期の六波羅探題発給文書を様式・機能から分類し、その分析から六波羅を公家政権の西国支配機関と位置付けた。[28]次いで佐藤秀成氏は六波羅探題を介した守護・守護代宛文書の伝達経路から、六波羅を「関東を凌駕できないでいた中間統括機関」と評価し、[29]また加藤克氏は六波羅探題の文書発給（及び受給）形式が建治三年に整備されることを指摘した上で、守護正員の存在しない西国諸国に、六波羅探題が「奉行国」として奉行人を派遣していた点を明らかにした。[30]ところで、久保田氏の考察が探題の在職期間で区切った、言ってみれば個別限定的方法であったのに対し、全時期の六波羅探題発給文書を様式面から検討し、その体系化を試みたのが熊谷隆之氏である。[31]下文・下知状・書下・御教書に分類した氏の研究により、六波羅探題の発給文書について大綱が得られた。氏は、加藤氏と同様に、両探題連署が原則となる建治三年末を南北両探題制の確立期とみる。熊谷氏には六波羅施行状についての考察もあり、[32]さらに六波羅裁許状の検討を通じて、評定の式日や建治三年末の六波羅の訴訟裁断機関としての質的転換を明らかにしており、六波羅探題を関東の下級審的存在に位置付ける見解に疑問を呈した。[33]

九〇年代以降には、六波羅探題の権力行使が西国社会に与えた影響や、その国制上に占める位置等についても議論が深められた。近藤成一氏は、伏見親政期（一二九〇～九八）に違勅綸旨・違勅院宣が成立して悪党検断のシステムが確立し、本来幕府の管轄外であった本所一円地での紛争に、六波羅探題の武力が発動するようになったことを解明した。[34]また木村英一氏は、鎌倉後期、六波羅探題が勅命を施行することにより紛争を抱え込み、諸階層の不満を増幅させ、六波羅滅亡の原因を醸成したとした。[35]熊谷隆之氏は六波羅御教書の網羅的収集に基づく分析から外岡慎一郎氏の見解を再検討し、六波羅探題の遵行体系の構造と確立過程について考察し、永仁（一二九三～九九）以降に遵行制度が充実して軍事統率・訴訟裁断機関としての六波羅が完成すると結論した。また遵行システムに基づく西国支配のための体制を「六波羅・守護体制」と意義付けた。[36]

この他にも近年の六波羅探題に関係する研究は少なくない。下沢敦氏は篝屋の一時停止を九条道家勢力の削減、北条時頼政権の倹約・撫民重視主義に基づくものとし[37]、齋藤潤氏は在京人の呼称を、弘長元年（一二六一）に北条氏が生み出したものと推定した[38]。また木村英一氏は六波羅探題設置後の洛中警固について考察し、探題被官が重要な位置を占めたことや在京人制成立との関わりから論じている[39]。さらに高橋一樹氏は、鎌倉幕府での到来付を加えた訴陳状の端裏銘が文永～弘安期に六波羅探題から実務的に生じた可能性を指摘している[40]。

一九九〇年代以降になって、六波羅探題発給（受給）文書を基盤とした研究が急速に進み、六波羅探題の果たした歴史的役割を当該期社会や国家のなかに位置付けようとする試みも始まっている。また訴訟機関としての六波羅探題についても、関東の制度を順次移入した下級審的存在に留まったわけではなく、独自の展開を遂げていたことが明らかにされつつある。六波羅探題研究も先学の業績を総括・再検討し、新たな視点からその歴史像を再構築する段階に来ているといえるだろう[41]。

第二節　本書の課題と構成

以上のような研究史を踏まえ、本書では主に南北両探題・六波羅評定衆・奉行人等の職員に焦点を当て六波羅探題を考察する。先に述べたように、近年の研究は、関東の制度を移入しつつも六波羅の訴訟機構が独自の展開を遂げたことを明らかにしている。六波羅探題はその権限が限定され、重事においては関東の指示・命令を受けながらも、武家権力機構として独自な発展を遂げていたのである。洛中警固も六波羅探題が担ったことは先にみた通りである。六波羅探題府は京都に置かれた小幕府といってもよいだろう。しかしながら、このような六波羅探題の機構をいかなる人々が支えたかについては十分に明らかになっていない。人事は政治の要諦であり、裁判等の政務に携わった六波羅探題職員の解明は基礎的かつ重要な課題であるといえる。首班である南北両探題をはじめ、どのような御家人たちが六波羅評定衆・同引付頭人、或いは奉行人として六波羅の政務に関わったかを明らかにする必要があろう。

例えば、関東では得宗専制政治の進展とともに、北条一門の評定衆や引付衆の全体に占める割合が高くなることが明らかにされているが、[42]そのような事態が六波羅探題府でも生じたのかどうかも検討課題といえるだろう。また前節でみたように、六波羅奉行人や在京人の多くが室町幕府に引き継がれるという事実の指摘があるが、その理由についても、六波羅職員の構成や動向等を探るなかでその解答を見出すことが可能と考える。

本書では以上のような研究の現状や問題関心に基づき、探題以下の六波羅探題政務職員を中心に考察し、六波羅探題の発展過程や関東・鎮西探題と異なる独自の政治権力組織としての在り方等について実証的に明らかにしてみたいと思う。以下、本書の構成について簡単に述べておく。

まず第一編では六波羅探題の上級職員たる南北両探題及び六波羅評定衆、在京人について考察する。

第一章では北方探題と南方探題の関係に焦点を据えて考察を行う。「六波羅守護次第」や受給文書等の検討により、一方探題が政務主導者たる執権探題であったことを明らかにし、南北両探題の関係の変化から、両探題制の画期等を考える。

第二章では六波羅評定衆在職者を検出して、関東や鎮西探題とは異なるその人員構成の特色を明確にし、さらにその独自な政治的動向について探る。その上で彼等が最終的に六波羅探題から離反した理由を考える。

第三章では建治元年（一二七五）の「六条八幡宮造営注文」の「在京」交名を手がかりに、在京人について検討する。個別的な検証を踏まえた上で、在京人制が洛中警固や西国成敗の機能と密接に関わりつつ、確立していくことを明らかにする。

次いで第二編では六波羅探題の政務職員として重要な役割を果たした奉行人について考察する。

第一章では奉行人をはじめとする六波羅探題の政務職員を網羅的に検出し、六波羅探題府の職制について概観する。主要奉行人十家が存在したことを明らかにし、人的側面から訴訟機関としての六波羅探題の完成期について考える。

第二章では六波羅奉行人の出自を検討するための前提作業として、執権政治期を中心とした関東奉行人の出自について考察する。

第三章では六波羅探題の主要奉行人十家を中心とした出自について探る。前章での検討結果を参照しながら、奉行人は現地採用主義が採られ、関東とは異なる六波羅探題独自の奉行人集団が形成されたことを明らかにする。

第四章では六波羅奉行人の代表ともいうべき斎藤氏について考察する。斎藤氏は関東や鎮西探題でも活躍した奉行人の大族であるが、その主流は六波羅探題奉行人として活動した。公務や文化活動等の多彩な活動足跡を明らかにし、その背景について考える。

第一・第二編は主に西国成敗を担当した職員に関する考察であるが、第三編では六波羅探題のもう一つの主要任務である洛中警固と在京得宗被官について考える。

第一章では洛中警固について考察する。鎌倉初期（源頼朝期）に幕府による洛中警固体制と京中罪人請取り制が成立することを明らかにし、この制度の展開を通じ、鎌倉期の幕府・六波羅探題による洛中警固制度の変化を考える。

第二章では在京しつつも六波羅探題から独立的に存在していた得宗被官安東氏と神氏について考察する。鎌倉後期以降に姿をみせる彼等の動向を断片的史料から探り、その存在意義について考える。
終章では以上の職員を中心とする考察を総括して、六波羅探題の展開過程や特色等を明確にし、関東における得宗政治体制を視野に入れながら、滅亡に至った理由やその歴史的位置等について考える。

初出一覧（新稿以外は何れも加筆・修正した）

序　章　新稿
第一編第一章　原題「南北両六波羅探題についての基礎的考察」『国史学』一三三、一九八七年
第二章　小川信先生古稀記念論集『日本中世政治社会の研究』続群書類従完成会、一九九一年
第三章　原題「六条八幡宮造営注文の「在京」について」『古文書研究』四八、一九九八年
第二編第一章　原題「六波羅探題職員ノート」（第一・二節）『三浦古文化』四二、一九八七年、「六波羅探題職員ノート・補遺」『国学院雑誌』九一―八、一九九〇年
第二章　原題「鎌倉幕府奉行人に関する一考察」『国史学』一七四、二〇〇一年
第三章　『金沢文庫研究』三〇九、二〇〇二年
第四章　新稿
第三編第一章　原題「鎌倉幕府による使庁からの罪人請取りについて」『日本歴史』五〇五、一九九〇年
第二章　新稿（ただし「六波羅探題職員ノート」第三節を一部利用した箇所がある）
終　章　新稿

〔註〕

（1）『吾妻鏡』（新訂増補国史大系）承久三年六月十六日条。
（2）『沙汰未練書』（佐藤進一氏・池内義資氏編『中世法制史料集』第二巻室町幕府法附録）。
（3）『武家名目抄』第一（新訂増補故実叢書）所収。
（4）『古事類苑』官位部二所収。
（5）一九一六年の改訂版が『日本史の研究』新輯一（岩波書店、一九八二年）に収録されている。
（6）『法学協会雑誌』三〇―一〇、のち『法制史論集』第三巻上（岩波書店、一九四三年）に所収。
（7）『法学協会雑誌』五七―一〇。
（8）『ヒストリア』七・一〇、のちともに『鎌倉時代政治史研究』（吉川弘文館、一九九一年）に所収。
（9）『金沢文庫研究』五九、一九六〇年、のち前註著書に所収。
（10）『金沢文庫研究』九三・九四。
（11）竹内理三氏編『九州史研究』（御茶の水書房）所収、のち『鎮西御家人の研究』（吉川弘文館、一九七五年）に収録。
（12）『史学雑誌』八三―八。
（13）石母田正氏・佐藤氏編『中世の法と国家』（東京大学出版会）所収、のち『日本中世史論集』（岩波書店、一九九〇年）に収録。
（14）『ヒストリア』七六。
（15）この他に、一九六〇～七〇年代の六波羅探題に関連する論考として、羽下徳彦氏「検断沙汰おぼえがき（一）～（四）」（『中世の窓』四～七、一九六〇年）、小泉宜右氏「伊賀国黒田庄の研究」（稲垣泰彦氏・永原慶二氏編『中世

の社会と経済』東京大学出版会、一九六二年)、佐藤進一氏『増訂鎌倉幕府守護制度の研究』(東京大学出版会、一九七一年)、黒田紘一郎氏「中世京都の警察制度」(同志社大学人文科学研究所編『京都社会史研究』法律文化社、一九七一年)、京都の歴史第二巻『中世の明暗』(一九七一年)第五章第一節「六波羅探題」(井上満郎氏・川島将生氏執筆)、網野善彦氏「鎌倉幕府の海賊禁圧について」(『日本歴史』二九九、一九七三年、のち『海賊と悪党』〈法政大学出版局、一九九五年〉に所収)、五味文彦氏「使庁の構成と幕府」(『歴史学研究』三九二、一九七三年)、入間田宣夫氏「鎌倉時代の国家権力」(『大系日本国家史2中世』東京大学出版会、一九七五年)、木内正広氏「鎌倉幕府と都市京都」(『日本史研究』一七五、一九七七年)、山本博也氏「関東申次と鎌倉幕府」(『史学雑誌』八六―八、一九七七年)、上横手雅敬氏「六波羅の北条重時」(『日本文化季報』三―四、一九七九年、のち『鎌倉時代』〈吉川弘文館、一九九四年〉に所収)等がある。

(16)「六波羅探題と西国守護」(『日本史研究』二六八、一九八四年)。

(17)「鎌倉末~南北朝期の守護と国人」(『ヒストリア』一三三、一九九一年)。外岡氏には他に関係論文として、「鎌倉後期の公武交渉について」(『敦賀論叢』一、一九八六年)、「使節遵行と在地社会」(『歴史学研究』六九〇、一九九六年)等がある。

(18)「公武交渉における六波羅探題の役割」(『古文書研究』二八、一九八七年)。のち「六波羅探題の「西国成敗」」と改題して『鎌倉時代の朝幕関係』(思文閣出版、一九九一年)に所収。

(19)「公武交渉における六波羅探題の役割」(『日本歴史』四七七、一九八八年)。のち「六波羅探題の「洛中警固」」と改題して前註著書に所収。

(20)「六波羅探題と検非違使庁」(註〈18〉著書所収)。森氏には他に関係論文として、「幕府への勅裁伝達と関東申次」(同所収、初出一九八四年)、「北野天満宮所蔵「紅梅殿社記録」に見る訴訟と公武交渉」(同所収、初出一九九〇年)等がある。

(21)「六波羅探題被官と北条氏の西国支配」(『史学雑誌』九八―三、一九八九年)。のち『中世の都市と武士』(吉川弘文館、一九九六年)に所収。
(22)「六波羅探題被官の使節機能」(『遙かなる中世』一〇、一九八九年)。
(23)註(21)と同。
(24)「「武家地」六波羅の成立」(『日本史研究』三九二、一九九一年)。註(21)著書に所収。
(25)「空間としての六波羅」(『史学雑誌』一〇一―六、一九九二年)。註(21)著書に所収。高橋氏には他に関係論文として、「中世前期の京都住人と武士」(同所収、初出一九九二年)、「六波羅と洛中」(同所収、初出一九九二年)、「尊性法親王と寺社紛争」(『遙かなる中世』一九、二〇〇一年)等がある。
(26)「道蘊・浄仙・城入道」(『三浦古文化』三八、一九八五年)。
(27)この他に、一九八〇年代の六波羅探題に関連する論考として、小泉宜右氏『悪党』(教育社、一九八一年)、筧雅博氏「続・関東御領考」(石井進氏編『中世の人と政治』吉川弘文館、一九八八年)等がある。
(28)「六波羅探題発給文書の研究」(『日本史研究』四〇一、一九九六年)、「六波羅探題発給文書の研究」(鎌倉遺文研究会編『鎌倉遺文研究I　鎌倉時代の政治と経済』東京堂出版、一九九九年)、「六波羅探題発給文書の研究」(『三田中世史研究』七、二〇〇〇年)、「六波羅探題北条長時発給文書の研究」(『日本史攷究』二六、一九九一年)。
(29)「六波羅探題発給文書の伝達経路に関する若干の考察」(『古文書研究』四一・四二、一九九五年)。
(30)「「六波羅奉行国」に関する一考察」(『北大史学』三七、一九九七年)。
(31)「六波羅探題発給文書に関する基礎的考察」(『日本史研究』四六〇、二〇〇〇年)。
(32)「六波羅施行状について」(『鎌倉遺文研究』八、二〇〇一年)。
(33)「六波羅における裁許と評定」(『史林』八五―六、二〇〇二年)。
(34)「悪党召し捕りの構造」(永原慶二氏編『中世の発見』吉川弘文館、一九九三年)。

(35)「鎌倉後期の勅命施行と六波羅探題」(『ヒストリア』一六七、一九九九年)。
(36)「六波羅・守護体制の構造と展開」(『日本史研究』四九一、二〇〇三年)。
(37)「京都篝屋の一時中断・再開をめぐる一考察」(杉山晴康氏編『裁判と法の歴史的展開』敬文堂、一九九二年)。
(38)「鎌倉幕府在京人成立試論」(羽下徳彦先生退官記念論集『中世の杜』、一九九七年)。
(39)「六波羅探題の成立と公家政権」(『ヒストリア』一七八、二〇〇二年)。
(40)「鎌倉幕府訴訟文書の機能論的考察」(『古文書研究』五四、二〇〇一年)。
(41) この他に、一九九〇年代の六波羅探題に関連する論考として、稲葉伸道氏「鎌倉幕府裁判制度覚書(一)」(『年報中世史研究』一五、一九九〇年)、田良島哲氏「六波羅探題発給の二枚の制札」(『日本歴史』五一一、一九九〇年)、黒田弘子氏「裁判にゆれる荘園」(阿部猛氏・佐藤和彦氏編『人物でたどる荘園史』東京堂出版、一九九〇年)、同「百姓申状と本所裁判」(『鎌倉遺文研究Ⅰ 鎌倉時代の政治と経済』前掲)、渡辺浩史氏「流通路支配と悪党」(『年報中世史研究』一六、一九九一年)、申宗大氏「六波羅探題の役割」(『国史談話会雑誌』三三、一九九二年)、渡辺智裕氏「新日吉小五月会の編年について」(『民衆史研究』四六、一九九三年)、永井晋氏「鎌倉時代後期における京都・鎌倉間の私的情報交換」(『歴史学研究』七二六、一九九九年)、同『金沢貞顕』(吉川弘文館、二〇〇三年)、細川重男氏『鎌倉政権得宗専制論』(吉川弘文館、二〇〇〇年)、伊藤邦彦氏「鎌倉時代の小串氏について」(『日本歴史』六二五、二〇〇〇年)、筧雅博氏『蒙古襲来と徳政令』(講談社日本の歴史10、二〇〇一年)、高橋一樹氏「鎌倉幕府における訴訟文書・記録の保管利用システム」(『歴史学研究』七五八、二〇〇二年)、『米原町史』通史編(二〇〇二年)第二章第二節一「六波羅探題の滅亡と番場宿」(高橋昌明氏執筆)、西田友広氏「鎌倉時代の朝廷の検断権と幕府」(『日本史研究』四九三、二〇〇三年)等がある。
(42) 佐藤進一氏「鎌倉幕府政治の専制化について」(註〈13〉著書所収、初出一九五五年)。

第一編　探題・評定衆・在京人

第一章　南北両六波羅探題の基礎的考察

はじめに

承久の乱後、六波羅探題が設置され、①朝廷の監視及びそれとの交渉、②洛中警固、③西国成敗（訴訟）の主として三つの任務を行うこととなった。[1]その主班者である探題には、周知のように、北条氏一族中より通常二名を以って選任された。当時「（両）六波羅殿」[2]と呼称され、一方のみを区別して指称する場合には、「北方（殿）」・「南方（殿）」[3]と呼ばれた。いまその就任者について示せば、表1・北条氏略系図の如くである。[4]北方十七名、南方十二名の在職が知られ、Ⓒ重時流から北方探題九名（重時・長時・時茂・義宗・久時・基時・時範・範貞・仲時）、Ⓕ時房流から南方探題六名（時房・時盛・時国・盛房・宗宣・維貞）を輩出していることが知られる。[5]北方探題に、南方探題よりも家格の高い北条一門が就任したことがわかる（註〈48〉参照）。また、建治三年（一二七七）以前は南方の欠員期間が長期に及ぶこともあり、同年末の北条時村・同時国の探題就任以降、南北両探題の在職が原則化するようになったといえよう。

ところで、将軍の「御後見」[6]たる執権と連署は、南北両六波羅探題が「両六波羅殿」と呼ばれたように、『沙汰未練書』によると、「両国司」或いは「両所」と称されている。けれども侍所別当職を執権が兼帯したように、[7]執権と連署との間には、その職掌上の差違を認めることができる。

では、南北両六波羅探題の場合においてはどうなのであろうか。このような職掌上の差違が存在したのであろうか。

表1　六波羅探題一覧

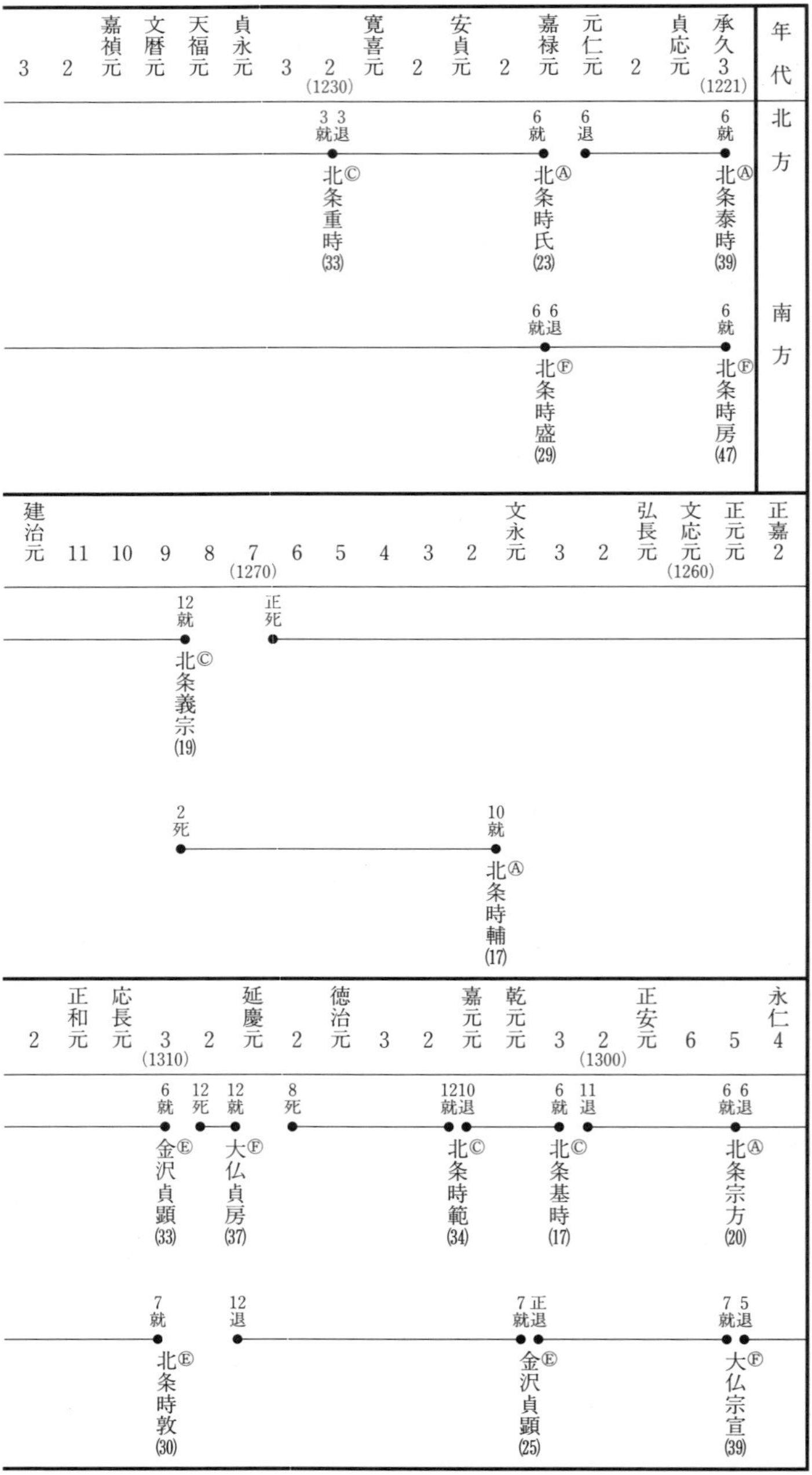
年代
承久3 (1221)
貞応元
2
元仁元
嘉禄元
2
安貞元
2
寛喜元
2 (1230)
3
貞永元
天福元
文暦元
嘉禎元
2
3
北方
6就 北条泰時Ⓐ (39)
6退
6就 北条時氏Ⓐ (23)
3退 3就 北条重時Ⓒ (33)
南方
6就 北条時房Ⓕ (47)
6退 6就 北条時盛Ⓕ (29)
正嘉2
正元元
文応元 (1260)
弘長元
2
3
文永元
2
3
4
5
6
7 (1270)
8
9
10
11
建治元
正死
12就 北条義宗Ⓒ (19)
10就 北条時輔Ⓐ (17)
2死
永仁4
5
6
正安元
2 (1300)
3
乾元元
嘉元元
2
3
徳治元
2
延慶元
2
3 (1310)
応長元
正和元
2
6退 6就 北条宗方Ⓐ (20)
11退
6就 北条基時Ⓒ (17)
10退 12就 北条時範Ⓒ (34)
8死
12就 大仏貞房Ⓕ (37)
12死
6就 金沢貞顕Ⓔ (33)
5退 7就 大仏宗宣Ⓕ (39)
正退 7就 金沢貞顕Ⓔ (25)
12退
7就 北条時敦Ⓔ (30)

＊就は就任、退は退任を示す。
姓名の下の( )は就任時の年齢を示す。
Ⓐ～Ⓕは、北条氏略系図中のどの家系かを示している。

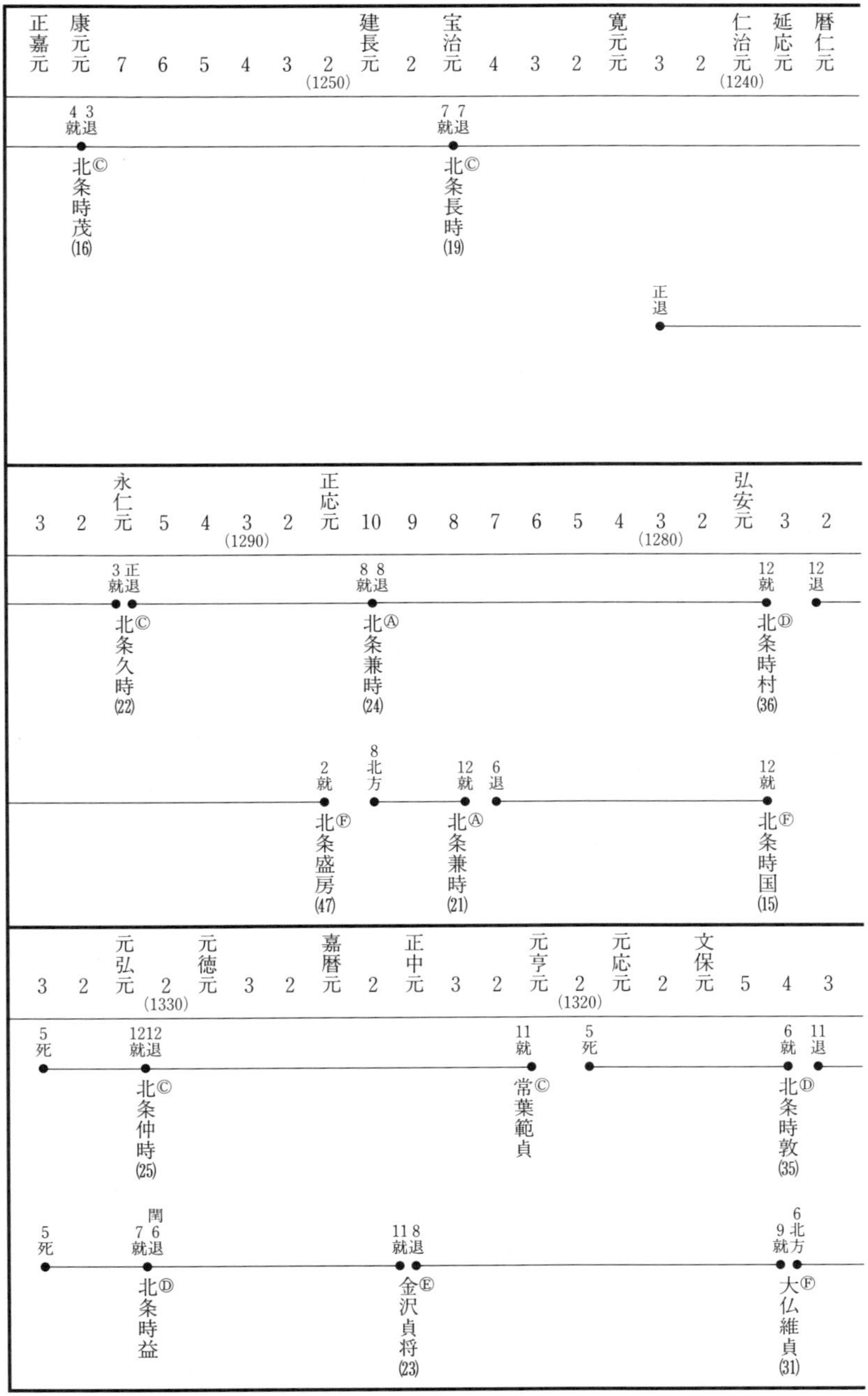
正嘉元　康元元　7　6　5　4　3　2 (1250)　建長元　2　宝治元　4　3　2　寛元元　3　2　仁治元 (1240)　延応元　暦仁元
4就 3退　北Ⓒ 条時茂 (16)
7就 7退　北Ⓒ 条長時 (19)
正退
3　2　永仁元　5　4　3 (1290)　2　正応元　10　9　8　7　6　5　4　3 (1280)　2　弘安元　3　2
3就 正退　北Ⓒ 条久時 (22)
8就 8退　北Ⓐ 条兼時 (24)
12就　北Ⓓ 条時村 (36)
12退
2就　北Ⓕ 条盛房 (47)
8北方
12就　北Ⓐ 条兼時 (21)
6退
12就　北Ⓕ 条時国 (15)
3　2　元弘元　2 (1330)　元徳元　3　2　嘉暦元　2　正中元　3　2　元亨元　2 (1320)　元応元　2　文保元　5　4　3
5死
12就 12退　北Ⓒ 条仲時 (25)
11就　常Ⓒ 葉範貞
5死
6就　北Ⓓ 条時敦 (35)
11退
5死
7就 閏6退　北Ⓓ 条時益
11就 8退　金Ⓔ 沢貞将 (23)
9就 6北方　大Ⓕ 仏維貞 (31)

北条氏略系図

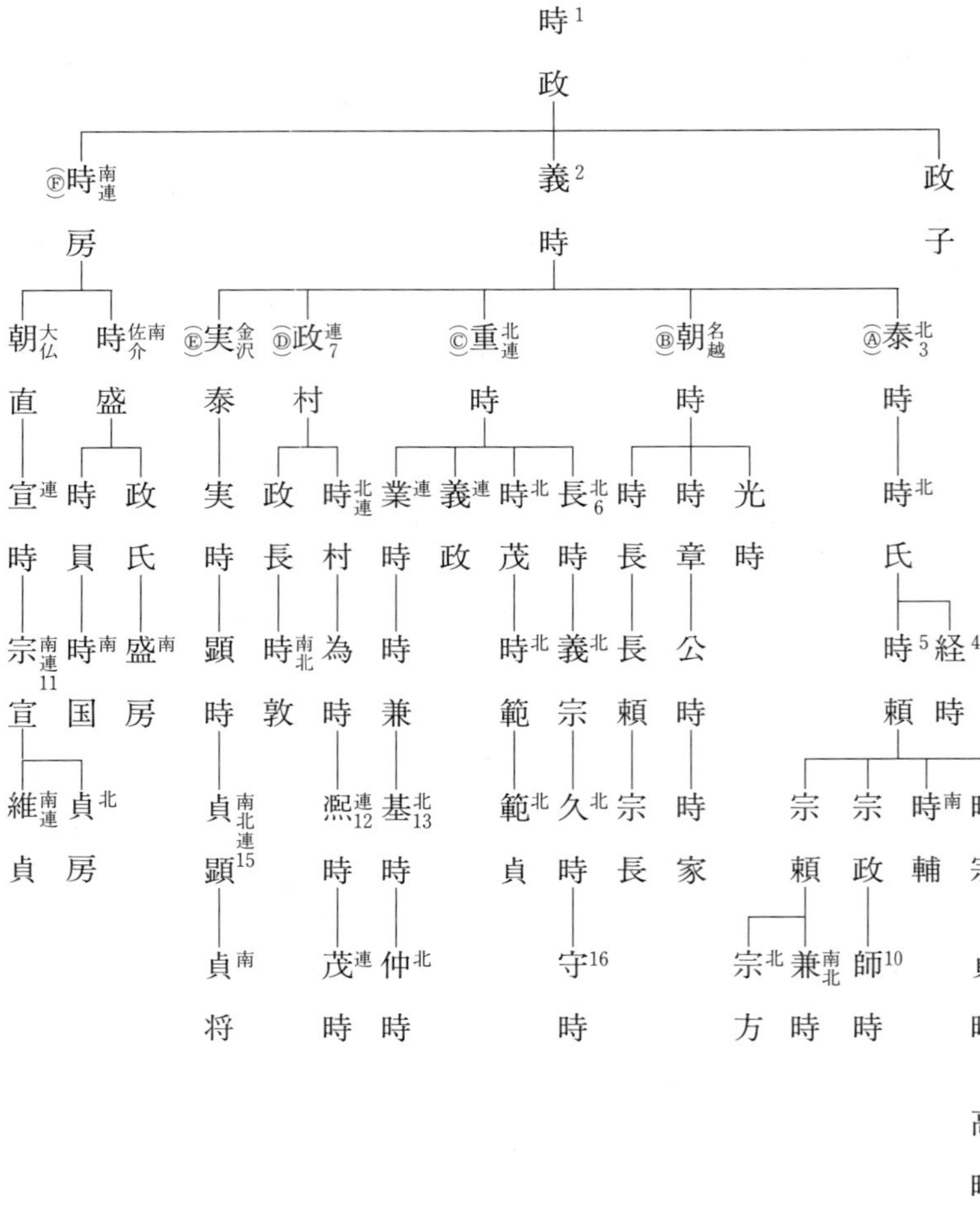

※数字は執権になった順序を示す。
連＝連署
北＝六波羅北方探題
南＝六波羅南方探題

それともそのような相違がみられなくとも、執権の連署に対する如く、機能上、南北両探題のうちの一方が他方に対して優越する地位にあったのか、或いは何らかの権限を有していたということが認められるのであろうか。このような六波羅探題についての基礎的研究は、意外にもいままで看過されてきたようである。しかしこの解明が六波羅探題のみならず鎌倉幕府政治史においても軽視されるべきでないことはもちろんである。そこで、以下本章では、この点に関して考察を加えてみたいと思う。

第一節　執権探題の存在

まず初めに北方・南方という呼称について考えてみよう。

これはもちろん地理的に北方が六波羅領域内の北側に、南方が南側に置かれていたからこう呼ばれたのであろう。その場所は、ともに大和大路の東側であって、北方は旧五条・旧六条坊門の間、南方は旧六条坊門・旧六条の間に所在し、隣接していたとされている。(8)

さて、北方探題と南方探題との権限等をめぐる政治的関係について、いままでに見解を示されているのは、上横手雅敬氏(9)のみである。すなわち、氏はまず、

両者相互に地位・部門・地理的管轄・月番等、職掌上の相違は全く見られない。

と、①南北両探題の職掌上の差違を否定されている。次いで、

南方は往々欠員があり、空任期間二十二年に及んだ例さえある。—此等の事実は、純粋に機能について言えば探題は北方のみで十分であるという結論をひき出させる様である。(中略)六波羅南・北の関係は、(中略)南方の

附随的地位は否定できないであろう。

と述べられ、南北両探題の関係について、「南方の附随的地位」を結論とされている。このことは逆に言えば、氏が②北方の南方に対する優越的地位を認められたと解してよかろう。

本節では上横手氏の②の見解について考えてみたい。

上横手氏の北方優越（「南方の附随的地位」）説の根拠は、「南方は往々欠員があ」ったという点に置かれている。ここからは確かに氏の言われるように、「機能について言えば探題は北方のみで十分である」ということは導き出せよう。けれども、北方・南方両探題が併置されていた時期の北方の優越的地位をも説明するのには無理があるのではなかろうか。やはり、南北両探題がそろって置かれていた期間における両者の関係を、厳密に考察する必要があろう。上横手氏の②説は再検討を要するものと思われる。

ここで氏の②の見解を検討するにあたり、その素材として、「六波羅守護次第」に拠ってみたい。「六波羅守護次第」は、現在、京都大学大学院文学研究科日本史研究室に所蔵されるものであるが、内容はその名称の示す通り、歴代の六波羅探題についての経歴等を記したものである。ただし、その記載は乾元元年（一三〇二）七月に南方探題に就任した金沢貞顕を以って終えているので、成立は十四世紀初め頃と推定される。[10] この「守護次第」が六波羅探題の研究において重要史料であることは、その成立年代よりみても容易に頷かれよう。

ところで、「守護次第」は七代南方探題大仏宗宣について次のように記している（傍線は筆者）。

前上野介平宗宣
永仁五（一二九七）七廿七入洛、着二于長井掃部助貞重宿所一（六条車大路）、同八三御物沙汰始レ之、承久（三年）以後為二南殿一執権　是始（初）也、同十一二始被レ立二南殿一六条大和大路、時房（北条）府旧跡、同六正廿八自二貞重宿所一移二□□（南カ）殿一、同二二一被レ行二御□（御評定）一始也、

大仏宗宣は永仁五年の北（北条久時）・南（北条盛房）両探題の退任により、北条宗方（北方）とともに新たに六波羅探題に就任した（表1参照）。右は宗宣の新南方探題としての約半年間の公的活動についての記載である。このなかで注目したいのは傍線部分である。その部分を、多少意味を補いながら解釈すると次のようになろう。

六波羅探題が設置された承久（三年）以後において、南方として「執権」となったのは、大仏宗宣が初めてである。この解釈のなかでは「執権」という語句が注意されるところである。そこでこの「執権」という語に注目しながら、さらに傍線部分の意味内容を検討してみよう。

ふつう執権といえば、関東（幕府）における執権・連署の執権を指す用例が多いと思われるが、「守護次第」宗宣項にある「執権」の場合も、これと同様関東の執権のことを指していると考えてよいのであろうか。確かに大仏宗宣は、六波羅探題の任を終えて鎌倉に帰った後、連署を経て応長元年（一三一一）には執権に就任している。けれども註（10）で述べたように、「守護次第」の成立が延慶元年（一三〇八）と考えられ、またその根拠の一つとしてもあげたように、宗宣項において宗宣が徳治三年（延慶元）七月十九日、従四位下に叙された記事を以って記載の下限としているので、この「執権」を関東における執権と考えるには無理がある。そしてさらに、次にあげる同じく「守護次第」の北条兼時（弘安十年〈一二八七〉北方就任）・同久時（永仁元年北方就任）項を見れば、この「執権」が関東におけるそれではなく、六波羅探題におけるものであることが自然に理解されるのである（傍点は筆者）。

兼時項

弘安十年移二北方一執権、上判、其時右近大夫将監盛房（北条）自二関東一上洛、置二南方一雖レ為二五品一下判、

久時項

南方丹波守盛房〔北条〕上判、然而為二北□〔方カ〕一執権、久時下判、

北条兼時・同久時はともに関東の執権には就いておらず（またともに連署にもなっていない）、「守護次第」の宗宣項やこの両名の項にある「執権」とは、六波羅探題における「執権」と断ずることができよう。さらにまた、右の二史料では、六波羅探題としては宗宣の先輩にあたる兼時・久時の両名が、ともに北方探題として「執権」となっていることを示しているから、先に解釈した宗宣項の傍線部分の内容――大仏宗宣が承久以後、南方として初めて「執権」となった――とも矛盾は生じず、それと符合しているのである。

さてここに「守護次第」によって、南北両六波羅探題が置かれている場合、何れか一方が「執権」たる地位にあったこと、及び大仏宗宣の就任（永仁五年七月）に至り初めて南方探題の「執権」が現れることの二点を明らかにすることができた。後者は逆にいえば、宗宣就任以前にはすべて北方探題が「執権」であったことを示していよう。そしてこの六波羅探題における「執権」――以下執権探題と呼ぶことにする――が、両六波羅探題のうちのリーダー的存在であったであろうことは、関東における執権と連署との関係に徴しても容易に推測されよう。

以上のような「守護次第」を素材とした検討の結果から、上横手氏の言われるような②北方優越（南方附随）説は、大仏宗宣の探題就任の永仁五年以前はともかくとしても、それ以後においてはあてはまらないことが明白となった。しかし執権探題については、さらに考察を加える必要があろう。「守護次第」はこの点、執権探題が存在したということ以外は何も語ってはくれないのである。そこで次節では、他の史料を交え執権探題についてさらに考察を進めていくことにする。

第二節　執権探題の検出

六波羅探題の発給文書としては、主なるものに御教書・下知状・書下がある。[11] しかし何れの場合においても、南北両探題が在任している時には両名の連署にて発給されるのを原則としている。[12] またその位署の上下については、両探題の位階の上下に基づいている。つまり六波羅御教書・六波羅下知状・六波羅書下の形式を見る限りでは、そこから執権探題についての何らかの表徴を見出そうとすることは困難であると考えられる。

では受給文書、すなわち六波羅探題宛の文書の場合ではどうであろうか。この場合、「はじめに」で述べたような六波羅探題の任務よりすれば、関東（幕府）→六波羅、及び公家（朝廷・寺社等）→六波羅の二つのケースが想定されよう。各々について検討してみよう。

まず関東→六波羅についてみると、この場合、発給される文書としては関東御教書が考えられる。しかしこのケースでも、例えば、『中世法制史料集』第一巻鎌倉幕府法に収載された数多くの、六波羅へと法令を指令・伝達した関東御教書をみれば、基本的に両探題を宛所としていることが知られ、[13] 先にみた六波羅発給文書の場合と同じ結論が導き出されるにすぎない。よって関東→六波羅宛文書からみても、執権探題については何ら知られるところがない。

それでは公家→六波羅の場合はどうであろうか。このケースでは注目すべき史料を見出すことができる。次にその一例をあげてみよう。[14]

㋑伏見上皇院宣案

東寺領大和国平野殿庄土民等敵‐対二本所一致二狼藉一由事、供僧祐遍法印状副二□□、□□一□〔如カ〕ㇾ此、早可二誡沙汰一之□〔由カ〕、

可レ被レ仰二武家一之旨、新院（伏見上皇）御気色所レ候也、以二此旨一可□給、光方（中御門）誠恐頓首謹言、
（永仁六）十二月廿□日　　左衛門権佐光方奉
進上　弾正大弼殿

㋺関東申次西園寺実兼施行状（家司奉書）案
東寺領大和国平野殿庄土民等□（敵カ）二対本所一致二狼藉一由事、蔵人左衛門権佐（中御門光方）奉書副二具書一如レ此、子細見レ状候歟由、
前太政大臣殿（西園寺実兼）可レ申之旨候也、恐々謹言、
（正安元・一二九九）正月九日　　左京権大夫師衡（三善）
謹上　上野前司殿（南方探題大仏宗宣）

この二通の文書は、東寺領大和国平野殿庄土民等の本所敵対に関するもので、㋑は供僧祐遍挙状をうけてその訴えの旨を武家、つまり六波羅探題に伝えるべきことを関東申次西園寺実兼（宛所の弾正大弼は西園寺家家司である）に命じた院宣、㋺は㋑をうけて出された六波羅探題南方大仏宗宣宛の実兼家司三善師衡が奉じた施行状（家司奉書）である。この二通のうち注目すべきは㋺の方で、特にそれが六波羅南方探題大仏宗宣のみに宛てられていることが注意される（当時、一方の探題としては北条宗方が北方に任じていた）。大仏宗宣といえば前節で明らかにしたように、南方探題として初めて執権探題となった人物である。㋺のような関東申次西園寺家の施行状の宛所となる六波羅探題と執権探題との間には何らかの関係が認められそうである。この点を検討してみよう。

森茂暁氏は朝廷から関東、或いは六波羅への交渉ルートを発給文書によって整理されている(15)。氏の研究によると、朝廷↓六波羅においてはすでに㋑・㋺でもみたように、朝廷↓(A)関東申次↓(B)六波羅探題で、Aは院政期では院宣、親政

期では綸旨であり、Bは関東申次西園寺家の家司奉書の施行状である。また朝廷↓関東の場合は、朝廷↓A′関東申次↓B′関東であるが、B′はBのように家司の奉書形式ではなく、西園寺家当主の直状形式の御教書となることを指摘されている。なお綸旨、或いは院宣が出される前には㋑にもみられたように、荘園領主等の挙状（奏状）が上申されること、また朝廷↓関東のルートにおいても、さらにそれが関東↓六波羅へと施行されるケースのあることはもちろんである。

さて関東申次施行状が㋺のように、六波羅に対して発給される時には執権探題のみを宛所としているとすると、関東に対して出される場合には、執権・連署のうちの執権のみを宛所として発せられることが予想されよう。関東申次↓関東の発給文書については、森氏が四例を指摘されている。(16) そのなかから時期的に最も早い一連のもののうち、㋩院宣・㊁関東申次施行状（御教書）・㋭関東施行状（御教書）について左にあげてみよう。(17)

㋩伏見上皇院宣案

（端書）「院宣案」

西大寺四王院并醍醐寺・祇園社三方修造料所敦賀津升米間事、信空上人申状副㆓雑掌解具書等㆒如㆑此、子細載㆓于状㆒候歟、可㆑被㆑申㆓関東㆒之由、院（伏見上皇）御気色候也、頼藤（葉室）誠恐頓首謹言、

正月（延慶二・一三〇九）廿三日　頼藤奉

進上　伊豆前司殿

㊁西園寺公衡施行状（御教書）案

（端書）「西園寺殿施行案」

西大寺四王院并醍醐寺・祇園社三方修造料所敦賀津升米間事、二条前中納言（葉室頼藤）奉書副㆓信空上人申状具書㆒如㆑此、仍執達

如レ件、

（延慶二）正月廿四日　（西園寺公衡）在御判

（執権北条師時）相模守殿

㊭関東施行状（御教書）案

（端書）「関東施行状」

越前国敦賀津升米事、去徳治二未歳季限二五箇季一所レ被レ寄二附西大寺四王院并醍醐寺・祇園社三方修造一也、早任二院宣一可レ被（致）二沙汰一之由可レ令二下知一之状、依レ仰執達如レ件、

延慶二年酉歳三月十四日　（連署大仏宗宣）陸奥守在御判

（執権北条師時）相模守在御判

（六波羅北方大仏貞房）越前々司殿

内容は西大寺以下三方の修造料所越前国敦賀津升米に関してのものであるが、㊁の関東申次施行状はやはり執権師時のみを宛所としており、この時の連署大仏宗宣は宛所となっていないことがわかる。念のため森氏のあげられたもう一つの例を、今度は㊬関東申次施行状（御教書）のみについてみてみよう。(18)

㊬関東申次西園寺公宗施行状（御教書）案

周防国分寺興行事、綸旨副二俊海上人申状并具書一如レ此候也、仍執達如レ件、

（嘉暦二・一三二七）四月廿二日　（附箋）「西園寺公宗」公宗

（附箋）「北条高時歟」相模守殿（執権北条守時）

表2　六波羅探題宛関東申次施行状（～正安2年11月）

	年月日	関東申次及び奉者	宛所	一方探題	内容	出典
1	（弘安5）11・9	西園寺実兼 沙弥観証	武蔵守（北方北条時村）	南方 北条時国	東大寺領伊賀国黒田庄悪党事につき伝う	東大寺文書三（東南院文書）－七六二
2	（弘安6）8・22	西園寺実兼 沙弥観証	武蔵守（北方北条時村）	南方 北条時国	延暦寺執当法眼兼覚・同三綱権寺主定憲等を召し遣わすことを伝う	公衡公記 弘安6・8・22条
3	（正応4）9・4	西園寺実兼 沙弥観悟	越後守（北方北条兼時）	南方 北条盛房	菅浦供御人等申す近江国守護使舟木藤二郎の狼藉のことを伝う	菅浦文書（鎌倉遺文一七六七六）
4	（永仁元）10・12	西園寺実兼 前越前守師衡	刑部少輔（北方北条久時）	南方 北条盛房	御祈願所歓喜寺申す紀伊国和佐庄内箕田村のことにつき伝う	歓喜寺文書（鎌倉遺文一八三八九）
5	（永仁2）8・18	西園寺実兼 前越前守師衡	刑部少輔（北方北条久時）	南方 北条盛房	神護寺領丹波国吉冨庄雑掌道性申す小野河御作手等狼藉のことを伝う	神護寺文書（鎌倉遺文一八六四四）
6	（永仁4）4・9	西園寺実兼 左京権大夫師衡	越後守（北方北条久時）	南方 北条盛房	東寺領大和国平野殿庄雑掌訴申す当庄土民等の下知違背・寺用抑留のことを伝う	東寺百合文書と（鎌倉遺文一九〇四七）
7	（正安元）正・9	西園寺実兼 左京権大夫師衡	上野前司（南方大仏宗宣）	北方 北条宗方	東寺領大和国平野殿庄土民等の本所敵対をなし狼藉のことを伝う	東寺百合文書ネ一五九（二）

この時期、連署に大仏維貞（この時の官途は修理大夫兼陸奥守）が在職中であるが、ここでも「相模守」つまり執権守時のみを宛所としているのである。

森氏の研究に依拠しながら二つの実例を見たにすぎないが、関東申次施行状が関東に対して発せられる場合、執権・連署のうちの執権のみを宛所とすることが確認された。そうすると関東申次→六波羅の場合も㊁のように、執権探題のみを宛所とすることが容易に推知されよう。そこで、再び六波羅探題宛関東申次施行状についてみてみよう。

表2は大仏宗宣と北条宗方が六波羅探題として並んでいた正安二年（一三〇〇）十一月までの（もちろん南北両探題が在任中でなければならない）六波羅探題宛関東申次施行状を整理したものである。[19]これをみるとまず、大仏宗宣（表2―7）以前はすべて北方探題に宛てられていたことが知られる。このことは第一節において述べた「守護次第」宗宣項の「承久以後為二南殿一執権　是始也」の記載と一致するものである。また同じく前節で触れた執権探題北条兼時・同久時についても、それぞれ表2―3と4〜6の充所としてみえるから、これも関東申次施行状が執権探題を宛所としたことを示している。すなわち、ここに六波羅探題宛の関東申次施行状が執権探題を宛所とすることが明らかとなった。

さて、ここまでの考察によって執権探題が両六波羅のうちのリーダーとして、公武交渉の直接の当事者としての任務にあったことが確かめられたと思う。

ところで、表2においては行論上、六波羅探題に大仏宗宣・北条宗方の並んでいた正安二年十一月までの六波羅探題宛関東申次施行状をまとめたが、さらに北条宗方退任以後、南北両六波羅探題が再び併置された（北方基時・南方宗宣）正安三年六月以後のものを整理すると表3のようになる。この期間（南北両探題が在任中でなければならないの

表3　六波羅探題宛関東申次施行状（正安3年6月～）

	年月日	関東申次及び奉者	宛所	一方探題	内容	出典
1	「延慶4」4・29	西園寺公衡 沙弥□	右馬権頭（北方金沢貞顕）	南方 北条時敦	北野宮寺申す紅梅殿在地人等狼藉のことを伝う	北野天満宮古記録 紅梅殿社記録二九頁
2	「応長元」6・29	西園寺公衡 沙弥玄証	越後前司（北方金沢貞顕）	南方 北条時敦	同右	同
3	「正和4」11・11	西園寺実兼 前伊予守春衡	陸奥守（南方大仏維貞）	北方 北条時敦	南禅寺領播磨国矢野別名雑掌申す蔵長法師以下輩狼藉のことを伝う	東寺百合文書ヲ二（四）
4	（文保2）8・12	西園寺実兼 前伊予守春衡	陸奥守（南方大仏維貞）	北方 北条時敦	備前国居都上村以下庄々に対する山科教行雑掌濫妨のことを伝う	田中穣氏旧蔵典籍古文書三八〇-七-一
5	「文保2」8・28	西園寺実兼 前伊予守春衡	陸奥守（南方大仏維貞）	北方 北条時敦	後白河院山科御影堂領備前国居都庄上村雑掌申す冷泉教定雑掌濫妨のことを伝う	田中穣氏旧蔵典籍古文書三八〇-三-一
6	「文保3」3・25	西園寺実兼 前伊予守春衡	陸奥守（南方大仏維貞）	北方 北条時敦	同右	田中穣氏旧蔵典籍古文書三八〇-三-五
7	「元亨3」5・28	西園寺実衡 沙弥静悟	陸奥守（南方大仏維貞）	北方 常葉範貞	三聖寺学侶等申す豊後国大野庄宇佐宮仮殿造営料譴責のことを伝う	田中繁三文書（鎌倉遺文二八四一五）
8	（元亨3）8・6	西園寺実衡 沙弥静悟	陸奥守（南方大仏維貞）	北方 常葉範貞	長門国松嶽寺寺僧申す当寺領地頭濫妨のことを伝う	防長風土注進案（鎌倉遺文二八四七九）
9	（正中2）3・3	西園寺実衡 沙弥静悟	越後前司（南方金沢貞将）	北方 常葉範貞	安楽寺領薩摩国国分寺和与のことを伝う	薩藩旧記雑録（鎌倉遺文二九〇二七）
10	「嘉暦3」12・26	西園寺公宗 沙弥静悟	武蔵守（南方金沢貞将）	北方 常葉範貞	春日社禰宜守職申す備前国上道郡荒野覚法以下濫妨のことを伝う	大宮文書
11	（元徳元）3・30	西園寺公宗 沙弥静悟	武蔵守（南方金沢貞将）	北方 常葉範貞	近江国菅浦惣官供御人等申す守護代以下狼藉のことを伝う	菅浦文書（鎌倉遺文三〇五四九）
12	（元弘元）8・15	西園寺公宗 沙弥静悟	越後守（北方北条仲時）	南方 北条時益	最勝光院領肥前国松浦庄地頭の寺用抑留につき伝う	東寺百合文書ナ七（二）

表4　執権探題一覧

	北方探題	南方探題	年　　月	典　　拠
1	北条泰時	北条時房	承久3(一二二一)・6〜嘉禄元(一二二五)・6	(不明)
2	**北条時氏**	北条時盛	嘉禄元(一二二五)・6〜寛喜2(一二三〇)・3	六波羅守護次第
3	**北条重時**	北条時盛	寛喜2(一二三〇)・3〜仁治3(一二四二)・正	同
4	**北条時茂**	北条時輔	文永元(一二六四)・10〜文永7(一二七〇)・正	同
5	**北条義宗**	北条時輔	文永8(一二七一)・12〜文永9(一二七二)・2	同
6	**北条時村**	北条時国	建治3(一二七七)・12〜弘安7(一二八四)・6	同、表2-1・2
7	**北条時村**	北条兼時	弘安7(一二八四)・12〜弘安10(一二八七)・8	同
8	**北条兼時**	北条盛房	正応元(一二八八)・2〜永仁元(一二九三)・正	同、表2-3
9	**北条久時**	北条盛房	永仁元(一二九三)・3〜永仁5(一二九七)・5	同、表2-4〜6
10	北条宗方	**大仏宗宣**	永仁5(一二九七)・7〜正安2(一三〇〇)・11	同、表2-7
11	北条基時	大仏宗宣	正安3(一三〇一)・6〜乾元元(一三〇二)・正	(不明)
12	北条基時	金沢貞顕	乾元元(一三〇二)・7〜嘉元元(一三〇三)・10	(不明)
13	北条時範	**金沢貞顕**	嘉元元(一三〇三)・12〜徳治2(一三〇七)・8	六波羅守護次第[21]
14	大仏貞房	金沢貞顕	延慶元(一三〇八)・12	(不明)
15	**金沢貞顕**	北条時敦	延慶3(一三一〇)・6〜正和3(一三一四)・11	表3-1・2
16	北条時敦	**大仏維貞**	正和4(一三一五)・9〜元応2(一三二〇)・5	表3-3〜6
17	常葉範貞	**大仏維貞**	元亨元(一三二一)・11〜正中元(一三二四)・8	表3-7・8
18	常葉範貞	**金沢貞将**	正中元(一三二四)・11〜元徳2(一三三〇)・閏6	表3-9〜11
19	常葉範貞	北条時益	元徳2(一三三〇)・7〜12	(不明)
20	**北条仲時**	北条時益	元徳2(一三三〇)・12〜正慶2(一三三三)・5	表3-12

※ゴチックは執権探題を表わす。

は表2の場合と同じ）における六波羅探題宛関東申次施行状は十二通が確認されたが、これにより、（南方北条時敦在任期の）北方金沢貞顕（表3－1・2）、（北方北条時敦・同常葉範貞在任期の）南方大仏維貞（表3－3～8）、（北方常葉範貞在任期の）南方金沢貞将（表3－9～11）、（南方北条時益在任期の）北方北条仲時（表3－12）等が執権探題であったことがさらに明らかとなった。この結果、六波羅探題成立から滅亡までの執権探題をほぼ明らかにすることができたが、それを整理すると、表4のようになる。[20][22]

第三節　執権探題の職掌・権限

執権探題の存在が明らかになったことにより、第一節で触れた、上横手雅敬氏の①南北両探題の職掌上の差違否定説も成立しえなくなったと考えるが、本節では執権探題の職掌・権限についてより具体的に考えてみたい。[23]

前節で、関東申次施行状が執権探題を宛所とすることから、執権探題が両六波羅のうちのリーダーとして、公武交渉の直接の当事者であるとした。その際、考察の対象が関東申次施行状の現れる鎌倉後期以降を中心としたものとなったが、表4－2北条時氏、同3北条重時の執権探題在任期においても、両者が公家政権との交渉窓口であったことが久保田和彦氏によって確認されている。六波羅探題の初期においても執権探題が公武交渉の直接の当事者であることが明確になったといえる。執権探題は六波羅探題の設置期間を通じ、公武交渉のリーダーであったのである。[24][25]

また、執権探題は両探題のうちの上位者と位置付け得るから、両探題の代表として、或いは政務の主導者として活動したと考えられる。執権探題在職者の活動を、執権探題の地位に基づくものと、そうでないものとに判別するのは困難であるが、それでも執権探題としての活動と判断できるケースが存在する。そのいくつかをみてみよう。

弘安四年（一二八一）十月、興福寺衆徒の入洛を防いだ結末として、在京人が流刑に処せられることとなったが、これに対し北方探題北条時村は、在京人にかえ、自己及び南方探題北条時国の被官を以って配流されるように関東に申し入れている。[26]このケースでは南北両探題の代表として北条時村が行動していることが明らかであるから、時村の活動は執権探題の地位に基づくものと考えられる。

永仁六年（一二九八）九月、天台座主妙法院尊教僧正の腹心理教房性算と山門衆徒とが対立し、延暦寺講堂・戒壇等が性算等の放火によって焼失する事件が起きた。「于ㇾ時六波羅管領」であった南方探題大仏宗宣は性算側と親しい関係にあり、放火犯の断罪に消極的であったため、五条橋にその姿勢を批判する落書が立てられた。[27]この一連の経過において、一方探題の北方北条宗方は表面に現れず、宗宣のみが落書で揶揄されており、放火犯の処罪等については「六波羅管領」宗宣の判断に基づき、指示が下されていたと考えられる。大仏宗宣は執権探題として、六波羅検断沙汰を主導していたのであろう。一方探題の北条宗方に対し、宗宣が執権探題として六波羅の職務をリードしたことが明らかである。また執権探題が「六波羅管領」と呼ばれていたことも窺えよう。

さて、北条時村・大仏宗宣のケースから、執権探題が両六波羅のうちの上位者であり、その職務をリードしたことがわかった。公武交渉のリーダーであったことも先に述べた通りである。執権探題のこの二つの職掌は、相対的に一方探題よりも執権探題が優越した権限を持っていたということであり、一方探題の関与を排して単独で権限を行使したものではあるまい。それでは執権探題のみが有した固有の権限は見出せるのであろうか。次にこの点を考えてみたい。

この点に関しては、筧雅博氏が注目された、（嘉元三年・一三〇五）五月十六日付倉栖兼雄書状[28]が重要である。必要部分のみを抜粋して次に掲げる。

抑世上事、先京兆（北条時村）御事、去月廿七日午剋、御使京着、則入二御于北殿一、先長門・鎮西御教書、忩可レ被レ進歟之由、有二其沙汰一、兼雄於二当座一書二御教書一候き、

連署北条時村の暗殺を伝える関東使者が六波羅に到着し、これを承け長門・鎮西探題宛の六波羅御教書を倉栖兼雄が書いたというものである。当時の両六波羅は北方北条時範、南方金沢貞顕で、貞顕が執権探題であった。この書状で注目されるのは、「入二御于北殿一」すなわち南方探題金沢貞顕が北方北条時範邸に移って臨時の評定が行われたが、その際御教書を執筆したのは、北方時範の被官ではなく、南方貞顕の被官であった点である。評定の場が六波羅北殿であったにもかかわらず、文書の執筆者は南方被官倉栖兼雄(29)であった。兼雄が御教書を書いた理由は、主人の金沢貞顕が執権探題であったからと考えられる。執権探題の権限に基づき貞顕は、被官倉栖兼雄に御教書を書かせたと考えられよう。金沢貞顕は執権探題として文書の発給権を有していたのである。この事例から判断すると、六波羅御教書・六波羅下知状・六波羅書下等の六波羅探題文書の発給権は、執権探題が掌握していたと推定できる(30)。執権探題は固有の権限として文書発給権を有していたのである(31)。

以上みてきたように、執権探題は、公武交渉や六波羅の職務における主導者であり、固有の権限として文書発給権を持っていたのである。執権探題と一方探題との間には職掌上の差異が明確に存在したといえる。

第四節　南方執権探題出現の背景とその活動

前節でも触れるところがあったが、表4をみると、大仏宗宣（同－10）以後も金沢貞顕（同－13）・大仏維貞（同

−16・17）・金沢貞将（同−18）の三名の南方執権探題の存在が知られる。では何故、大仏宗宣の六波羅探題就任に至り、それまでの北方＝執権探題という従来の制度が変化し、南方執権探題が現れるようになったのであろうか。この疑問の解決には、大仏宗宣以下四名の南方執権探題の六波羅探題への就任事情、或いは探題としての活動状況を探ることが必要であろう。そこで本節ではこの点を考えてみたいと思う。

大仏宗宣

大仏宗宣の執権探題としての活動については、ここまでの考察の中で度々みてきた。ここでは宗宣の執権探題就任の背景について考えてみたい。宗宣の六波羅探題就任は永仁五年（一二九七）七月である。このことは第一節でも述べたように、同年の五月から六月にかけての南方北条盛房・北方北条久時の解任に伴うもので、北方には宗宣より一ヵ月早く北条宗方が着任している。このような短期間における南北両探題の更迭は前例がない。この永仁五年の六波羅探題の人事一新には、重大な政治的事件が背景をなしていたと考えられる。では永仁五年における重大な政治的事件とは何であろうか。それはこの年の三月六日に立法された、いわゆる永仁の徳政令をおいて他にはあるまい。左に載せた追加法六六一〜六六四条は、[32] 永仁の徳政令に関して、幕府から六波羅へ送った事書とその施行を命じた関東御教書である。

自二関東一被レ送二六波羅一御事書法

一、可レ停二止越訴一事　　永仁五　三　六

（中略）

一、質券売買地事

（中略）

一、利銭出挙事

（中略）

関東御教書、御使山城大学允　同八月十五日京着

越訴并質券売買地、利銭出挙事、々書一通遣レ之、守二此旨一、可レ被レ致二沙汰一之状、依レ仰執達如レ件、

永仁五年七月廿二日　陸奥守在御判（連署大仏宣時）

相模守在御判（執権北条貞時）

上野前司殿宗宣

相模右近大夫将監殿宗方

事書一条目の下に「永仁五　三　六」とあるのは、先に述べたように、幕府において立法された日付である。ところが、施行を命じた御教書の日付は同年七月二十二日となっている。幕府における立法の日時から六波羅への通達には、四ヵ月半が経過しているのである（実際には「同八月十五日京着」とあるから五ヵ月以上を経ている）。この日時の経過について笠松宏至氏は、「徳政令という重大な、しかも御家人以外の者にほぼ一方的損害を与える法令を西国に適用するにあたって、幕府と京都朝廷の間に行われた政治折衝に費されたのであろう」[33]とされているが、傾聴すべき

見解といえよう。三月から七月の間に行われたとされる幕府と朝廷との政治折衝に、宗方・宗宣両探題があたった可能性は両名の就任日時より考えて少ないが、六波羅管国内にこの法令を施行したのはこの両探題なのであった。新探題宗方・宗宣は、まず永仁の徳政令を西国に施行する任務を負っていたのであった。

では、宗方・宗宣は六波羅探題就任以前、幕府内においてどのような地位にあったのであろうか。この点を次にみてみよう。

まず宗方についてみると、彼は時宗の兄弟宗頼の子で、時頼の孫にあたる（北条氏略系図参照）。永仁五年当時の執権貞時とは従兄弟の関係にあったが、兄兼時とともにその猶子となっている。(34) 後年（嘉元頃）、得宗「貞時ガ内ノ執権」・「侍所ノ代官」(35)を勤めていることよりしても、得宗貞時との親密な関係を知ることができる。

一方の宗宣は、時房の子息朝直の孫にあたり、北条氏一門のなかでは傍流の出身である（北条氏略系図参照）。しかしながらその父宣時は、永仁五年当時、北条氏一門の重鎮として執権貞時を補佐する連署の地位にあった。そしてさらに注目されるのは、宗宣の六波羅探題就任以前の幕府内における経歴である。『鎌倉年代記』の宗宣項によれば、評定衆（弘安十年〈一二八七〉十月～）・越訴奉行（頭人、永仁元年五月～十月）・小侍奉行（頭人、同年七月任）・引付頭人（四番、同四年正月～）・寄合衆（同四年十月任）・京下奉行（同年同月任）等の要職にあったことが知られるのである。六波羅探題就任以前にこれ程までに多くの幕府内での経歴を有した者は、少なくとも宗宣以前の探題には存在しないのである。(36) また宗宣は、六波羅探題の任を終えて鎌倉に帰って後は、連署（嘉元三年〈一三〇五〉七月任）を経、応長元年（一三一一）十月、執権に就任している（正和元年〈一三一二〉五月退任）。

さて、宗方・宗宣がそれぞれ執権貞時猶子、連署宣時息男というように、永仁五年当時の幕政主導者の近親者であることがわかった。永仁の徳政令の西国施行に際して、六波羅探題を重時流の久時と時盛流の盛房（北条氏略系図参照）から宗方・宗宣にかえた大きな理由もこのことから説明できよう。つまり、幕政指導者の近親を探題に任じ、関東と六波羅との関係をより強化し、徳政令施行が巻き起こすであろう混乱に対処しようとしたのであろう、と。

では、宗宣が南方でありながら執権探題となったことはどう考えたらよいのであろうか。このことはやはり、宗宣と宗方との個人的な職務能力の差に由来するものであろう。宗方は探題就任時の年齢が二十歳で、政治的な経験も浅かったと考えられるのに対し、宗宣は先にも述べたように、弘安十年以後は評定衆に、永仁四年からは寄合衆にあるなど重職の経歴もあり、探題就任時点では、三十九歳の働き盛りの年齢であった。徳政令による混乱に対処するには、探題の個人的な資質も不可欠であった筈である。宗宣は時房流の家例によって南方探題となったが[37]、その探題就任時点での永仁の徳政令の西国施行という、政治的・社会的理由から、南方探題でありながら執権探題となったと考えられるのである[38]。

金沢貞顕

金沢貞顕は乾元元年（一三〇二）七月、南方探題に就任した。その時、北方には北条基時が在任中であったが、基時・貞顕のどちらが執権探題であったのかは確かめられない。基時が離任（嘉元元年十月）して、北条時範が新たに北方探題となって（同年十二月）以後は、貞顕が執権探題であったことが確認できる。しかし貞顕の執権探題となった事情・背景については、よくわからない。また前節で少し触れるところはあったが、探題としての活動においても、特に目立ったものは認められないようである。しかし、後年、持明院統と大覚寺統が室町院領の帰属をめぐって争った時、幕府内では、「貞顕張行」により、大覚寺統側に有利な裁定を下す結果となった[39]ことよりしても、貞顕がかなりの政治的手腕を持っていたことが窺えよう。

貞顕は、義時の五男実泰流であり（北条氏略系図参照）、祖父実時・父顕時は評定衆に列していたことが知られる。[40]貞顕は延慶三年（一三一〇）にも再び六波羅探題（北方）として上洛するが、帰東後には連署（正和四年三月任）・執権（嘉暦元年〈一三二六〉三月任）に就任している。

大仏維貞

大仏維貞は宗宣の子である。父宗宣のように、維貞も六波羅探題就任以前、小侍奉行（別当、嘉元三年五月任）・評定衆（徳治元年〈一三〇六〉八月～）・引付頭人（五番、同二年正月～）等の要職にあったことが知られ、[41]探題就任時には三十一歳の壮年であった。

探題在任中の活動としては、次の『峰相記』[42]の記事が注目される。

問云、諸国同事ト申ナカラ、当国（播磨）ハ殊ニ悪党蜂起ノ聞ヘ候、何ノ比ヨリ張行候ケルヤラム、答云（中略）正安・乾元ノ比ヨリ、目ニ余リ、耳ニ満テ聞ヘ候シ、所々ノ乱妨、浦々ノ海賊、寄取、強盗、山賊、追落シ、ヒマ無ク（中略）武方ノ沙汰、守護ノ制ニモカカハラス、日ヲ逐テ倍増ス、然間、元応元年（一三一九）ノ春ノ比、山陽・南海ノ内、十二ケ国へ使者ヲ遣シ、当国分ニハ飯尾ノ兵衛大夫為頼・渋谷三郎左衛門尉・糟屋次郎左衛門尉・守護代周東入道、相共ニ地頭御家人ノ起請ヲ以テ、沙汰有ル間、所々ノ城廓、悪党ノ在所、二十余ケ所焼払、現在セル犯人誅セラレ、悪党五十一人注進シテ上洛、国中地頭御家人等ニ仰テ、厳密ニ可㆓召捕㆒由、御教書ヲ成サレ、シカレトモ、其実ハ無シ、亦有名ノ仁ヲ両使ニ定メ、地頭御家人ヲ結番〆、明石・投石、両所ヲ警固セラルル間、両三年ハ静謐ノ由ニテ有シカトモ、奥州維貞下向ノ後ハ弥蜂起シ、正仲(中)・嘉暦ノ比ハ、其振舞先年ニ超過〆、天下ノ耳目ヲ驚ス、

「奥州維貞下向ノ後ハ弥蜂起シ……」とあるように、鎌倉末期に六波羅管国内を中心として深刻な問題となっていた悪党の鎮圧に、維貞がかなりの成果をあげたことがわかる。このような悪党に対しての断固たる対策が、関東の指令をうけてのものか、或いは六波羅探題としての維貞の専断によるのかはにわかに明らかにしえないが[43]、維貞の執権探題としての活躍の一端をよく示しているといえよう。

なお維貞も関東に下向した後の嘉暦元年四月に連署になっている（同二年九月、在任中に死去）。

金沢貞将

金沢貞将は貞顕の子息で、探題就任時の正中元年（一三二四）三番引付頭人の任にあり[44]、父貞顕は連署の地位にあった。

貞将の探題就任の背景としては、当然、その年の九月に起きた正中の変が思い浮かぶ。『花園天皇日記』の正中元年十一月十六日条には、

十六日己亥　晴、貞将上洛、為㆓六波羅南方㆒云々、其勢五千余騎許、超㆓過于先例㆒云々、

とある。かつて父貞顕が南方探題として赴任したときには「其勢及㆓千余騎㆒」[45]ぶという程度に過ぎなかったから、貞将の率いていた人勢はまさに「超㆓過于先例㆒」したものであった。新探題貞将の主要な任務が、少なくとも着任

当初においては、朝廷（後醍醐天皇とその周辺）の威圧及びその動静の監視にあったことは間違いなかろう。
元徳二年（一三三〇）に貞将は鎌倉に下向するが、程なく一番引付頭人・評定衆に任じられた。三年後の正慶二年（元弘三・一三三三）五月、幕府の滅亡を目前にして、新田義貞軍と戦い壮烈な討死を遂げている。(46)

さて、以上のように、南方執権探題大仏宗宣・金沢貞顕・大仏維貞・金沢貞将等四人についての探題就任の背景、或いは活動状況を概略ながらみてきた。金沢貞顕については特に顕著なる活動等を見出すことはできなかったけれども、主として大仏宗宣が永仁の徳政令の西国施行、大仏維貞が悪党鎮圧、金沢貞将が朝廷（後醍醐天皇）の動静監視というような重大な任務を行ったことが認められたと思う。このような宗宣・維貞・貞将の三人の南方執権探題が対処した事柄は、いうまでもないことではあるが、鎌倉末期において幕府の根底を揺るがした社会的・政治的重要問題であったのである。

六波羅探題の管国内――畿内及びその周辺――では、十三世紀末頃より在地においては、悪党の横行(47)をはじめとして、幕府を崩壊に至らしめた種々の深刻な状況が生じていた。これに加え、さらに皇位継承をめぐる持明院統と大覚寺統との争いもこの頃には熾烈を極めつつあった。六波羅探題としての職務の遂行が、その成立頃と比較した場合、この時期、より困難さを伴ったであろうことは推測に難くない。このような鎌倉後期から末期にかけての畿内を中心とする西国における社会的・政治的な状況が、南方の執権探題を生み出したと考えられる。むろん執権探題の任命権は関東（幕府）に存したであろうが、南方よりも家格の高い北条氏一門が就任したと思われる北方(48)に執権探題職が附随するという、従来のような家格優先方針の下では、北方に有能な人材を送り込み続けない限り、かかる深刻な状況下においては、六波羅探題の任務遂行に困難をきたしたものと考えられるのである。六波羅に対しては往々にして関東からの指示・命令があったが、それを六波羅自体による状勢判断によって留保した例さえみられるのであり[49]、探題個人の器量が必要とされたことはいうまでもない。

十三世紀末に至り、家格的には北方よりも低い南方からも執権探題が任ぜられるようになったのは、以上のような理由があったものと考えられるのである[50]。

おわりに

以上のように、南北両六波羅探題の関係について考察してきたが、その結果、①南北両探題のうちの一方が執権（執権探題）なる地位にあったことが明らかとなった。②執権探題は公武交渉や六波羅の職務における主導者で、文書発給権という固有の権限を持っており、執権探題と一方探題との間には職掌上の差異が存在していた。③執権探題には六波羅探題設置以来、北方探題のみが任じられていたが、永仁五年（一二九七）の大仏宗宣に至り、南方も任命されるようになった。南方が執権探題となっていた時期、六波羅探題の任務には重大な課題が存していた。以上の①～③が本章の主要な結論である。

承久の乱後の京都占領軍として発足した六波羅探題は、関東或いは畿内等の政治・社会状況の影響を強く受けながら、幕府の西国統治機関として発展していった。設置後五十数年を経た、建治三年（一二七七）末の北条時村・同時国の探題就任に至り、南北両探題の在職が通常化し、発給文書も両探題連署を原則とするようになる[51]。六波羅の西国成敗（訴訟）の機能が強化されたのも建治年間（一二七五～七八）であった[52]。この時期は蒙古襲来の危機の最中にあり、六波羅探題の機能強化の第一の画期であったといえる。本章でみた永仁五年の南方執権探題大仏宗宣の出現は、その第二の画期であったと位置付け得る。[53]六波羅探題主導者の任命基準が家格主義から能力主義へと変化したのである。第四節で述べたように、深刻化する西国の政治・社会問題に対処するため、探題個人の実務能力が不可欠となってきたのである。鎌倉で得宗専制が頂点に達したとされる頃、京都の六波羅探題府では能力優先主義がトップの人事に顕著に現れたといえる。しかしながら、最重要事においては六波羅探題の頭越しに交渉が行われることがあり、[54]十分な権限を幕府から与えられることはなかった。[55]結局、六波羅探題は幕府から同等の権限を委譲されることなく、正慶二年（元弘三・一三三三）五月滅亡するのである。

〔註〕

（1）『吾妻鏡』（新訂増補国史大系）承久三年六月十六日条及び『沙汰未練書』（佐藤進一氏・池内義資氏編『中世法制史料集』第二巻室町幕府法附録）。

（2）『沙汰未練書』。

（3）例えば『勘仲記』（増補史料大成）弘安五年二月一日条。

（4）主として『鎌倉年代記』（増補続史料大成）に拠る。ただし、①北条時房の退任、同時氏・時盛の就任を元仁元年六月から嘉禄元年六月に、②北条時国の就任を建治元年十二月から同三年十二月に、③大仏貞房の南方を北方に修正した。①は上横手雅敬氏「執権政治の確立」（『日本中世政治史研究』塙書房、一九七〇年）、②は森茂暁氏「六波羅探題の「洛中警固」」（『鎌倉時代の朝幕関係』思文閣出版、一九九一年、初出一九八八年）、③は『鎌倉遺文』二三四九〇（山内首藤家文書）・二三四九二（益田家文書）等に拠る。

（5）主として『尊卑分脈』（新訂増補国史大系、第四篇桓武平氏）に拠る。

(6)『将軍執権次第』(『群書類従』第四輯)。
(7)佐藤進一氏『鎌倉幕府訴訟制度の研究』(岩波書店、一九九三年、初出一九四三年)九六~九八頁。
(8)高橋慎一朗氏「「武家地」六波羅の成立」(『中世の都市と武士』吉川弘文館、一九九六年、初出一九九一年)。
(9)「六波羅探題の成立」(『鎌倉時代政治史研究』吉川弘文館、一九九一年、初出一九五三年)。以下の引用も本論文による。
(10)貞顕項には嘉元元年十二月に北方探題に就任した北条時範についての記載もある(註〈21〉参照)が、大仏宗宣項に「徳治三七十九叙従四下」とあるのが時期的に最も下る記述である。そして延慶元年(徳治三)十二月に北方探題になった大仏貞房については、何ら記すところがないから、成立は延慶元年の七月以後十二月以前とみてよかろう。なお「六波羅守護次第」は東京大学史料編纂所架蔵影写本に拠った。また以下の叙述においては「守護次第」と略称する。
(11)熊谷隆之氏「六波羅探題発給文書に関する基礎的考察」(『日本史研究』四六〇、二〇〇〇年)。
(12)ただし、加藤克氏「「六波羅奉行国」に関する一考察」(『北大史学』三七、一九九七年)及び前註熊谷論文に拠れば、南北両探題連署が原則となるのは北条時村・時国期以降であるとされる。北条義宗期以前には、一方探題の署判のみで発給されるケースが存在したことが明らかにされている。
(13)北条泰時・時房~北条重時・時盛期においては、久保田和彦氏が指摘するように(「六波羅探題発給文書の研究」(『日本史研究』四〇一、一九九六年、以下久保田氏A論文とする)・「六波羅探題発給文書の研究」(『三田中世史研究』七、二〇〇〇年、同B論文)・「六波羅探題発給文書の研究」(鎌倉遺文研究会編『鎌倉遺文研究Ⅰ　鎌倉時代の政治と経済』東京堂出版、一九九九年、同C論文))、一方探題宛関東御教書が存在するが、各々の探題が宛所となっており、単純に宛所の一方探題を執権探題とは見做せないと考える。
(14)東寺百合文書ネ一五九(一)・(二)(京都府立総合資料館影印本に拠る)。なお年代がそれぞれ永仁六年、正安元年であることは、『公卿補任』正和元年条に載せるところの中御門光方の官歴（永仁六年八月二十八日に左衛門権佐に転じて蔵人に補し、翌正安元年九月三十日に両職を止められている）よりして誤りない。

(15)「幕府への勅裁伝達と関東申次」（森氏註〈4〉著書、初出一九八四年）。

(16)前掲論文に収載の「朝廷より幕府・六波羅探題への文書伝達」表。

(17)東京大学史料編纂所架蔵影写本西大寺文書二。

(18)東京大学史料編纂所架蔵写真帳周防国分寺文書一。

(19)表2及び次掲の表3のデータ検出に際しては註（16）の森氏表を参考にした。

(20)表4―1北条泰時・時房期の執権探題は不明とした。久保田氏A論文により、同時期には必ずしも北方＝執権探題ではない点が指摘されたが、当該期の六波羅探題は承久の乱後の戦後処理にあたった京都占領軍であり、西国統治機関としては未発達であったため、南北両探題の関係も固定化していなかった例外的時期と判断した。なお久保田氏は表4―2・3期の執権探題について、公家政権側からの文書等を判定材料として、私見と同様に北条時氏・重時としている（B・C論文）。

(21)金沢貞顕項に、

（前欠）（時範カ）上判、但御執権也、与㆓時範㆒並為㆓下臈㆒執権、

とあるから、北条時範と並んでいた時期には、金沢貞顕が執権探題であったことがわかる。

(22)六波羅探題が単独の場合には、当然その探題が執権探題と考えられるので、表4には含めていない。

(23)本章の原型となる拙稿（「南北両六波羅探題についての基礎的考察」『国史学』一三三、一九八七年）においては上横手氏①説を支持したが、久保田氏A論文の批判（拙稿が執権探題の存在を指摘しながら、①説を認める論理的矛盾）やその後の知見に基づき、考えを修正した。

(24)久保田氏B・C論文。

(25)『明月記』(国書刊行会)寛喜二年四月十七日・天福元年十月十五日・嘉禎元年六月十四日条等からも、北条重時が公武交渉における窓口であったことが窺える。
(26)『勘仲記』弘安五年二月一日条。
(27)『元徳二年三月日吉社並叡山行幸記』(岡見正雄博士還暦記念刊行会編『室町ごころ　中世文学資料集』角川書店、一九七八年)。
(28)金沢文庫文書、『鎌倉遺文』二三二一八。『蒙古襲来と徳政令』(講談社日本の歴史10、二〇〇一年)三〇九・三一〇頁で、本文書を素材として「当時の探題府において、貞顕が若年ながら、時範の上位に立っていたことがわかる」と、南方探題金沢貞顕と北方探題北条時範の関係について述べている。本文書の考察は筧氏の分析に学んだところが大きい。ただし氏は、貞顕を執権探題と位置付けているわけではない。
(29)倉栖兼雄については福島金治氏「金沢北条氏の被官について」(『金沢北条氏と称名寺』吉川弘文館、一九九七年、初出一九八六年)参照。
(30)ただし註(12)でみたように、北条義宗期以前には一方探題の署判のみで発給されるケースがあり、同期以前には両探題連署の文書の場合について執権探題が発給権を有していたと考えられる。
(31)関東における執権と連署の場合も、執権探題に鑑みて執権が文書発給権を持っていたと考えられよう。
(32)『中世法制史料集』第一巻鎌倉幕府法。
(33)『中世政治社会思想』上(日本思想大系、一九七二年)四四二～四四三頁。ただし笠松氏のこの見解は、佐藤進一氏の行われた昭和二十九年度東京大学文学部講義によるという。
(34)「守護次第」兼時・宗方項。
(35)校本『保暦間記』(重要古典籍叢刊)。
(36)宗宣以前、幕府内の要職を経て六波羅探題に就任したのは、初代の北条泰時・時房を除けば、建治三年十二月に北方探題となった北条時村（評定衆〈文永七年十月〜〉・引付頭人〈二番、同十年六月〜建治三年八月〉）と正応元年二月に南方探題に就任した北条盛房（評定衆〈弘安十年十月〜〉）の二名のみといえる（『鎌倉年代記』時村・盛房の項による）。

(37)「はじめに」でみたように、時房流の探題は、宗宣以後の貞房一人を除き、全員が南方である。
(38)ただし、正安三年六月に宗方に替って北条基時が北方探題に就任して以後も、宗宣が執権探題であったかどうかは不明である。
(39)『花園天皇日記』（史料纂集）正中元年三月九日条。
(40)『関東評定衆伝』（『群書類従』第四輯）。
(41)『鎌倉年代記』維貞項。
(42)『兵庫県史』史料編中世四。
(43)網野善彦氏は後者とされている（『蒙古襲来』〈小学館日本の歴史10、一九七四年〉四〇〇〜四〇二頁）が、その可能性はかなり高いであろう。
(44)金沢貞将の経歴は佐藤進一氏註（7）著書附録「鎌倉幕府職員表復元の試み」に拠る。
(45)『実躬卿記』（大日本古記録）乾元元年七月二十六日条。
(46)『太平記』（日本古典文学大系）巻十大仏貞直并金沢貞将討死事。
(47)一二九〇年代には、六波羅探題が違勅綸旨・院宣を承け、本所一円地の悪党検断にもあたるようになる（近藤成一氏「悪党召し取りの構造」〈永原慶二氏編『中世の発見』吉川弘文館、一九九三年〉）。
(48)六波羅探題に就任した北条氏諸流のなかで、家格的には最も低いと思われる時房流が概ね南方であったのに対し、嫡宗家の出身者（泰時・時氏等）に次いで高い家格を有した重時流がすべて北方に就任していることからみても、このように考えるべきであろう（「はじめに」参照）。

(49) 延慶元年二月、先に行われた後宇多法皇の東寺における灌頂の勧賞として、故益信僧正に大僧正及び本覚大師号が贈られたが、同年十月、延暦寺の訴えにより召し返されてしまった。このため東寺は、贈大僧正及び本覚大師号を返付せらるべく関東に働きかけ、幕府も東寺の訴えを聴き入れ、執奏すべき旨を六波羅に指示したが、六波羅（この時の探題は北方大仏貞房のみ）は「猶予して奏聞せす、京都の形勢を関東に内々つけしめし」たという（『元徳二年三月日吉社並叡山行幸記』）。

(50) 鎌倉末期、六波羅探題の任を忌避する傾向が、例えば金沢文庫文書、（延慶元年）十一月三日付金沢貞顕書状（『鎌倉遺文』二三四四〇）等に顕著であるが、これは本論でも述べたように、この頃六波羅探題の任務が困難さを増していたためであろう。

(51) 註（12）参照。

(52) 建治元年十二月には西国成敗に関わる在京人メンバーが強化され（本編第三章参照）、同三年十二月には六波羅の訴訟制度が問注記型から評定事書型へと移行し、質的変換を遂げるとされている（熊谷隆之氏「六波羅における裁許と評定」『史林』八五—六、二〇〇二年）。

(53) ほぼ同時期の正安元年に六波羅の実務を根底で支えた奉行人主要十家も出揃い、六波羅の奉行人体制がほぼ完成の域に達する。第二編第一章・第三章参照。

(54) 例えば、覚雅博氏（「道蘊・浄仙・城入道」『三浦古文化』三八、一九八五年）が注目された『花園天皇日記』元弘元年十一月十日条によると、元弘の変直後の得宗北条高時と後伏見上皇との交渉において、六波羅探題（北条仲時・時益）は鎌倉から送付された高時書状をみることさえ拒否されている。

(55) 例えば在京人に対する処罰権は六波羅探題の権限に無く、関東が掌握していた（『建治三年記』〈増補続史料大成〉十二月十九日条）。

（付記）本稿の加筆・修正後に発表された熊谷隆之氏「六波羅探題任免小考」（『史林』八六―六、二〇〇三年）は、「六波羅守護次第」を翻刻し、その成立時期や探題（執権探題）の任免等について新見解を提示している。参照されたい。

第二章　六波羅評定衆考

はじめに

本章では、南北両探題に次いで六波羅探題府の上層部を構成した、六波羅評定衆について考察を行う[1]。まず、従来未解明である評定衆の人的構成及びその特色を明らかにし、次いで、彼等の政治的動向を追い、併せて幕府政治社会における位置付けを試みてみたいと思う。

考察を進めるに当たって、六波羅評定衆の成立時期（初見は文永三年〈一二六六〉[2]）がまず問題となるが、第一に、評定衆をも含む在京人（洛中警固武士）が寛元四年（一二四六）頃までに制度的に充実すること[3]、第二に、宝治元年（一二四七）の新日吉小五月会流鏑馬では、長井・波多野・小笠原・佐々木氏等の、その後六波羅評定衆に連なる御家人が見出されること[4]、を以て、一二四〇年代後半頃成立と推定し、これ以降を対象として考察を加えていきたい。

ところで、六波羅評定衆の主務は、判決草案たる引付勘録事書作成後の、評定沙汰にあったと考えられる。しかし一方で、彼等は在京人でもあったから、もちろん訴訟関係だけに携わったわけではない。在京御家人として、独自の活動を行ったことが想定される。本章では、この様な六波羅評定衆の政治的動向とその意義を明らかにすることを目的に、考察を進めていきたいと思う。

第一節　六波羅評定衆の構成（一）

六波羅評定衆に関する史料はあまり多くないが、『建治三年記』（増補史料大成）十二月十九日条からは、その構成メンバーを窺い知ることができる[5]。そこで、まず同日条を掲げてみよう。

十九日、晴、御寄合、山内殿、
相大守（北条時宗）、城務（安達泰盛）、康有（太田）被レ召二御前一、
奥州（北条時村）被レ申二六波羅政務条々一、
一、人数事、
因幡守（長井頼重）　美作守（海東忠茂）
筑後守（後藤基頼）　下野守（藤原親定）
山城前司（伊賀光政）　駿河二郎（北条カ）
備後民部大夫（町野政康）　出羽大夫判官（中条頼平）
小笠原十郎入道　甲斐三郎左衛門尉（狩野為成）
小笠原孫二郎（長政カ）入道　加賀二郎左衛門尉（二階堂行継）
式部二郎右衛門尉（伊賀頼泰）　出雲二郎左衛門入道（波多野時光）
（後略）

北条時宗の別邸山内殿における寄合で、建治三年（一二七七）末、北条時村が新たに六波羅探題北方として赴任する際の探題府の人事を定めたものである。長井・海東・後藤・伊賀・町野氏等の六波羅上層部を構成する錚々たる面々が名を連ねていることからみて、この「人数事」が六波羅評定衆を指していると考えることができよう。人数的にみても、十四（十五）人というのは、同年の関東評定衆が十六名である（『関東評定衆伝』）こととほぼ対応し、六波羅評定衆と考えるに相応しい。[6][7]

さて、最初に、本史料によって六波羅評定衆の構成上の特色を考えてみたい。

まず指摘できることは、当然のことながら、彼らが西国守護・西国地頭である点である。例えば、長井頼重＝備後守護、後藤基頼＝越前守護、中条頼平＝尾張守護、小笠原氏＝阿波守護、佐々木頼綱＝近江守護、長沼宗泰＝淡路守護等であって、また、藤原親定＝安芸厳島神主、伊賀氏＝備前長田荘地頭、狩野氏＝但馬新田荘地頭等の如くである。[8][9][10][11]

次に注意しなくてはならないのは、長井・海東・藤原・伊賀・町野・二階堂氏等の、京下り官人の系譜をひく吏僚層（文筆官僚）が多く、かつ高い席次を占めていることである。摂津氏・二階堂氏等と共に恩沢奉行・御所奉行を勤める家柄出身の後藤基頼もこれに含めてよいであろう。実に吏僚層は十五名中八名で、過半数を占めるのである。[12]

そして、その一方で見逃してはならないのは、北条氏が僅か一名しか見出せない点である。「駿河二郎」という名乗りからみて、義時六男で讃岐守護であった有時流の出身かと思われるが、この一門は北条氏の中では傍流であって、さほど有力者とは考えられない人物である。それは、六波羅評定衆中第六位という席次にも現れている。[13]

さて、『建治三年記』によって、六波羅評定衆の構成について考えてみたが、吏僚層がかなりの比重を占めること、及び逆に北条氏の占める割合が僅かにすぎないことを指摘した。しかし、ここで当然問題となるのは、この様な構成が、関東或いは鎮西探題と比べて特色として認められるかどうかということである。そこで、次に、関東及び鎮西探題における評定衆の構成との比較を試みてみたい。

まず、関東は、『関東評定衆伝』によって建治三年のそれをみてみよう。同年の評定衆は十六人で、吏僚層は七人（長井時秀・二階堂行綱・同行忠・同行有・太田康有・矢野倫経・佐藤業連）、北条氏は六人（時村・宗政・公時・業時・宣時・義宗）、その他三人（安達泰盛・佐々木氏信・宇都宮景綱）である。[14]吏僚層の占める割合も決して低くはないが、ここからは、やはり北条氏が多数である点に特徴を見出すことができる。しかも、五方引付頭人のうち四人が北条氏一門で、評定衆中においても高い席次を占めていたことが明らかである。

次に、鎮西評定衆についてみてみたいが、鎮西の場合も、六波羅と同様にあまり史料が多くない。やや時代が下ってしまうが、嘉暦二年（一三二七）の「鎮西引付記」[15]によって検討してみよう。

参河前司（桜田師頼）	武蔵四郎（北条カ）
太宰筑後入道（少弐貞経）	大友近江入道（貞宗）
渋谷河内権守入道（重棟）	戸次豊前前司入道（貞直）
下総権守入道（渋谷重雄）	島津上総入道（貞久）
安芸木工助入道（三池貞鑑）	戸次左近蔵人入道（崇忍）

既に川添昭二氏が述べているように、鎮西評定衆は「北条氏の一族を筆頭とし、関東から下ってきた東国御家人としての守護及び守護級のもの、それに準ずる有力御家人、関東系の法律専門家から成ってい」[16]た。ただし、右掲の交名では、「関東系の法律専門家」＝吏僚層が見出せない如く、鎮西では、吏僚層の占める比重は低いとみざるを得ない。

一方、北条氏については、十人中二人と数は少ないものの、その席次は「筆頭」を占めていた。つまり、鎮西評定衆は、吏僚層の比重は低いが、関東同様北条氏一門は、高い地位を占めていたのである。

以上、関東評定衆及び鎮西評定衆の構成についてみてきたが、共に北条氏一門の占める地位が高く、また吏僚層については、六波羅に比して、さほど枢要な地位にあったとは考えられないことが明らかになったと思う。つまり、吏僚層の占める地位・割合が高く、北条氏のそれが低い、という二点は、六波羅評定衆の構成上の特色とみて誤りないと考えられるのである。ただし、これは、建治三年という一時点でのそれにすぎない可能性もあろうから、次節では、六波羅評定衆を網羅的に検出し、この特色の妥当性及びこのような構成になった理由についてさらに検討してみたい。

第二節　六波羅評定衆の構成（二）

六波羅評定衆と考えられる人物を、系図類をも含めて、管見の限り抽出したのが表5である。まず、この表に拠って、前節で述べた六波羅評定衆の構成上の特色が妥当かどうかを検討してみよう。

表5のように、六波羅評定衆となった御家人は、二十六氏知られる。まず注目すべきは、24北条氏は、前節でみた「駿河二郎」しか見出されぬ点である。六波羅評定衆中において、北条氏の占める地位・割合が低かったことは明白である。

次に、吏僚系の御家人についてみると、2伊賀・8海東・10後藤・13佐分利・14千秋・18長井・20二階堂・23藤原・25町野・26水谷の、十氏を数える。二十六氏中の十氏では、一見それ程割合が高くないように感じられるが、本表は、宝治以後（一二四七〜）から幕府滅亡までを対象に、六波羅評定衆と考えられる人物を、系図類をも含めて管

表5　六波羅評定衆一覧

苗字	人名	判定基準	出典
1安達	丹後守頼景	D	吾妻鏡弘長3・6・2条
2伊賀○△	前山城守藤原光政	D	関東評定衆伝建治元条
	山城前司(光政)	D	建治三年記12・19条
	式部二郎右衛門尉(光泰)	D	同
	伊賀孫太郎兵衛	C	勘仲記弘安4・5・9条
	式部孫右衛門尉藤原頼泰	C	勘仲記弘安5・5・9条
	山城伊勢前司(兼光)	A	武家年代記裏書文保元・2・10条
	伊勢前司(兼光)	A	金沢文庫文書(遺三〇八二九、元徳元)
3大井△	大井次郎朝氏	C	勘仲記弘安3・5・9条
	大井次郎朝氏法師	C	実躬卿記正応4・5・9条
4大内	重弘	E	大内系図(群書系図部集七─四二五頁)
5大友○	頼泰	E	尊卑分脈四─九八頁
6小笠原○△	小笠原太郎入道長経	C	葉黄記宝治元・5・9条
	小笠原十郎入道	D	建治三年記12・19条
	小笠原孫二郎入道(長政カ)	D	同
7小田	伊賀前司藤原知宗	C	実躬卿記永仁3・5・26条
	前伊賀守(知宗)	A	安部武雄氏所蔵文書(遺二一七四二、嘉元2)
	常陸前司(時知)	A	近衛家文書(遺二五六七三、正和5)

8海東（中条）	筑後（貞知）	A	金沢文庫文書（遺三〇八二九、元徳元）
	美作守（忠茂）	D	建治三年記12・19条
	中条刑部少輔（広房）	A	東大寺文書（遺二八二一二、元亨2）
9狩野	忠景	E	尊卑分脈四－一〇七頁
10後藤○	甲斐三郎左衛門尉（為成）	D	建治三年記12・19条
	壱岐前司基政	D	吾妻鏡弘長3・6・2条
	左衛門尉藤原基頼	D	関東評定衆伝文永7条
	筑後守（基頼）	D	建治三年記12・19条
	後藤筑後前司基頼	C	勘仲記弘安3・5・9条
	後藤筑後前司基頼法師	C	勘仲記弘安7・12・9条
	後藤筑後前司平基頼法師	C	実躬卿記永仁3・5・26条
	基隆	E	尊卑分脈二－三一八頁
	基宗	E	同
	基秀	E	同
11小早川△	小早河美作前司茂平	C	葉黄記宝治元・5・9条
	小早川美作入道（茂平）	C	巌島野坂文書（遺七五五〇、建長5）
	小早川美作入道本仏（茂平）	C	経俊卿記正嘉元・5・11条
	小早川美作三郎雅平	C	勘仲記弘安3・5・9条
	小早川美作三郎（雅平）	C	勘仲記弘安4・5・9条
12佐々木○	佐々木隠岐次郎左衛門尉泰清	C	葉黄記宝治元・5・9条
	隠岐大夫判官泰清	C	経俊卿記正嘉元・5・11条

	佐々木備中前司(頼綱)	D	建治三年記12・27条
	佐々木壱岐四郎左衛門尉源長綱法師	C	勘仲記弘安9・5・9条
	佐々木壱岐四郎左衛門尉源貞長	C	実躬卿記嘉元2・5・29条
	泰綱	E	佐々木系図(群書系図部集三―三六三頁)
13佐分利	佐々木(マヽ)加賀守親清	D	吾妻鏡建長4・4・1条
	佐分利加賀前司親清	C	経俊卿記正嘉元・5・11条
14千秋△	範宗	E	尊卑分脈二―四七二頁
15中条○	出羽大夫判官(頼平)	D	建治三年記12・19条
	出羽二郎左衛門尉長家	C	勘仲記弘安9・5・9条
16東	東六郎左衛門尉平行氏法師	C	勘仲記弘安7・12・9条
	東六郎左衛門尉平行氏法師	C	実躬卿記正応4・5・9条
17内藤(頓宮)	内藤右衛門	C	厳島野坂文書(遺七五五〇、建長5)
	頓宮肥後守藤原盛氏法師	C	勘仲記弘安7・12・9条
18長井○△	長井左衛門大夫泰重	C	葉黄記宝治元・5・9条
	長井左衛門大夫泰重	D	吾妻鏡建長4・4・1条
	長井左衛門大夫(泰重)	C	厳島野坂文書(遺七五五〇、建長5)
	長井因幡前司泰重	C	経俊卿記正嘉元・5・11条
	因幡守(頼重)	D	建治三年記12・19条
	長井因幡守頼重	C	勘仲記弘安4・5・9条
	長井掃部助大江貞重	C	実躬卿記永仁3・5・26条
	長井掃部助大江貞重	C	実躬卿記嘉元2・5・29条

	縫殿頭(貞重)	A	甚深集紙背文書、元徳2
	丹後前司(宗衡)	A	久米田寺文書(岸和田市史六―一二八、嘉暦3)
	丹後(宗衡)	A	金沢文庫文書(遺三〇八二九、元徳元)
	泰茂	E	尊卑分脈四―一〇二頁
	茂重	E	尊卑分脈四―一〇一頁
	貞頼	E	同
19長沼○	中《マヽ》沼淡路左衛門尉(宗泰)	D	建治三年記12・27条
	中《マヽ》沼淡路四郎左衛門尉(宗泰)	C	勘仲記弘安4・5・9条
20二階堂△	近江守藤原行清	D	関東評定衆伝建治元条
	加賀二郎左衛門尉(行継)	D	建治三年記12・19条
	行兼	E	花園天皇日記正中元・9・19条
21畠山	畠山上野左衛門	C	勘仲記弘安4・5・9条
	畠山上野彦三郎源宗茂	C	実躬卿記正応4・5・9条
22波多野△	波多野出雲前司宣政(義重)	C	葉黄記宝治元・5・9条
	波多野出雲前司義重	D	吾妻鏡建長4・4・1条
	波多野出雲前司(義重)	C	巌島野坂文書(遺七五五〇、建長5)
	波多野出雲前司義重	C	経俊卿記正嘉元・5・11条
	出雲二郎左衛門尉(時光)	D	建治三年記12・19条
	波多乃《マヽ》出雲五郎左衛門入道道覚(宣時)	C	勘仲記弘安3・5・9条
	波多野出雲入道法名道憲(重通)	A	浄阿上人伝
23藤原○	周防前司入道(親実)	C	巌島野坂文書(遺七五五〇、建長5)

24北条(伊具カ)○	下野守(親定)	D	建治三年記12・19条
25町野△	駿河二郎	D	建治三年記12・19条
	民部大夫三善政康	D	関東評定衆伝建治元条
	備後民部大夫(政康)	D	建治三年記12・19条
	備後民部大夫三善政康	C	勘仲記弘安7・12・9条
	前加賀守三善政康	C	勘仲記弘安9・5・9条
	加賀民部大輔	A	東寺百合文書ア三九、徳治元
	宗康	B	実躬卿記徳治元・10・13条
	備後守貞康	B	公衡公記応長元・2・3条
	前加賀守(信宗)	A	吉川家文書二－一一四三、元徳2
	備後民部大輔康世	A	近江国番場宿蓮華寺過去帳、正慶2
26水谷△	水谷刑部大夫入道(清有)	A	近衛家文書(遺二五六七三、正和5)
	秀有	E	尊卑分脈二－三八九頁

※苗字の○＝西国守護、△＝篝屋勤仕を示す。
判定基準のA＝在職確定者(含引付頭人)、B～E＝在職推定者(含引付頭人)を示す。そのうち
Bは評定衆(在職確定者)＋評定衆という両使からの推定。

Cは新日吉小五月会流鏑馬を二度以上勤仕した苗字からの推定。

Dはその他による推定。

Eは系図上の記載。

出典の遺＝鎌倉遺文を示す。

見の限り抽出したものであって、先に見た『建治三年記』十二月十九日条の如く、ある一時期の構成をそのまま示したものではないから、吏僚層以外の様々な御家人が顔を見せているのも当然なのである。そして、より注意すべきは、吏僚層以外の六波羅評定衆が、せいぜい二世代位しか在職していないのに対し、吏僚層では、伊賀・後藤・長井・町野氏等の様に、数世代に亘って襲職している点である。つまり、吏僚層こそ評定衆の中核をなし、六波羅評定衆家と呼ぶに相応しい存在であったのである。

以上によって、六波羅評定衆の二つの特色――吏僚層の占める地位・割合が高く、北条氏のそれが低い――は相違ないことが明らかとなった。

それでは、何故、六波羅評定衆は、このような構成上の特色を有していたのであろうか。この点を次に考えてみねばならない。

吏僚系の人物が多いということは、まず評定衆の職務から推して、裁判の如き、特殊技能に携わる以上、専門的知識つまり法制的知識に堪能であって、かつ議事能力にも優れた者を必要としたため、と考えることができる。

次いで、公家政権への対応上からも、吏僚層が大きな比重を占める要因が存在したのではないかと考えられる。六波羅探題管轄下の畿内近国は、朝廷及び寺社本所の膝元であり、その対応には、幕府も常に苦慮せざるをえなかった。公武交渉には、関東から派遣された東使が当たるのが一般的であったが、吏僚系の六波羅評定衆が使者となっている例も見られるのであり、(17) 彼等の果たした役割も決して軽視すべきではないであろう。

三つめとして、伊賀・後藤・藤原氏の如きは、その将軍権力との結び付きを警戒されて、北条氏によって、体よく鎌倉から六波羅に追いやられたという政治的背景がある。伊賀・後藤・藤原氏等は、何れも将軍家の政所を基盤として、幕府内で活動していた面々であり、北条氏が将軍権力と暗闘を繰り広げるなかで、将軍から遠ざけられていったのである。[18]

以上の三点が、六波羅評定衆のなかで吏僚系の御家人が多いことの主たる理由と考えられるが、次に、これに対し、北条氏が少ない理由を考えてみたい。

管見の限り、北条氏は、前節で触れた、伊具流と思われる「駿河二郎」のみである。しかも、伊具流という、執権・連署はもとより、六波羅探題・鎮西探題といった要職に就いていない一門である点に注意したい。つまり、北条氏中でも傍流と言ってよく、政治的地位の高い一門ではないのである。[19]探題に比べ、評定衆は在職期間が長く、しかも二世代以上に亘るケースが普通であることを考えに入れれば、北条氏嫡流たる得宗家としては、公家勢力や他の評定衆・在京人と結んで、反得宗的動きを見せる有力な一門を京都に置くことは出来るだけ避けたに違いない。探題時輔・時国は、在京中謀叛の嫌疑を懸けられ、殺害・配流されており、また、得宗家に従順であったあの金沢貞顕でさえ、南方探題在任中「虚名」を立てられて、誓紙を提出しているのである。[20]要するに、六波羅評定衆に北条氏が僅かしか見出せないのは、得宗家が一門の離反・裏切りを警戒したため、任命自体があまり行われなかったためである、と推測されるのではなかろうか。

以上、六波羅評定衆の構成上の特色及びそのような特色をなす理由について考えてみた。本節では、最後に、表5に見える評定衆のうち、これまであまり注意されたことのない13佐分利氏・21畠山氏・23藤原氏について若干述べておきたい。なお、行論の都合上、畠山氏・藤原氏・佐分利氏の順にみていくこととする。

畠山氏は、表のように、弘安四年（一二八一）の「畠山上野左衛門」と正応四年（一二九一）の「畠山上野彦三郎源宗茂」が六波羅評定衆と推定される。「上野」という名乗りとその活動時期とを併せ考えれば、この二人は、泰国（上野介）[21]嫡子国氏（時国、阿波守）流ではなくて、「美濃国仲北庄并鶉田郷地頭」であった庶子義生（三郎）[22]流と思われる。『尊卑分脈』では、該当する人物を見出せないが、宗茂は、或いは義生孫の宗義（彦太郎）の兄弟に当たるかもしれない。何れにしろ、この二人は、美濃国に所領を持ち、評定衆として六波羅に出仕していたものであろう。なお、南北朝期には、足利直義派の有力武将として、高師直・師泰兄弟と争い、貞和五年（一三四九）越前に配流・誅殺された畠山直宗がいるが、彼は義生流の出身であり、父祖が六波羅評定衆として築いた地位を基として、庶流ながら嫡流に劣らず活躍したものと思われる。

藤原氏は中原（藤原）親能の子孫で、一時安芸・周防両国守護ともなり、厳島神社神主職を世襲した。親能子親実は、前述のように、将軍家政所を拠点として活動していたが、寛元二年（一二四四）頃より『吾妻鏡』に名前が見出せなくなり、これと符合するように、表5の如く、六波羅の要人としてその姿を見せる。[23]ただし、息親光は康元元年（一二五六）まで『吾妻鏡』に登場し、ほぼ関東に在ったらしい。親光の子息が親定（法名親証）であるが、彼も正嘉二年（一二五八）から弘長元年（一二六一）までは『吾妻鏡』に姿を見せる。しかし、彼の官途が下野守で、安芸の所領とともに「京都地（五条坊門京極、号二榊殿一）」「六波羅地（六条車大路、）」を持ち、[24]かつ祖父親実が六波羅評定衆で、また鎌倉末期、在京人として見える「厳島神主」[25]は彼の子孫に相違ないから、『建治三年記』[26]の「下野守」は親定に間違いなかろう。なお、「周防」を名乗りとする者が在京人・六波羅奉行人として散見するが、これらの人々は、親能流藤原氏の庶子と考えてよいであろう。

最後に佐分利氏について述べる。建長四年（一二五二）幕府は、新将軍宗尊親王の関東下向に際して、六波羅探題北条長時及び「可レ然在京人」が供奉するように命じたが、(27)この時、佐分利親清は、「可レ然在京人」として波多野義重・長井泰重等の六波羅要人とともに下向している。(28)これより五年後の正嘉元年に、新日吉小五月会流鏑馬を沙汰していることを考え併せれば、佐分利親清が六波羅評定衆であることはまず間違いないであろう。

次に佐分利氏の出自に目を転じてみよう。まず、建久七年（一一九六）六月日付若狭国御家人注進状案に(29)「佐分四郎時家」の名を見出すことができる。しかし、建長二年には、「佐分四郎入道跡、青保公文職者、承久已後被レ押二領地頭一了、并佐分郷内恒国名田畠、寛喜之後被レ押二領守護方一了、仍不レ及二御家人役勤仕一也」(30)とあるように、国御家人佐分利氏は完全に没落していた。この事実を頭に入れれば、建長四年に、加賀守という官途をもち、六波羅評定衆であった佐分利氏は、まず「佐分四郎時家」子孫とは考えにくいであろう。ところが、建長四年より約十年前の寛元元年、六波羅探題兼若狭守護北条重時は、「御家人役間事」に関する関東御教書をうけ、それを若狭国に施行しているが、その宛所は「佐分蔵人」なる人物であった。(31)つまり、「佐分蔵人」は若狭守護代であったと思われる。この「佐分蔵人」は、若狭守護代である点から、同国佐分郷を名字の地としたとみてよいであろう。

では、この人物は何者かといえば、佐分郷が守護領であったこと、(32)及び『若狭国守護職次第』北条重時項に「守護御代官加賀守殿自二延応元年（一二三九）一拝二領之一」とある点より考えて、佐分利親清その人とみてまず間違いないと思う。(33)六波羅評定衆でかつ探題の被官的地位にあった者としては、他にも波多野義重が指摘されており、決して例外的なケースではない。また、守護の代官として守護領を支配し、その地を名字の地としたことも十分ありうることであろう。

それでは、六波羅評定衆佐分利氏の本来の出自は何処であろうか。これまでに触れてきたように、佐分利親清は加賀守の官途を有していた。『平戸記』（増補史料大成）寛元三年正月十七日条の除目の記事に「加賀守平親清」と見えているのが、その補任に当たろう。[34] これによれば、佐分利氏は、平姓であったことがわかる。そこで、『尊卑分脈』第四篇の桓武平氏系図（六頁）をみると、次のような記載が目に触れる。

親範（贈左大臣 正一位 号毗沙門堂民部入道 千作者 民部卿次官 五蔵 参木正三 弁 母清隆卿女 頭 承安四六五 出家卅八 承久二九廿八薨 八十四）——信親（正五下 皇后大進）——親清（新続作者 正五下 加賀守）——┬宗俊（正五下 刑部権大輔）
└女子（号佐分 続古作者）

右の平親清は、官途が加賀守であり、また活躍時期が鎌倉中期頃と考えられること、さらにその女子が「号二佐分一」していることよりみて、佐分利親清であることは動かないであろう。六波羅評定衆佐分利氏は、朝廷の実務官僚の家高棟流桓武平氏の出身であったのである。このような出身であってみれば、先に見たように、蔵人という官職にあったことも理解しやすい。六波羅評定衆としては、表に挙げた以外の活動はほとんど見出せないが、吏僚系の評定衆として活躍したものであろう。[35]

なお、南北朝期には、「佐分越前々司棟貞」[36]「佐分加賀入道」[37]「佐分利越前左近大夫将監」[38]「佐分蔵人大夫康棟」[39]等が管見に触れ、さらに、室町幕府奉公衆一番衆としても佐分利氏は姿を見せるが、彼等は、恐らく六波羅評定衆佐分利氏の子孫であろう。[40]

第三節　六波羅評定衆長井氏の動向

六波羅評定衆が吏僚系御家人を中心として構成されていたことは、大江広元の子孫長井氏が評定衆の筆頭に位置していた事実からも明らかである。

最初にみた『建治三年記』十二月十九日条の「人数事」筆頭に名を連ねていたのは、長井頼重であった。また、南北両探題を始めとする六波羅要人が行った新日吉小五月会流鏑馬は、七番構成をとり、その一番と七番は探題が勤仕するのを例としたが、両探題の一方が欠員の場合、七番を欠員探題に代わって勤めたのは、ほとんどが長井氏なのであった。(41) このことからも、長井氏が六波羅内で両探題に次ぐ地位に在ったことが明白である。(42)

本節では、この様な長井氏について、その活動を追い、幕府政治社会における六波羅評定衆の位置付けを試みてみたいと思う。(43) 考察を行う前に、まず長井氏の略系図(44)を示しておく。

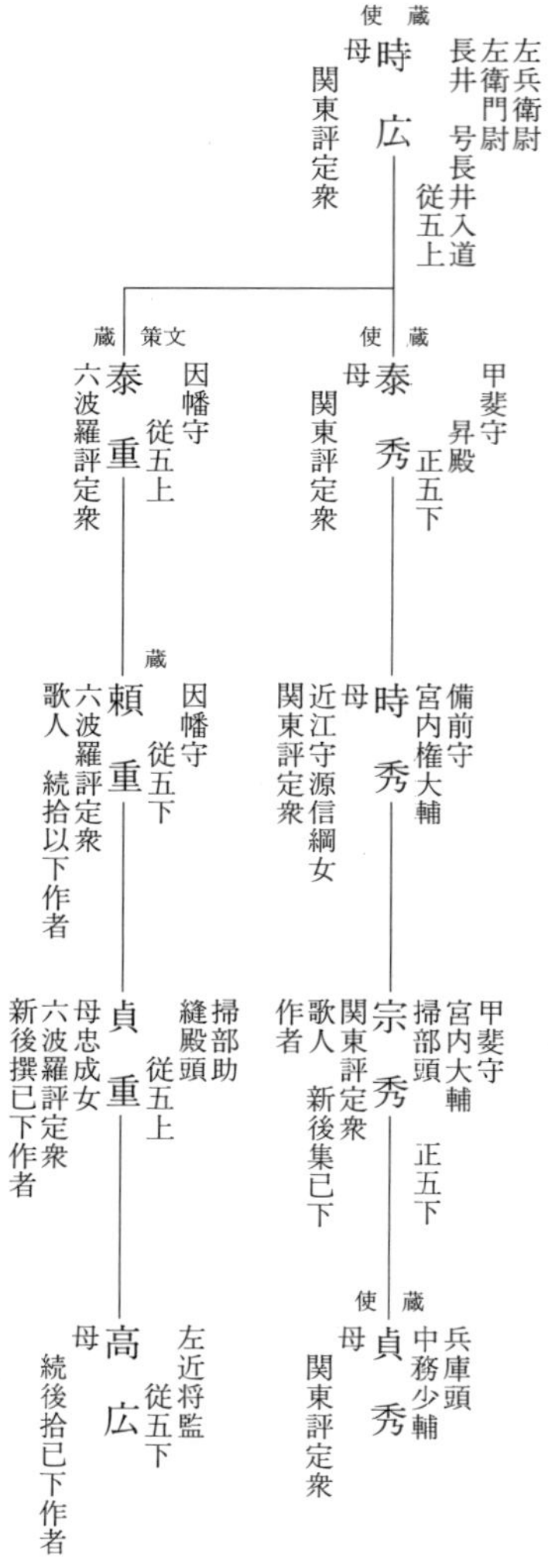

六波羅評定衆長井氏の活動を見ていくなかで、まず次の二通の文書(45)が注目される。

A長井泰重下知状

（端裏書）「年預下知状　宝治三（一二四九）　三　十一」

繁承与円朗相論菩提寺別当職事、□方以二所レ進之証文等一、尋二相伝由緒一之処、繁承帯二次第御下文一、知行之条、無二子細一歟、兼又去寛元元年比、円朗申二訴訟一之間、其時無二論敵人一、仍以二円朗申状一、依二不審一、尋二下彼寺々僧村人等一之処、円朗相伝為二道理一之由、注進之間、就二其状一、令二下知一許也、而今繁承帯二領家御下文一、訴申之旨、有二其謂一歟、所詮、任レ状、可レ為二彼職一之状、下知如レ件、

宝治三年三月　日

年預散位大江朝臣（花押）

B長井泰重書状

（端裏書）「年預状」

菩提寺間事、本証文加二一見一、返二進之一候、又別当職之□者、書二進下知状一候、恐々謹言、

「宝治三」三月十二日

泰重

A・Bは一連の文書で、摂津国垂水東牧中条内菩提寺別当職相論に関するものである。注目すべきは、Aの差出が「年預散位大江朝臣」であり、また、A・Bの端裏書に「年預下知状」「年預状」とあるように、長井泰重が垂水東牧中条の年預であったことである。摂津国垂水東牧は、周知のように摂関家近衛家領であり、建長五年（一二五三）の

近衛家所領目録(46)には、

一、年貢寄二神社仏寺一所々

　京極殿領内
　摂津国垂水東牧（マヽ）西条年預時高卿　中条年預泰重　以二年貢一充二春日社旬御供并二季御神楽一

とみえている。「中条年預泰重」とあるのは、時期的にみて、A・Bの差出人と同一人物で、長井泰重に他ならないであろう。つまり、長井泰重は、摂津国垂水東牧中条年預として摂関家近衛家に仕えていたのである。『玉蘂』嘉禎三年（一二三七）三月十一日条には、この日摂政拝賀を行った近衛兼経に扈従した人々の交名を載せているが、その前駈殿上人末尾に「大江泰重」が見出される。この人物は、長井泰重とみて誤りないであろう。泰重は、摂津国垂水東牧中条年預職を媒介として近衛家と主従関係を持ち、近衛家当主の出向等に従ったことが知られるのである。

ところで、六波羅評定衆長井氏と摂関家近衛家との摂津国垂水東牧中条年預職を媒介としての関係は、泰重の代以降も認められるのであろうか。この点をみるに当たって、次に掲げる菩提寺別当職支証文書目録(47)は注目される（便宜上a～jと頭書した）。

a一通　寛喜三（押紙）年四月日

b一通　年預状（押紙）宝治三年三月十二日

c一通　年預状　宝治三年三月　日　散位大江朝臣判

d一通　近衛殿御教書　建治三　十一月廿五日　左衛門権佐仲兼

e一通　年預施行
建治三
十一月廿九日　　頼重判

f一通　年預代書下（押紙）
建治三
十二月一日　　左衛門尉泰信判

g一通　年預下知
弘安八年正月廿七日

h一通　年預下知
正応二年八月廿二日

i一通　近衛殿御教書
徳治二
四月廿七日　　親平（マヽ）

j一通　徳治二年四月廿八日　　縫殿頭貞重判

十通

b・cが、それぞれ先にみたB・Aに当たっている。しかし、それよりも注意すべきはeとjである。e・jに「頼重」「縫殿頭貞重」とあるのは、六波羅評定衆長井氏の世系と一致し、長井氏が泰重・頼重・貞重三代続けて摂津国垂水東牧中条年預であったことを示しているのである。(48) 実に長井氏は、三代に亘って摂関家近衛家と主従関係を取り結んでいたのであった。

長井氏が近衛家と主従関係にあったことは、単なる事実の確認のみで見過されるべきではない。何故かと言えば、幕府は承久の乱以降、朝廷（公家）と御家人との個別的関係を断ち切ろうとしていたからである。このような状況のなかで、六波羅評定衆長井氏が公家と個別的な関係を有していたことは、特殊な意味を持つであろう。この点を考えるためには、さらに長井氏の六波羅評定衆としての動向をみなければならない。

ところで、長井氏は六波羅評定衆筆頭にもかかわらず、必ずしも不動の地位に在ったわけではなかった。それは、寺社勢力と度々衝突したからである。

弘長二年（一二六二）、事の起こりは定かではないが、長井頼重は、興福寺稚児網王を殺害したことにより、南都衆徒に訴えられ太宰府に配流されている。(49)

そして、この二十年後の弘安五年（一二八二）頼重は、またも興福寺の強訴によって流罪とされることとなる。興福寺領山城国大住荘と石清水八幡宮領同国薪荘とは、以前から堺相論をめぐる紛争を繰り返していたが、弘安四年、それが再発し、遂に興福寺衆徒が春日神木を奉じて入洛する事態となった。長井頼重は、六波羅特使として、北方探題北条時村被官弾正忠職直と共に、この堺相論解決に係わったのであるが、結果的に興福寺衆徒によって名指しで訴えられ、弘安五年十二月、幕府は六波羅探題に対して、頼重を越後に、職直を土佐に配流するよう指令したのである。(50)

六波羅評定衆長井頼重は、寺社勢力と衝突して、二度も配流の身となったのである。前者の場合は、或いは自已の側に非があったのかもしれないが、後者の場合では、探題の命を受けて行った公的立場からのものであったにもかかわらず、興福寺の強訴によって流罪とされたのである。しかも、幕府によって庇護された形跡はない。

京都に常駐し、洛中警固にあたる評定衆以下の在京人は、南都北嶺等の寺社勢力と衝突することはしばしばあった。しかも、それが探題の指令を受けての結果であるにもかかわらず、幕府の庇護が得られずに、配流の憂き目に逢うことは決して少なくなかった。(51)六波羅評定衆筆頭の長井頼重でさえ、流刑に処せられたのである。六波羅探題北条時村は、この様なケースで、在京人に代えて、探題の被官を流罪とするよう関東に申し入れたことがあったが、(52)これは一時的な例外的措置にすぎない。探題の命令に従ったために配流される結果となれば、在京人が、探題、ひいては幕府への不信感を募らせたことは疑いない。(53)しかも、在京人が長井氏の如く、公家と個人的な関係を持っていたとすれば、彼らが公家側へより接近する状況になっていくことも考えられるであろう。そうなるとすれば、幕府にとって由々しき事態となることは明白である。

それでは、公家と個人的関係を持っていた六波羅要人は、果たして長井氏だけなのであろうか。次節ではこの点を考え、六波羅評定衆と朝廷・公家との接触をさらに探ってみたいと思う。

第四節　六波羅評定衆小田時知と後醍醐天皇

公家と個別的関係を持っていた六波羅評定衆としては、前節でみた長井氏の他に、既に小早川氏と伊賀氏が知られている。

小早川氏は、六波羅に出仕するとともに、安芸国沼田荘地頭として、同荘領家西園寺家にも祗候していた。(54)伊賀氏の場合は、鎌倉末期、兼光が、立川流の祈禱師である怪僧文観を通じて後醍醐天皇と結び付いていたことが指摘されている。(55)

本節では、伊賀兼光と同様、後醍醐と結び付いた六波羅評定衆として、小田時知について若干述べてみたいと思う。時代はやや下るが、貞治五年（一三六六）『後愚昧記』の記主前内大臣三条公忠は、息実顕を三井寺上乗院法印経深に付けて出家させた。これにつき、まず経深は、出家の日時を書状を以て公忠家司三善広衡の許に示してきた。それに対し公忠は、家司広衡の奉書を以て返書を出した。ところが経深は、返書が公忠の直状でなかったことから、

『弘安礼節』を持ち出して、公忠の非礼を咎めたのである。しかし公忠は、『弘安礼節』の「依二家之勝劣一可二斟酌一」というその実用についての但し書から、「武家人小田常陸前司時知子也」という出自の経深の不服に対し、その日記に「可レ謂レ不レ足レ言者也、片腹痛事歟」と記し、筆誅を加えたのであった。(56)

さて、この三条公忠と経深との書札礼をめぐる一悶着から、経深が小田時知の子であることが知られた。ところで、公忠の非礼を咎めた経深の書状は、『後愚昧記』同日条の紙背文書として残されている。その書面には経深の不満が述べられているが、それはさておき、文章中に「祖父大納言入道（中御門経継）」とあるのは注目される。つまり、ここから、

中御門経継——小田時知——経深

という関係が明らかとなるのである。ただし、『尊卑分脈』(57)等に明記されているように、小田時知の父親は小田知宗であるから、右のような関係は、時知が中御門経継の娘を娶り、経継の婿となったことによるものと思われる。このことは、『尊卑分脈』が時知の子知貞について、「実父大納言経継卿」としていることに窺えるような、時知と経継との関係の深さからみても、まず間違いないであろう。また、経深は康暦元年（一三七九）、五十五歳で死去している(58)から、逆算すれば正中二年（一三二五）生まれとなり、小田時知が経継の娘を娶ったのはこれ以前であることが確実である。

さて、ここで、これまでに述べてきたことを含めて、『尊卑分脈』等を参考にして作成した関係系図を次に示してみよう。

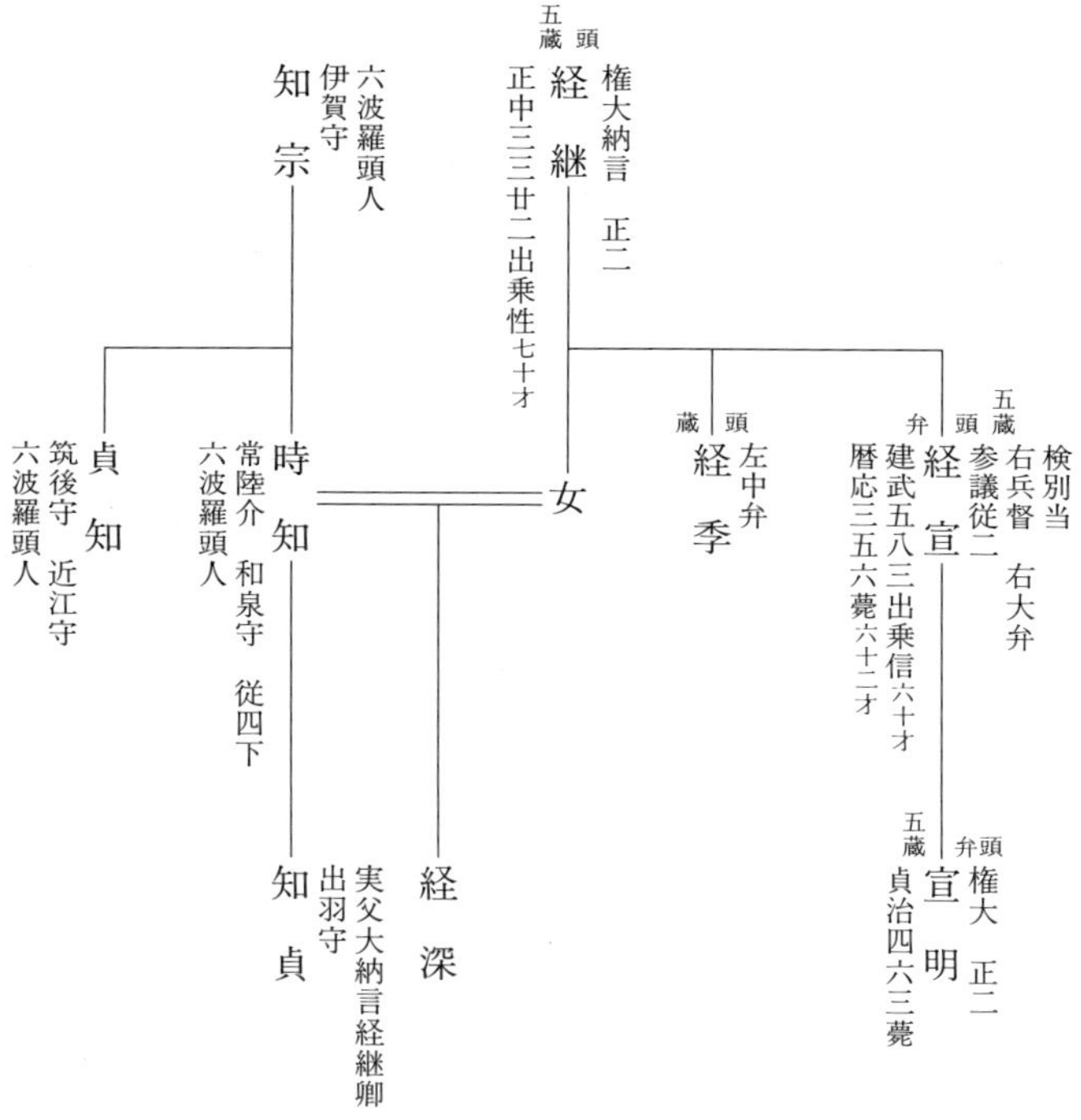

『御成敗式目』第二十五条で「関東御家人以二月卿雲客一為二婿君一依レ譲二所領一公事減少事」について定めているように、御家人が公家を婿とすることは決して珍しくはなかった。しかし、逆に右の小田時知と中御門経継との関係の

如く、御家人が公家の婿となった例はほとんど知られていない。[59] 中御門家と時知がかなり深い関係にあったことは容易に窺うことができる。しかも中御門家が、幕府に出仕した、いわゆる「関東祗候廷臣」ではないこと、及び小田氏が六波羅評定衆であったことを考え併せれば、中御門家と小田時知との関係は、当然時知在京中に結ばれたと見ねばならない。この点は先に触れた経深の生年からみてもほぼ疑いないであろう。

さて、このような小田時知と中御門家との関係が明らかとなれば、そこに見え隠れしてくるのは、時知と後醍醐天皇との関係である。鎌倉幕府倒壊後、小田時知は弟貞知とともに、伊賀兼光同様、建武政府に出仕し、記録所・雑所決断所にその名を連ねる。一方、中御門経継は、嘉暦元年（一三二六）年には出家するものの、それ以前は、後醍醐天皇近臣吉田定房と同様、一貫して大覚寺統派に属する公卿であった。[60] また、時知と義兄弟である中御門経季は、建武政権成立後初めて任じられる蔵人頭なのである。[61] さらに、経季の甥宣明も建武政府倒壊直前、蔵人頭に補任された後醍醐の信任厚き人物であった。[62] このような中御門家の婿であってみれば、小田時知が同家の人々を介して、後醍醐天皇に接近したと考えてみても決して根拠のないものとは言えないであろう。

元弘元年（一三三一）八月、倒幕運動が発覚した後醍醐は、笠置山に逃走し、やがて幕府方によって捕えられるが、それから十日程して「関東飛脚到来之間、武士等騒動、囲二時知宿所一欲レ及二合戦一」[63] しているのは、時知と後醍醐との関係を幕府が疑ったからに他ならないため、と私は推定する。この時は、結果的に「自二六波羅一加二制止一之間、先属二静謐一」したが、鎌倉幕府倒壊後の活動や中御門家との関係を頭に入れれば、時知が後醍醐天皇に接近していたことは、ほぼ間違いないであろう。

朝廷や公家と個別的関係を持つ六波羅要人が少なからずいたことを考えに入れれば、鎌倉末期、伊賀兼光や小田時

知のように、後醍醐天皇に接近した六波羅評定衆・在京人も決して少なくはなかったとみなければならないのである。(64)

おわりに

正慶二年(元弘三・一三三三)五月七日、足利高氏等によって京都を追われ、関東を目指して落ち延びた最後の六波羅探題北条仲時一行は、二日後の五月九日、近江国番場にて力尽き、自刃して果てた。六波羅探題の滅亡である。けれども、この時運命を共にした六波羅評定衆は、町野康世一人にすぎなかった。(65)滅亡したのは、その大半が探題被官達であった。ほとんどの六波羅評定衆は、探題とは行動を共にしなかったのである。探題府には北条氏一門が両探題以外にはほとんどいなかったこともあって、評定衆・在京人等の離反は早かったであろう。

ところで、六波羅探題があっけなく崩壊するのは、北条氏一門である探題に対する反感も然ることながら、評定衆が吏僚層を中心とした外様御家人によって構成されていたことにもよるであろう。それは、彼等が評定衆であるとともに、一方で在京人として洛中警固を担い、また、本論でも述べたように、朝廷・公家とも個別的関係を持つ者が少なくはなかったからである。伊賀兼光・小田時知の如きは、後醍醐天皇と個別的に結び付いていたのである。また、長井氏や海東・水谷氏等の吏僚系評定衆は、公家と主従関係を持ち、下級官人として朝廷に出仕することも度々あって、(66)必ずしも幕府とのみ一元的主従関係を保っていたのではなかった。つまり、吏僚層は、その出自に由来する下級官人という属性から、朝廷・公家と個別的関係を持ちやすく、幕府から離反する可能性は少なくなかったと言えるのである。さらに、南都北嶺等の寺社勢力と衝突することがしばしばであった六波羅評定衆・在京人等は、本論でも見たように、幕府・六波羅探題の庇護が得られぬまま流罪に処されるケースが少なくはなかったので、このことによっても彼等が幕府・探題への不信感を募らせたことも疑いない。[67]

それに加えて、六波羅評定衆に北条氏一門を任ずることがほとんどなかったことも、探題を一層孤立化させたと思われる。延慶三年（一三一〇）頃、已の身に、六波羅探題として再度上洛の風評が立った時、金沢貞顕は、「愚身面目をうしなうのミニ候ハす、在京人以下かあさけり無二申計一候歟、其上者成敗すへてかなうましく候」[68]と忌避し、また正中二年（一三二五）頃、伊賀兼光が「引付事」によって出仕を止めた際、貞顕は息子の六波羅探題金沢貞将に対し、「相構〱出仕候之様、可レ有二風諫一候」と指示せねばならなかった。[69]この二つの事例は、探題が思うように指導力を発揮できない状況や、それとは逆に評定衆がかなりの独立性を持った存在であったことを物語っているのである。このような政治状況をもたらした原因には、特に鎌倉末期に著しい、探題在任期間の短期化や、[70]その一方での評定衆の世襲化が考えられるが、さらに評定衆に北条氏一門を起用することがほとんどなかったことも、その大きな原因となったと思われるのである。幕府（得宗政権）は、六波羅評定衆に一門を任じなかったため、探題在任期間の短期化と相俟って、六波羅評定衆を掌握することができなかったと言えよう。[71]

ところで、六波羅探題府を構成する主要メンバーとしては、奉行人の存在も忘れてはならない。そこで最後に、六波羅評定衆と奉行人との関係について若干述べておきたい。

評定衆（引付頭人・引付衆）と奉行人が同番の引付に所属することで、職業的上下関係が成立することは当然だが、恐らく、そのような関係を踏まえてであろう、評定衆と奉行人との間に烏帽子親子関係が認められる。正和五年（一三一六）と推定される、丹波宮田荘雑掌申状案に拠れば、[72]「常陸前司」つまり評定衆小田時知は、奉行人と推定される「津戸兵部丞」の烏帽子親であった。さらに同文書に拠ると、評定衆・奉行人間の姻戚関係や烏帽子親子関係は、奉行人斎藤基任・宗像基氏・飯尾為定・雅楽信重等にも広がりを持つものであることが窺える。つまり、評定衆と奉行人は、血縁関係をも含む親密な関係にあったことが知られるのである。(73)両者はこのような関係にあったから、奉行人もまた六波羅探題に殉じた者はほとんどいなかった。(74)

関東や鎮西探題とは異なって、北条氏がほとんど任じられず、吏僚層の占める割合が大きかった六波羅評定衆は、鎌倉幕府滅亡後、奉行人と共に、その多くが建武政府、室町幕府の官僚へと連なり、その主要構成メンバーとなっていったのである。

〔註〕

(1) 六波羅評定衆についての専論と呼ぶべき研究はないが、言及したものとして、佐藤進一氏『鎌倉幕府訴訟制度の研究』(岩波書店、一九九三年、初出一九四三年)第四章「六波羅探題」、同「室町幕府開創期の官制体系」(『日本中世史論集』岩波書店、一九九〇年、初出一九六〇年)、上横手雅敬氏「六波羅探題の構造と変質」(『鎌倉時代政治史研究』吉川弘文館、一九九一年、初出一九五四年)、松岡久人氏「鎌倉末期周防国国衙領支配の動向と大内氏」(竹内理三博士還暦記念会編『荘園制と武家社会』吉川弘文館、一九六九年)、小泉宜右氏「御家人長井氏について」(高橋隆三先生喜寿記念論集『古記録の研究』続群書類従完成会、一九七〇年)、五味文彦氏「在京人とその位置」(『史学雑誌』八三―八、一九七四年)、網野善彦氏『異形の王権』(平凡社、一九八六年)第三部「異形の王権」、森茂暁氏「六波羅探題の「洛中警固」」(『鎌倉時代の朝幕関係』思文閣出版、一九九一年、初出一九八八年)、高橋慎一朗氏「六波羅探題被官と北条氏の西国支配」(『中世の都市と武士』吉川弘文館、一九九六年、初出一九八九年)、外岡慎一郎氏「鎌倉末～南北朝期の守護と国人」(『ヒストリア』一三三、一九九一年)、細川重男氏「幕府職制を基準とする家格秩序の形成」(『鎌倉政権得宗専制論』吉川弘文館、二〇〇〇年)、熊谷隆之氏「六波羅・守護体制の構造と展開」(『日本史研究』四九一、二〇〇三年)等がある。

(2)高野山文書又続宝簡集七十九、文永四年十一月八日付紀伊阿氏河荘地頭等言上状(『鎌倉遺文』九七九九)。佐藤氏前註著書一二六頁参照。

(3)東寺百合文書イ、寛元四年正月十九日付北条重時書状案(『鎌倉遺文』六六〇九)に、洛中警固のため辻々に設置された篝屋勤仕につき、大番衆の勤役を止め在京武士(在京人)を以て勤仕することが見えている。

(4)「葉黄記」宝治元年五月九日条(『大日本史料』五—二十二、六頁以下)。

(5)第二編第一章の表7六波羅探題職員表では、評定衆・引付頭人については在職が明確な者以外は採用しなかったので、この「人数事」のメンバーは評定衆としては載せなかった。しかし、本文のように評定衆と推定してほぼ間違いないであろう。なお本章の原型となる拙稿「六波羅評定衆考」(小川信先生古稀記念論集『日本中世政治社会の研究』続群書類従完成会、一九九一年)においては「美作守」を不明としたが、湯山学氏「鎌倉幕府の吏僚に関する考察(Ⅱ)」(『政治経済史学』三一二、一九九二年)・家永遵嗣氏「足利義詮における将軍親裁の基盤」(『室町幕府将軍権力の研究』東京大学日本史学研究叢書、一九九五年、初出一九九二年)の指摘に基づいて、海東忠茂に比定した。また佐分利氏とした「加賀二郎左衛門尉」の人名比定を、『二階堂系図』(『群書系図部集』第五)三一二頁及び『尊卑分脈』(新訂増補国史大系)第二篇、五〇三頁の記載から二階堂行継に改めた。

(6)『建治三年記』十二月二十五日条によれば、「人数事」内、波多野時光が除かれて、新たに「佐々木備中前司」(頼綱)と「中沼淡路左衛門尉」(長沼宗泰)の二人が加えられ、計十五人となる。

(7)『群書類従』第四輯。

(8)佐藤進一氏『増訂鎌倉幕府守護制度の研究』(東京大学出版会、一九七一年)参照。

(9)厳島神主藤原氏に関しては『広島県史』中世(一九八四年)Ⅳの二の1「安芸の諸豪族」のうち「厳島神主家」の

項（角重始氏執筆）参照。
(10)『飯野八幡宮文書』（史料纂集）に多数所見あり。
(11)弘安八年十一月日付但馬国大田文（『鎌倉遺文』一五七七四）。
(12)『吾妻鏡』（新訂増補国史大系）嘉禎元年九月十日条に「恩沢奉行後藤大夫判官基綱」（基頼祖父）とあり、『鶴岡社務記録』（鶴岡叢書第二輯）正中二年五月二十五日条に「御所奉行後藤信濃前司」が見える。
(13)佐藤進一氏註（8）著書讃岐の項参照。
(14)ただし、佐藤業連が得宗被官的地位に在った（円覚寺文書、弘安七年九月九日付得宗家奉行人連署奉書〈『鎌倉遺文』一五三〇一〉）ように、評定衆の構成は複雑で、吏僚層・北条氏・その他という分類は、あくまでも大要を把握するための便宜的なものである。
(15)旧典類聚十三、『綾瀬市史』1、資料編古代・中世一七一。
(16)「鎮西評定衆及び同引付衆・引付奉行人」（『九州中世史研究』一、一九七八年）。
(17)「実躬卿記」徳治元年十月十三日条（内閣文庫所蔵写本に拠る）、『公衡公記』（史料纂集）応長元年二月一日条、「継塵記」（歴代残闕日記）文保二年二月二十一日条、『花園天皇日記』（史料纂集）正中元年九月十九日条等。
(18)川添昭二氏「北条時宗の連署時代」（『金沢文庫研究』二六三、一九八〇年）、青山幹哉氏「鎌倉幕府将軍権力試論」（『年報中世史研究』八、一九八三年）。
(19)ただし、評定衆・引付頭人に就任した者（北条斉時）はいる。
(20)金沢文庫文書、年月日未詳、金沢貞顕書状（『鎌倉遺文』二三五一一）。
(21)『尊卑分脈』（第三篇、二六八頁）は「上総介」と註記するが、『吾妻鏡』等から「上野介」とすべきである。
(22)『尊卑分脈』第三篇、二七一頁。
(23)表5以外に六波羅要人としての親実の活動を示す史料として、肥前後藤文書、寛元二年七月二十六日付北条重時・

藤原親実連署閑院修理築垣請取状（『鎌倉遺文』六三四八）、『経俊卿記』（図書寮叢刊）建長五年十二月二十二日条等がある。

(24) 厳島神社蔵判物帖、永仁六年十二月二十日付関東下知状（『鎌倉遺文』一九九〇七）。

(25) 『楠木合戦注文』（角川文庫『太平記』〈一〉付録）正慶二年正月条。

(26) 在京人としては『勘仲記』（増補史料大成）正応元年十月二十一日条に「藤為忠周防三郎左衛門」、紀伊続風土記附録四古文書部四薬勝寺、正安三年正月十一日付紀伊薬勝寺沙汰次第注文写（『鎌倉遺文』二〇七〇一）に「周防三郎左衛門尉」、『公衡公記』正和三年十月七日条に「周防四郎」が見え、「周防左衛門尉」（『建治三年記』十二月十九日条）及び「周防太郎左衛門尉」（『武家年代記裏書』〈増補続史料大成〉文保元年二月十日条）は、奉行人としての徴証がある。

(27) 『吾妻鏡』建長四年三月六日条。

(28) 『吾妻鏡』建長四年四月一日条。ただし、『吾妻鏡』は「佐々木加賀守親清」と記しているが、『尊卑分脈』等では「親清」という名前の人物が佐々木氏一族からは見出せぬこと、及び表5に挙げた『経俊卿記』から、これは「佐分利加賀守親清」の誤記と考えるべきである。

(29) 東寺百合文書ホ（『鎌倉遺文』八五四）。なお、「佐分」も「佐分利」と同訓で「サブリ」である。

(30) 東寺百合文書ノ、建長二年六月十日付若狭国旧御家人跡得替注文案（『鎌倉遺文』七二〇二）。

(31) 東寺百合文書ノ、寛元元年九月一日付六波羅施行状案（『鎌倉遺文』六二三一）。

(32) 『若狭国守護職次第』（『群書類従』第四輯）北条重時項に「守護領佐分郷西津開発計也」とある。

(33) 註（1）高橋氏論文、藤井豊久氏「波多野出雲氏考」（『秦野市史研究』一一、一九九一年）。

(34) 親清の任加賀守が寛元三年というのは、先に見た『若狭国守護職次第』の「守護御代官加賀守殿自二延応元年一拝三領之二」の記載と時間的に矛盾するが、これは『若狭国守護職次第』が編纂物であり、後日、親清の極官加賀守を以て記述したために生じた誤りと考えられる。また、『平戸記』の記主平経高は、少なくとも延応元年以来宝治元年まで、加賀国知行国主の地位に在ったが、国守親清に関しては除目記事以外に記述がない。親清の任加賀守直前の正月十三日条に、「今日加賀各吏、有二所望者一可レ任之由、思食之旨、再三自二殿下《（二条良実）》一被レ仰兼有、奉書件者聊有二子細一之間、言レ上二事趣一之間、不二事切一、不レ被レ任也、件事不レ可レ説二子細一也、不レ能二委記一」とあるのを見れば、必ずしも国守は経高の意に添う形では任じられなかったのではあるまいか。

(35) 建長初年の閑院内裏造営に関係して、中山法華経寺所蔵双紙要文紙背文書、某書状（『鎌倉遺文』七一八〇）に見える「六ハらのかゝのせんし」（六波羅加賀前司）は、佐分利親清のことであろう。

(36)『朽木文書』（史料纂集）四二六、暦応四年十月二十八日付室町幕府引付頭人奉書。

(37)『師守記』（史料纂集）貞和元年八月二十九日条。

(38)『延文四年結縁灌頂記』（『大日本史料』六—二十二、五一七頁以下）。

(39)『文安年中御番帳』『永享以来御番帳』『長享元年九月十二日常徳院殿様御動座当時在陣衆着到』（『群書類従』第二十九輯）等参照。

(40) 鎌倉～南北朝期を中心とした佐分利氏の活動の詳細については拙稿「御家人佐分氏について」（『金沢文庫研究』二九三、一九九四年）を参照されたい。

(41)「葉黄記」宝治元年五月九日条、『経俊卿記』正嘉元年五月十一日条、「実躬卿記」嘉元二年五月二十九日条等。

(42) 探題が長井氏邸を仮の宿所としている例がしばしば見られる（『新抄〈外記日記〉』〈『続史籍集覧』第一冊〉文永三年七月二十日条、「六波羅守護次第」〈東京大学史料編纂所架蔵影写本に拠る〉大仏宗宣項、『延慶三年記』〈『史潮』第七年第三号、一九三七年〉九月十二日条）点にも長井氏の地位の高さが示されていよう。

(43) 長井氏については註（1）小泉氏論文があり、六波羅評定衆家についても、要領よく纏められている。ただし、本節で述べるような、長井氏と公家との関係等には触れられていない。

(44)『尊卑分脈』第四篇、一〇一頁。

（45）A・Bともに勝尾寺文書（『鎌倉遺文』七〇五二・七〇五三）。
（46）近衛家文書（『鎌倉遺文』七六三一）。
（47）勝尾寺文書（『鎌倉遺文』一二一九五四）。
（48）e・jに当たる文書は現存している（『鎌倉遺文』一二九二六・一二一九五三）。
（49）古簡雑纂一東大寺尊勝院蔵、弘長二年五月十八日付光明山寺牒案（『鎌倉遺文』八八一四）、『一代要記』（『改訂史籍集覧』第一冊）弘長二年六月十四日条等。
（50）『勘仲記』弘安五年十二月六日条、『一代要記』同年十二月十四日条等。なお弘安の大住・薪荘境相論については海津一朗氏「鎌倉後期の国家権力と悪党」（悪党研究会編『中世の悪党』岩田書院、一九九八年）を参照。
（51）例えば、『建治三年記』に六波羅評定衆（「人数」）として名を連ねた佐々木頼綱も、地頭職をめぐって南都衆徒と揉め事を起こし、延慶元年、尾張に配流されている（『興福寺略年代記』〈『続群書類従』第二十九輯下〉延慶元年六月晦日条、『武家年代記裏書』同年条）。
（52）『勘仲記』弘安五年二月一日条。
（53）在京人の探題に対する不信感・非協力的な態度は、鎌倉末期、正和三年の新日吉社神人と探題との闘乱事件に際して、「在京人せう〳〵候けるも、これら（＝探題被官、筆者註）かうたれ候けるを見候て、みなにけて候、無二申計一候」という、（正和三年ヵ）金沢貞顕書状（金沢文庫文書、『鎌倉遺文』二五一三三）に端的に現れている。
（54）石井進氏「『古今著聞集』の鎌倉武士たち」（『鎌倉武士の実像』平凡社、一九八七年、初出一九六六年）、高橋昌明氏「西国地頭と王朝貴族」（『日本史研究』二三一、一九八一年）。
（55）網野氏註（1）著書。
（56）『後愚昧記』（大日本古記録）貞治五年九月四日条。
（57）第一篇、三七一頁。

(58)『後愚昧記』康暦元年二月十四日条。

(59)安達義景は飛鳥井雅経女を、孫の宗景は紙屋河顕氏女を妻とした(『尊卑分脈』第二篇、二八六頁以下)ことが知られるが、飛鳥井・紙屋河両家は「関東祗候の廷臣」であるので、一般の公家とは立場が異なる(湯山学氏「関東祗候の廷臣」〈『相模国の中世史』上、私家版、一九八八年〉、筧雅博氏「続・関東御領考」〈石井進氏編『中世の人と政治』吉川弘文館、一九八八年〉参照)。

(60)中御門経継は、正安三年、大覚寺統の後二条天皇の蔵人頭となり、翌乾元元年参議に進み、嘉元三年には権中納言となるが、延慶元年、後二条の死去とそれに伴う持明院統の花園天皇の即位によって、権中納言の職を辞している。しかし、花園に替わって後醍醐天皇が即位して、後二条の子邦良親王が皇太子となるに及び、元応元年再び出仕し、権大納言に任じられた(以上『公卿補任』〈新訂増補国史大系〉に拠る)。この経継の参議から権大納言昇進に到る経過は、吉田定房のそれと全く一致しており、経継が主として後二条・邦良系に仕えつつも、大覚寺統派に属した公卿であったことを示している。また経継は、子息経宣とともに後宇多上皇院司でもあり(白河本東寺文書五十七、文保元年十月日付後宇多院庁下文案〈『鎌倉遺文』二六四一一〉)、その奉じた院宣も散見する(『鎌倉遺文』二一二八〇・二五〇五八・二五一五九・二六一一四・二八五一〇等)。なお経継については、近藤成一氏「両統迭立期の院宣と綸旨」(鎌倉遺文研究会編『鎌倉遺文研究I　鎌倉時代の政治と経済』東京堂出版、一九九九年)で経歴等が詳述されている。

(61)『職事補任』(『群書類従』第四輯)後醍醐天皇項。建武政府では恩賞方寄人ともなっている(『建武年間記』〈『群書類従』第二十五輯〉)。

(62)『職事補任』後醍醐天皇項。建武政府では記録所勾当にもなっている(『建武年間記』)。

(63)『花園天皇日記』元弘元年十月十四日条。

(64)正中の変で討たれた、土岐頼貝・多治見国長等も、後醍醐天皇に接近した在京人であったろう。

(65)『近江国番場宿蓮華寺過去帳』(『群書類従』第二十九輯)。
(66)長井・海東・水谷氏等の吏僚系御家人は、蔵人等の朝官に任じられることを家例としたが、これは単に名誉的なものではなく、実際に朝廷に出仕していることが確認できる(例えば、海東忠成〈『民経記』(大日本古記録)安貞元年六月十八日条〉・長井貞秀〈『勘仲記』永仁二年三月五日条等〉)。
(67)石井進氏は、関東御領を四つの類型に分類し、うち「a型、領家(本所)＝関東御領、預所・地頭＝御家人型」は「預所・地頭兼任者はおおむね幕府の有力御家人や、特に大江広元など文筆官僚系の人物が目立つ」と指摘された(「関東御領覚え書」『神奈川県史研究』五〇、一九八三年)。今のところ適切な事例は見出せないが、この指摘を踏まえ、鎌倉末期、関東御領が得宗領に転化するケースが少なくなかったことを考え併せれば、吏僚層を中心として構成されていた六波羅評定衆が、関東御領の所職をも含むであろうその所領を、得宗勢力によって脅かされつつあり、そのような状況が北条氏への反発を助長した可能性も考えられる。
(68)金沢文庫文書、年月日未詳、金沢貞顕書状(『鎌倉遺文』二四〇一七)。
(69)金沢文庫文書、年月日未詳、金沢貞顕書状(『鎌倉遺文』二九一八〇)。
(70)北条時盛(在職十八年)・同重時(同十七年)・同時茂(同十四年)等初期の探題と比較して、時代を下るほど、探題の在職期間が短期化していることは明白である(本編第一章表1参照)。
(71)このような状況のなかでこそ、安東蓮聖父子や神五左衛門尉の如き得宗の私的京都代官が独自に活躍するのである(第三編第二章参照)。
(72)近衛家文書(『鎌倉遺文』二五六七三)。
(73)在京人湯浅(保田)宗顕の母親が奉行人松田覚浄(頼直)の娘であった(仲村研氏編『紀伊国阿氏河荘史料』一、一三湯浅氏系図〈保田氏〉)ことや同じく在京人土岐頼貞が奉行人斎藤俊幸(利行)の婿であった(『花園天皇日記』正中元年九月十九日条)ことも、六波羅祗候者同士が姻戚関係を結ぶことが多かったことを示している。

(74) 探題滅亡に殉じた奉行人は、斎藤教親と同玄基の二人が知られるにすぎない(『近江国番場宿蓮華寺過去帳』、『太平記』〈日本古典文学大系〉巻第九「六波羅攻事」)。

第三章　在京人に関する一考察

はじめに

本章では六条八幡宮造営注文を素材に、在京人について考察する。

福田豊彦・海老名尚両氏によって紹介された、国立歴史民俗博物館所蔵「田中穣氏旧蔵典籍古文書」のなかの六条八幡宮造営注文は、(1)文治二年（一一八六）と承元二年（一二〇八）、及び(2)建治元年（一二七五）五月の同宮造営注文よりなり、特に「鎌倉中」「在京」と尾張国以下の「諸国」の三つに区分して五百人近くの御家人名を記す(2)は、鎌倉幕府の御家人制を考える上でたいへん注目される史料である。網野善彦[3]・福田豊彦[4]・小林計一郎[5]・高橋一樹[6]・石井進[7]・鈴木宏美[8]ら諸氏によって、甲斐・房総諸国・信濃・越後・伊豆・駿河・遠江・武蔵等の国々の御家人について分析がなされ、また石井氏が史料全体について考察を加えている。[9]

本章では、この(2)建治元年五月日付の六条八幡宮造営注文のなかの「在京」について検討してみたい。[10]まずその部分を掲げておく。[11]

一在京

小早河美作入道跡	十五貫	遠山大蔵権少輔跡	十五貫
備中刑部権少輔跡	十貫	波多野出雲前司跡	十貫

内藤伊勢前司跡	八貫	頓宮兵衛入道跡	六貫
土岐左衛門尉跡	六貫	海老名藤左衛門尉	十貫
大田次郎左衛門尉跡	十貫	能勢大進跡	七貫
水谷伊賀前司跡	六貫	若狭兵衛入道跡	八貫
書博士跡	五貫	源筑後前司跡	三貫
久美左衛門尉跡	七貫	俣野中務丞跡	五貫
源左衛門尉跡	六貫	源次郎左衛門入道	三貫
日向前司跡	七貫	酒匂〔勾〕中務入道跡	四貫
遠藤右衛門尉跡	三貫	波多野弥藤二左衛門尉跡	四貫
柘枝〔植〕左衛門尉跡	五貫	佐々木帯刀左衛門入道跡	三貫
大野右近入道跡	二貫	神澤左衛門尉跡	五貫
牧野五郎左衛門跡	三貫	湡〔隅〕田五郎兵衛入道	三貫

二十八人の御家人名が記載されているが、これらの人々は「在京」として区分されているので、石井氏（B論文）が指摘されたように、「不退在京奉公、不退祗二候六波羅一[12]」と規定され、「在京人トハ、洛中警固武士也[13]」とある、在京人とみてよいとも思われる。しかし、石井氏は「注文」全体の考察を中心とされたため、「在京」については五味文彦氏の研究[14]に依拠して、二十八名のうちの五名を在京人と確認しているに過ぎないので[15]、さらに検討を加える必要があると考える。二十八名全てを検討することによって、「在京」の構成メンバーがより一層明らかとなろうし、

また新たな問題も浮上するであろう。例えば、「在京」御家人と「鎌倉中」御家人・「諸国」御家人との関係や、在京人制度の成立時期等である。さらに「注文」の「在京」交名が作成された、建治元年五月当時の在京人体制の特質についても考察を加えてみたいと思う。

第一節　「在京」御家人の個別的検討

本節では「注文」の「在京」御家人について、福田氏らの人名比定[16]を参考にしながら、個別に検討を加える。

①小早河美作入道

福田氏らが比定されているように、相模国早河荘を名字の地とした小早川茂平（法名本仏）と考えられる。[17] 茂平は安芸国沼田荘・同都宇竹原荘等の地頭で、宝治元年（一二四七）から正嘉元年（一二五七）にかけて在京人として所見する。[18] 子息の三郎雅平や四郎政景も在京人としての徴証がある。[19]

②遠山大蔵権少輔

福田氏らが指摘された通り、遠山景朝とみられる。[20] 景朝は頼朝以来の有力御家人加藤景廉の子で、美濃国遠山荘を相伝して遠山を称した。『吾妻鏡』には建仁三年（一二〇三）九月から建長六年（一二五四）正月まで姿をみせる。文永元年（一二六四）三月、四天王寺別当職をめぐり、山門衆徒が八王子神輿等を奉じて入洛した際、これを防ぎ神輿に矢を射立て、衆徒の怒りを買い「被㆑召㆓置武家㆒（六波羅探題）」た「景朝」[21]も同一人物と思われる。『吾妻鏡』の所見年代を考慮すると、景朝は建長六年以降に在京人として上洛したのであろう。かなりの高齢であったと思われる。また網野善彦氏は、景朝の孫景長が文永九年三月、遠山荘内手向郷を収公された理由を、同年二月の六波羅探題南方北条時輔誅殺事件の連座と推測されている(22)。景朝が在京人であったことは確実であり、その可能性は高い。

③備中刑部権少輔

呼称から考えて海東忠成と推定できる。忠成は大江広元の子で、頼朝の母方の一族熱田大宮司家の備中守忠兼の猶子となっている(23)。備中と称したのは忠兼の受領名に由来すると思われる。尾張国海東郡もしくは海東荘が名字の地と考えられる。前刑部権少輔忠成は寛元三年（一二四五）評定衆に加えられたが(24)、宝治元年六月、三浦氏の乱に連座して職を解かれた(23)。その後の動向は詳らかでないが、「文永二年於二京都一卒」と『関東評定衆伝』宝治元年条にみえており、在京していたらしい。忠成の子孫の忠茂や広房・忠景らは六波羅評定衆となっている(26)。

④波多野出雲前司・㉒波多野弥藤二左衛門尉

波多野氏は相模国波多野荘を本拠とした御家人である(27)。福田氏らの推定のように、出雲前司は義重、弥藤二左衛門尉は盛高に比定してよいと思われる。義重は忠綱の、盛高は高義の子で、ともに波多野義通の孫にあたる。越前国志比荘地頭で道元の檀越でもあった義重は六波羅評定衆に列なる有力御家人で、寛元二年から正嘉元年にかけて在京していたことが確かめられる(28)。子孫の時光や宣時も六波羅評定衆として重きをなした。盛高は和泉国軽部郷の地頭であった(29)。

⑤内藤伊勢前司・⑥頓宮兵衛入道

内藤伊勢前司は盛親に、頓宮兵衛入道は盛政に推定できる。(30) 福田氏らが備考として触れている『内藤系図』(31)によれば、ともに左衛門尉盛家の子である。『吾妻鏡』嘉禄二年（一二二六）五月八日条には「盛親者従父、或在京、或在国」していたとみえる。盛家は父盛定以来、周防国遠石別宮を所領としているので(32)、盛親は父盛家に従い、京都や周防を中心に活動していたと考えられる。建長年間（一二四九〜五六）にも盛親の子孫と思われる「内藤ゑもん」や内藤右衛門尉が在京人として確認できる。(33) 頓宮盛政は、安貞元年（一二二七）六月二十二日、山門衆徒が法然の大谷墳墓を破却しようとした時、六波羅北方探題北条時氏がこれを防ぐために派遣した「右兵衛尉内藤五郎兵衛藤原盛政入道法名西仏」(34)として、在京人としての活動が確かめられる。子息肥後守盛氏も在京人としての徴証がある。(35) 名字の地は近江国頓宮とみられる。なお、盛氏は建長・康元頃に尾張国長岡荘地頭であったことが知られる。(36)

⑦土岐左衛門尉

福田氏らは古□〔岐カ〕左衛門尉とするが、土岐左衛門尉とみてよいと思う。『吾妻鏡』の建保四年（一二一六）七月から嘉禎二年（一二三六）八月に所見する光行に比定できる。土岐氏は美濃国土岐郡を本拠とした清和源氏の一流で、光行の曾祖父光信以来土岐を称し、鳥羽・後白河院権力と結びつき中央でも活躍した。土岐氏の在京人としての徴証は幕末まで見出せないが(37)、本拠地美濃が六波羅探題の管轄国であったことからみて、鎌倉中期以来のものと考えても不自然ではないと思う。

⑧海老名藤左衛門尉

福田氏らの指摘のように忠行と考えられる。海老名氏は相模国海老名郷を根拠地とした御家人である。忠行は加賀国小坂荘内興・浅野保の地頭であり、(38)『吾妻鏡』には嘉禄二年十月から宝治元年五月まで登場する。建長四年の『宗尊親王鎌倉御下向記』には、新将軍として鎌倉に下る宗尊親王の女房の介錯人として、長井・小笠原・藤原・内藤・波多野・小早川らの在京人が当たったことがみえているが、「ゑびのさゑもん」もその一人であった。『吾妻鏡』の登場年代を考慮すると、忠行その人と見做してよいであろう。建長五年や弘安九年（一二八六）の史料にも在京して活動する海老名氏が見出される。(39)

⑨大田次郎左衛門尉

「葉黄記」宝治元年五月九日条に見える、波多野宣政（義重）・小早川茂平・長井泰重らとともに京都新日吉神社の小五月会流鏑馬を勤めている太〔大〕田二郎左衛門尉政直と思われる。大田氏は承久の乱の勲功賞により但馬国守護職を獲得した常陸房昌明の子孫ともいわれている。大田氏としては政頼の代の弘安八年以降に但馬守護在職が確認される(40)が、政直が同職に在任していたかはわからない。何れにしろ承久以降に但馬を本拠とした有力御家人であったことは間違いない。

⑩能勢大進

能勢氏は摂津国能勢郡出身の清和源氏一族である。判官代国能が頼朝に仕えている。[41] 仁治三年（一二四二）三月には「能勢蔵人跡地頭職」が「致二住京奉公一」していた兄の頼仲に与えられている。能勢蔵人は清経に比定されるが、「在京雖レ及二多年一、不忠之間、被二改易一」た。[42] 福田氏らの指摘のように、「注文」の大進は頼仲・清経兄弟の父皇后宮大進頼綱とみてよかろう。[43] 前記した『宗尊親王鎌倉御下向記』には「のせのはんぐわんだい」が見えるが、頼仲と考えられる。頼仲は摂津国能勢郡内田尻・野間村、及び阿波国篠原荘の地頭であった。[44]

⑪水谷伊賀前司

福田氏らが推定されているように、重清と思われる。『尊卑分脈』[45]に拠れば重清は大江広元の姉妹の子で、広元の猶子となっている。関東御領であった但馬国三宮水谷大社の預所・地頭・神主職を兼帯して水谷を称した。[46] 重清の子清有は、永仁（一二九三〜九九）から正和（一三一二〜一七）にかけて六波羅奉行人や六波羅評定衆として活躍している。[47]

⑫若狭兵衛入道

福田氏らの比定通り忠季であろう。[48] 忠季は島津忠久の弟と伝えられ、建久七年（一一九六）九月、若狭国の有力在庁稲庭時定の没収地を与えられ、同国守護職に補任されている。[49]『吾妻鏡』には正治元年（一一九九）十月から承久三年（一二二一）六月まで登場する。若狭国太良荘地頭としても知られており、乾元元年（一三〇二）忠兼が罪科により罷免されるまで、忠季・忠清・忠兼三代にわたって相伝した。正応二年（一二八九）に「当地頭（忠兼）追二親父

（忠清）跡「在京奉公」[50]とみえており、忠清・忠兼父子が在京人として活動していたことも確認できる。

⑬書博士

福田氏らが推定する中原師俊とみてよいであろう。師俊は『吾妻鏡』には名前がみえないが、『関東開闢皇代并年代記』[51]に政所別当の一人として所見し、実際、将軍実朝期の建永元年（一二〇六）から建保五年にかけて将軍家下知状や将軍家政所下文に署判するなど[52]、政所職員として活躍している。『大友系図』[53]には中原（藤原）親能の子としてみえ、季時・親実・師員らと兄弟とされている。「号二三池一」したとも記されており、のちに筑後国三池郡を本拠として鎮西探題評定衆としても活躍する三池氏の先祖であった[54]。師俊の子孫で在京人として活動した人物は管見に触れないが、出自からみても京都で活動した可能性は高い。

⑭源筑後前司

福田氏らが推定したように源頼時であろう。頼時は信濃源氏村上経業の子で、『吾妻鏡』には村上左衛門尉・筑後守（筑後前司・前筑後守）として文治元年（一一八五）十月から承久元年正月にかけて登場する。建暦二年（一二一二）三月十二日「在京奉公之労」により、一村地頭職を拝領している[55]。また検非違使に在職していた建久九年から元久元年（一二〇四）には、後鳥羽上皇御幸や土御門天皇行幸に供奉したことが知られる[56]。将軍頼朝時代から、在京御家人として活動していたことがわかる。頼時子孫の在京人は確認できないが、村上一族には院や女院の判官代・蔵人となっているものが多く[57]、このような事情から頼時流が在京していたのかも知れない。

⑮久美左衛門尉

久美氏は丹後国久美荘を本拠とした御家人と考えられる。鎌倉末期には久美孫三郎行親が、久美荘と同じ丹後国熊野郡内に属する佐野郷吉岡保内の買得田畠につき争っていることが知られる。[58] 文永七年から弘安二年頃、久美左衛門が在京人として活動していたことが認められる。[59]

⑯俣野中務丞

前述した建長四年の『宗尊親王鎌倉御下向記』に「またのゝなかづかさ」がみえ、在京人であったことが確かめられる。恐らくは同一人物であろう。また弘安（一二七八〜八八）から正和にかけて八郎入道寂一が、嘉元（一三〇三〜六）から元応（一三一九〜二一）にかけて中務丞家景の六波羅奉行人在職が確認される。寂一・家景は父子である。[60] 俣野氏としては桓武平氏流の相模大庭一族が知られているが、在京人の俣野氏は安倍（安部）姓を称しており、[61] 両者の関係はよくわからない。寂一は伊賀国六ケ山下三郷や紀伊国栗栖荘・調月荘東西等を所領としていた。[62]

⑰源左衛門尉・⑱源次郎左衛門入道

『吾妻鏡』暦仁元年（一二三八）二月二十三日条に、上洛中の将軍頼経参内の供奉人として源左衛門尉が見える。同じく四月七日の頼経大納言拝賀に際しても供奉しており、『玉蘂』同日条から実名が季能であったことが判明する。季能は頼経滞京時のみ史料に登場することから、暦仁元年当時在京人であったとみてよいであろう。ただし、出自や本拠等については不明である。源次郎左衛門入道についてはよくわからず、源左衛門尉との関係も不詳である。

⑲日向前司

福田氏らが触れているように、宇佐美祐泰であろうか。宇佐美氏は伊豆国宇佐美郷を本拠とした御家人である。祐泰は『吾妻鏡』には嘉禎元年六月から弘長三年（一二六三）八月まで登場する。管見の限り祐泰の在京人としての徴証はないが、一族と考えられる宇佐見〔美〕五郎兵衛尉は淡路国物部荘の新補地頭であった(63)。また祐泰の父祐政は、寛喜三年（一二三一）の四・五月に検非違使として在京し、賀茂祭や内大臣西園寺実氏の拝賀に供奉している(64)。

⑳酒句〔勾〕中務入道

酒勾氏は『吾妻鏡』には登場しないが、相模国酒勾郷を本拠とした御家人である(65)。嘉禎（一二三五～三八）頃、酒勾入道定蓮が京都方面で活動していたことが知られる(66)。定蓮は、承久の乱の後、備後国小童保を一時知行したこともあった(67)。中務入道は定蓮であろうか。また、東大寺勧進上人退耕行勇の許で、寛喜二年から酒勾左衛門入道如寂が造営料国周防の目代を勤めている(68)。

㉑遠藤右衛門尉

遠藤氏は摂津渡辺党の一族である(69)。右衛門尉は為俊であろう。為俊は『吾妻鏡』には遠藤左近将監として、貞応二年（一二二三）七月から安貞二年十月まで名前がみえる。『遠藤系図』(70)に拠れば、為俊は左近将監の他に右衛門尉にも任官しており、『吾妻鏡』暦仁元年二月十七日・建長四年十一月十二日・同六年六月十六日条等に見える遠藤右衛門尉は為俊の可能性が高い。『平戸記』（増補史料大成）寛元三年五月二十五日条で、記主の平経高の許に赴き「関東間事」について談じている「右衛門尉為俊」も遠藤為俊と考えられる。寛元三年当時、為俊が在京していたことがわかる。『遠藤系図』では為俊の子備前房俊全を六波羅奉行人とし、また孫の兼俊を六波羅探題北条兼時（弘安七年から永仁元年〈一二九三〉まで在任）の烏帽子子と記しており、子孫が六波羅探題に仕えたことを窺わせる。

㉓柘枝〔植〕左衛門尉

柘植氏は伊賀国柘植郷を本拠とした御家人と考えられる。柘植弥平二左衛門尉と称した、平頼盛の母池禅尼の侍平宗清の子孫であろう。[71] 弘安から永仁頃にかけて在京人として左衛門三郎時継・六郎左衛門尉清親や又二郎らが見出される。[72] またほぼ同じ頃、六波羅南方北条時国の配下として活動した六郎左衛門尉親清や新左衛門清継の存在も知られる。[73]

㉔佐々木帯刀左衛門入道

福田氏らの推定のように、信綱の弟時綱と思われる。[74] 時綱流の在京人としての徴証は見出せないが、近江を根拠地として繁栄した佐々木一族は、信綱流の頼綱・長綱・貞長や信綱の叔父義清流の泰清らが六波羅評定衆として活躍したと考えられる。

㉕大野右近入道

『吾妻鏡』承久二年九月二十五日条には鎌倉の大野右近入道宅が焼失したことがみえている。恐らく同一人物であろう。また貞応元年十二月十三日条には大野新右近将監が登場するが、右近入道の近親者であることは疑いない。鎌倉末期六波羅奉行人として大野五郎秀尚が所見するが、右近入道との関係は不明である。

㉖神澤左衛門尉

神澤（沢）氏は六波羅奉行人を勤めており、鎌倉末期に太郎左衛門尉重綱や五郎兵衛尉（左衛門尉）秀政の在職が確認される。重綱は播磨国久留美荘地頭であり、(75)また秀政も「於二播州所領一他界」(76)したことが知られ、播磨を本拠としたと考えられる。

㉗牧野五郎左衛門

『吾妻鏡』正嘉二年六月十八日条と弘長三年正月三日条に牧野太郎兵衛尉がみえ、前者では執権北条長時の使者として、後者では長時の弟忠時とともに馬を曳いているから、牧野氏は長時らの父重時流北条氏の被官と考えられる。「葉黄記」宝治二年七月一日条には六波羅探題長時の使者として真木野左衛門尉茂綱がみえる。(77)真木野は牧野の当て字であろう。「注文」が作成された建治元年（一二七五）五月当時の六波羅探題は長時の子義宗であり、「牧野五郎左衛門跡」は義宗被官として名を連ねたと思われる。

㉘湡〔隅〕田五郎兵衛入道

隅田氏は紀伊国隅田荘を本拠とした武士団で、『吾妻鏡』建長六年十月六日条に隅田次郎左衛門尉が重時の使者と
して登場する。牧野氏同様重時流北条氏の被官であった。弘安十一年正月には隅田三郎兵衛入道が、北条時兼（長時
弟業時の子）から隅田荘木原・畠田の地頭代職に任命され[78]、正安四年（一三〇二）四月には隅田三郎入道に対し、北
条基時（時兼の子）から「隅田庄殺生事」の禁断が命令されている[79]。隅田五郎兵衛入道がみえるのも、義宗被官で
あったためであろう。

第二節　「在京」御家人に関する考察

以上、「注文」の「在京」交名について検討を加えたが、交名にみえる御家人本人やその子孫（「跡」）の多くにつ
いて在京人としての徴証が得られ、畿内周辺に根拠地あるいは所領を持っていたことも明らかとなった。よって「在
京」＝在京人とみてよいであろう。また「在京」御家人の記載順序は、六波羅探題北条義宗被官の㉗「牧野五郎左衛
門跡」と㉘「湡〔隅〕田五郎兵衛入道」が末尾に名を連ねていることを考慮すれば、負担貫高の多少を基準としつつも、
それぞれの御家人の家格・地位を反映していることは疑いない[80]。「在京」交名に拠れば、①小早川・②遠山・③海
東・④波多野氏らの、東国出身の有力御家人や大江広元の子孫が高い地位を占めていたことがわかる。彼らは六波羅
評定衆に任命されたり、京都新日吉神社の小五月会流鏑馬役を勤仕するような有力在京人である。一方、⑩能勢・⑮
久美・㉑遠藤・㉓柘植・㉖神澤氏ら、畿内近国御家人は、おおむね東国御家人の下位に置かれていることがわかる。
「在京」交名はほぼ東国御家人→西国（畿内近国）御家人→探題被官の順に記載されていたといえる。同じ「在京」

御家人ながら、東国御家人と西国御家人との差異をみることも可能であろう。なお、五畿内とその周辺国（伊賀・伊勢・志摩・近江・播磨）に対しては、東国等のように、「諸国」として国ごとに用途賦課がなされなかったが、⑩能勢氏や㉑遠藤・㉓柘植氏らの如く、この地域の御家人のなかに「在京」として用途を負担した者もいたのである。

ところで「注文」の「鎌倉中」（一二三人）と尾張国以下の「諸国」（三一八人）の御家人とを比較すると、「鎌倉中」とは北条一門や足利・安達氏らが名を連ね、鎌倉に館を持ち、常時幕府に出仕していた御家人であるのに対し、「諸国」とは鎌倉に常住することなく、主に根拠地に在国していた御家人で、負担額からみても、「鎌倉中」の御家人よりおおむね所領規模も劣り、ランクのやや落ちる中小御家人達と考えられている。[81] それでは「在京」御家人の場合は、「鎌倉中」と「諸国」とのどちらに近いタイプの御家人なのであろうか。この点を次にみてみよう。

②遠山景朝の兄弟加藤景長跡が[82]「加藤左衛門尉跡　十五貫」として、⑤内藤盛親・⑥頓宮盛政の兄弟内藤盛時・同盛義跡が[83]「内藤肥後前司跡　廿貫」「内藤豊後前司跡　十貫」として「鎌倉中」にみえている。遠山景朝跡と加藤景長跡が負担額では同額、また内藤・頓宮四兄弟のうち盛親が「嫡男」であったことを考慮すれば、[84]「在京」御家人と「鎌倉中」御家人とは、出仕場所が京都の六波羅探題であったか鎌倉の幕府であったかが異なっていただけで、基本的には御家人としての格差は存在しなかったとみてよいと思われる。一方で①小早川茂平や④波多野義重らの一族が、「諸国」の「相模国」のなかに「小早河二郎左衛門尉跡　五貫」「同（小早河）三郎左衛門尉跡　三貫」や、「波多野少二郎入道跡　五貫」「波多野中務丞跡　五貫」等としてみえているが、彼らは庶流とみられ、[85] 小早川茂平や波多野義重らが、内藤・頓宮氏らとともに六波羅評定衆クラスの御家人であることを考えると、やはり「在京」御家人は「鎌倉中」御家人とほぼ同格の存在とみてよいと判断される。

さて「在京」御家人の性格について述べてみたが、それでは、「在京」交名にみるような在京人の体制はいつごろ成立したと考えられるであろうか。言い換えるならば、建治元年（一二七五）の「在京」交名に名を載せる御家人はいつごろから在京人として所見し、「在京」の構成メンバーとして固定化するのであろうか。次に「在京」交名に拠って、在京人制度の成立時期について考えてみよう。

表6は「在京」交名にみえる御家人の、在京人としての所見年代をまとめたものである。すでに前節で個別的検討を加えたが、全二十八名中の十三名について確認することができた。表をみると、⑭源頼時や⑤内藤盛親・⑥頓宮盛政のように、源氏将軍の時代や承久の乱から間もない時期からみえる者もいるが、①小早川茂平をはじめとして、一二四〇～五〇年代にかけて所見する人物が六名に及ぶことがわかる。一二六〇年代に所見する②遠山景朝や③海東忠成のような存在もあるが、おおむね表のメンバーは一二四〇～五〇年代にかけて出そろうことが確認できよう。従ってこの表に基づき、「在京」交名のような在京人の体制は一二四〇年代～五〇年代に成立したと判断することができよう。年号でいえば、寛元・宝治・建長頃である。この年代は京中警護のための篝屋勤仕が、大番御家人の勤役を止めて、在京人の所役とされる時期（寛元四年〈一二四六〉正月）であり、[86]また本編第二章で考察したように、六波羅評定衆が設置される時期（一二四〇年代後半頃）でもある。[87]いわば、在京人制度

表6　在京人としての所見年代

人　　名	所見年代
①小早川茂平	1247～57年
②遠山景朝	1264年
③海東忠成	1265年
④波多野義重	1244～57年
⑤内藤盛親	1226年
⑥頓宮盛政	1227年
⑧海老名忠行	1252年
⑨大田政直	1247年
⑭源　頼　時	1198～1212年
⑯俣野中務丞	1252年
⑰源　季　能	1238年
⑳酒勾中務入道	1235～38年？
㉑遠藤為俊	1245年

が整備・強化された時期であったのである。「注文」の「在京」交名は在京人体制の成立期について物語る史料ともなっているのである。

しかしながら、「在京」交名の二十八名の御家人（「某跡」とあるので実際の人数はさらに増えよう）が在京人の全てであったと考えるのは誤りである。

例えば、「注文」の作成された建治元年の時点において、六波羅評定衆もしくは有力在京人として活躍していた、長井氏(88)や安芸厳島神主家藤原氏(89)、そして小笠原氏(90)らの名前は「在京」御家人として見出せないのである。長井氏の如きは六波羅評定衆筆頭の地位にあり、通常ならば「在京」交名の最初に名を載せていて当然であろう。では何故名前が見出せないかといえば、長井氏の場合、在鎌倉の惣領家（関東評定衆家）に寄り合う形で用途を負担していたからである。「鎌倉中」には「長井左衛門大夫入道跡　百八十貫」とあり、この「長井左衛門大夫入道」は関東評定衆家の祖泰秀・六波羅評定衆家の祖泰重兄弟の父時広に比定できるから(91)、六波羅評定衆家長井氏（当時の当主は泰重の子頼重）は、「長井左衛門大夫入道跡」の一人として鎌倉の惣領家（当時の当主は泰秀の子時秀）の分配をうけて公事を勤仕したと考えられるのである。厳島神主家藤原氏の場合も「鎌倉中」に「周防入道跡　安芸前司跡可二寄合一　三十貫」とあり、「周防入道」は藤原氏で初代神主の親実に、「安芸前司」は同二代神主の親光に比定できるが(92)、建治頃六波羅評定衆であった三代神主親定も、親実子孫として「周防入道跡　安芸前司跡可二寄合一」という形で用途を分担したと思われる。また小笠原氏も、「鎌倉中」に「小笠原入道跡　百貫」とあるので、小笠原長清の子孫の一人として在鎌倉の一族に寄り合う形で用途を負担したのであろう。このように、長井・藤原・小笠原氏らの有力在京人の名前はみえず、「在京」交名の二十八名が在京人の総人数ではないことは明白である。長井氏らが何故、「在京」として用途負担を命じられなかったかは明らかでないが、長井・藤原・小笠原の三氏とも西国守護を兼ねる[93]ほどの有力御家人であり、幕府や在鎌倉の惣領家が、このような在京の一族を統制するために、「鎌倉中」に組み入れて用途を負担させた側面も否定できないと思われる。

「在京」御家人に関してさらに注意されるのは、西国御家人の場合、大内氏や湯浅氏のように、建治以前より在京人として活動しているにもかかわらず[94]、それぞれ「周防国」に「大内介　十貫」、「紀伊国」に「湯浅入道跡　六貫」とあるように、「在京」交名に名を載せず「諸国」として把握される御家人の存在することである。このような事実からすれば、西国御家人の場合、在京人でありながらも幕府から「在京」御家人として位置づけられず、ランクのやや落ちる「諸国」御家人として把握されるケースの存在したことがわかる。その理由については、石井氏が考察された、治承四年（一一八〇）の頼朝挙兵に参加した武士（の子孫）が基本的に「鎌倉中」御家人を構成したとの指摘[95]が参考になる。

「在京」御家人も「鎌倉中」御家人とほぼ同格であることは先にみたが、西国御家人でも「在京」に名を載せる㉑遠藤氏の場合は挙兵直後から頼朝に従っていたことが知られる[96]。また㉓柘植氏は平治の乱後頼朝を助命した池禅尼の侍平宗清の子孫であり、頼朝と縁の深い存在である。他の⑩能勢・⑮久美・㉖神澤氏らについては頼朝挙兵時の動向はよくわからないが、少なくとも頼朝に敵対したという徴証はない。⑩能勢氏の場合、遅くとも建久年間には御家人となっている[97]。これに対して大内氏（弘盛）は建久三年（一一九二）の時点においても「非二関東所勘之輩一」ず[98]、つまり御家人に列しておらず、また湯浅氏（宗重）も本来「平家々人之中、為レ宗者」[99]であり、頼朝に従ったのは平家西走後の元暦元年（一一八四）のことである[100]。このように、「在京」も「鎌倉中」と同様、基本的に頼朝挙兵に参加した武士（の子孫）によって構成されたと考えられるのである。ともに在京人である、「注文」の「在京」御家人と大内氏のような「諸国」御家人との、職掌等における差異を明確にすることは困難であるが、大内・湯浅氏らの相対的地位の低さは否めないであろう。もっとも「諸国」御家人の交名にしても、各国ごとの全御家人名を記載したのではなく、特に西国の場合、その一部をリストアップしたにすぎないと考えられるから[101]、この点を踏まえれば、やはり大内氏や湯浅氏が西国有数の御家人であったことは疑いない[102]。

おわりに

以上、「注文」の「在京」御家人について若干の考察を加えた。「在京」交名が在京人名簿であること、「在京」御家人と「鎌倉中」御家人とは同格であること、「在京」交名にみえるような在京人の体制は一二四〇～五〇年代に成立したこと、「在京」交名に名前を載せない「鎌倉中」御家人の長井氏や「諸国」御家人の大内氏らのような在京人が存在したこと、等を明らかにした。最後に、「注文」の「在京」交名が作成された建治元年（一二七五）五月当時の在京人体制の特質について若干述べて本章を終えたい。

建治元年はモンゴル軍が襲来した文永の役の翌年であって、これにより幕府は厳戒体制を整え、京都防衛策として、北条一門の長老で六波羅探題を経験した北条時盛を上京させ[103]、また伊賀光政・二階堂行清・町野政康ら関東引付衆三名を上洛させた[104]。建治元年十二月のことである。光政らは六波羅評定衆に加わったと考えられ、六波羅探題のスタッフが強化された。前述したように、「注文」の「在京」交名には名前がみえていなかったが、長井氏や藤原氏、あるいは③海東氏らとともに、六波羅首脳部を構成したのである。ここに六波羅評定衆の主要メンバーが多数の文筆系御家人によって構成される体制が本格的にスタートしたといえる。関東評定衆がこののち北条氏一門による独占化傾向が顕著となるのに対し、京都六波羅は鎮西と鎌倉との中継ぎ地点として重要な位置を占めたこともあり[105]、実務能力に長けた、長井・藤原・海東・水谷・伊賀・二階堂・町野氏らの吏僚系御家人が六波羅評定衆に任命され、南北両探題を補佐して政務を行う体制が整っていく[106]。「六波羅トハ、洛中警固并西国成敗御事也」[107]とされる、「西国成敗」に関わる在京人人事が強化されたのが建治元年十二月であったのである。「注文」の「在京」交名は、このような人員強化がなされる約半年程前の同年五月に作成されたものであり、③海東・⑪水谷・⑬中原氏らを除き、主に「洛中警固」を担う在京人を中心にメンバーが構成されていることが読み取れよう。「洛中警固」を主要任務として、一二四〇〜五〇年代に成立した在京人制度は、建治元年末、「西国成敗」の専門スタッフを増強し、ほぼ完成したのである[108]。

〔註〕

（1）「「六条八幡宮造営注文」と鎌倉幕府の御家人制」、福田氏『中世成立期の軍制と内乱』吉川弘文館、一九九五年、初出一九九二年。
（2）ともに永和元年八月六日付法印栄賢注進状（二通あり）のなかに書写されたものである。
（3）「甲斐国御家人についての新史料」、『山梨県史研究』一、一九九三年。
（4）「房総の御家人について」、福田氏編『中世の社会と武力』吉川弘文館、一九九四年。
（5）「鎌倉時代の信濃御家人」、『長野』一八五、一九九六年。なお同誌は「特集　鎌倉時代の信濃御家人」と題して、六条八幡宮造営注文の「信濃国」御家人について個別検討を行っている。
（6）「越後国頸城地域の御家人」、『上越市史研究』二、一九九七年。

（7）『静岡県史』通史編2中世（一九九七年）二四頁以下（石井氏A論文とする）。
（8）「「六条八幡宮造営注文」にみる武蔵国御家人」、岡田清一氏編『川越氏の研究』名著出版、二〇〇三年、初出一九九八年。
（9）「中世の古文書を読む」、国立歴史民俗博物館編『新しい史料学を求めて』吉川弘文館、一九九七年（石井氏B論文とする）。
（10）石井氏（B論文）が指摘されている通り、「事書に忠実に文書名をつけるとすれば、造六条八幡宮用途支配注文」となろう。以下「注文」と略記する。
（11）写真版（石井氏B論文所載）に基づいて、私見により福田・海老名両氏註（1）論文表7の読みを若干改めた。
（12）『吾妻鏡』（新訂増補国史大系）寛元元年十一月十日条。
（13）『沙汰未練書』、佐藤進一氏・池内義資氏編『中世法制史料集』第二巻室町幕府法附録。
（14）「在京人とその位置」、『史学雑誌』八三―八、一九七四年。
（15）小早河美作入道・波多野出雲前司・大田次郎左衛門尉・水谷伊賀前司・俣野中務丞の五人。
（16）福田・海老名両氏註（1）論文表7。
（17）小早川氏については石井進氏『中世武士団』（小学館日本の歴史12、一九七四年）の「小早川の流れ（一）（二）」を参照。
（18）「葉黄記」宝治元年五月九日条（『大日本史料』五―二十二、一九頁以下）、『経俊卿記』（図書寮叢刊）正嘉元年五月十一日条等。
（19）大日本古文書『小早川家文書』之一、小早川家証文一二　文永元年四月二十日付関東御教書案写、『勘仲記』（増補史料大成）弘安三年五月九日条等。
（20）遠山氏については網野善彦氏「「加藤遠山系図」について」（小川信氏編『中世古文書の世界』吉川弘文館、一九九一年）参照。
(21)『天台座主記』（『続群書類従』第四輯下）第八十三無品最仁親王、文永元年三月二十五日・二十七日条。
(22)『日本中世土地制度史の研究』（塙書房、一九九一年）第二部第三章「美濃国」（初出一九六九年）三七九頁。
(23)『尊卑分脈』（新訂増補国史大系）第二篇四七一頁。
(24)『関東評定衆伝』（『群書類従』第四輯）寛元三年条。
(25)『吾妻鏡』宝治元年六月十一日条。
(26)六波羅評定衆に関しては本編第二章を参照。
(27)波多野氏については湯山学氏『波多野氏と波多野庄』（夢工房、一九九六年）を参照。
(28)後藤文書、寛元二年七月六日付北条重時代官波多野義重書状案（『鎌倉遺文』六三四〇）、『経俊卿記』正嘉元年五月十一日条等。
(29)久米田寺文書、宝治二年十二月五日付関東下知状、『鎌倉遺文』七〇一五。
(30)『富士見市史』通史編上巻（一九九四年）第三編中世第一章の三「石清水八幡宮領古尾谷荘と内藤氏」（峰岸純夫氏執筆）が、武蔵国古尾谷荘預所兼地頭内藤盛時（盛親・盛政の兄弟）や内藤一族について述べている。
(31)『群書系図部集』第四。
(32)石清水八幡宮文書、建久二年二月十日付石清水八幡宮寺別当下知状、『鎌倉遺文』五〇八。
(33)『宗尊親王鎌倉御下向記』（『続国史大系』第五巻『吾妻鏡』附録）、厳島野坂文書、建長五年卯月日付新日吉神社小五月会流鏑馬定文案、『鎌倉遺文』七五五〇。
(34)『黒谷源空上人伝』（『続群書類従』第九輯上）第十六没後逆縁利益門。
(35)『勘仲記』弘安七年十二月九日条。
(36)書陵部本参軍要略抄下紙背文書、建長四年四月二十九日付関東御教書案（『鎌倉遺文』七四三六）及び康元元年十二月五日付関東御教書案（『鎌倉遺文』八〇五六）。
(37)『後伏見天皇日記』（増補史料大成）延慶二年十月二十一日条に、花園天皇の大嘗会御禊行幸供奉の検非違使として藤原（波多野）宣重らとともに源（土岐）頼貞がみえる。
(38)海老名文書、嘉暦二年八月二十五日付関東下知状、『鎌倉遺文』二九九四〇。
(39)『経俊卿記』建長五年十二月二十二日条、『勘仲記』弘安九年三月二十七日条。
(40)佐藤進一氏『増訂鎌倉幕府守護制度の研究』（東京大学出版会、一九七一年）但馬の項参照。
(41)『吾妻鏡』建久六年三月十日条。
(42)古文書集、仁治三年三月二十一日付将軍（藤原頼経）家政所下文写、『鎌倉遺文』六〇〇三。
(43)『尊卑分脈』第三篇一四〇頁参照。
(44)能勢文書、弘安七年七月八日付将軍（源惟康）家政所下文写、『鎌倉遺文』一五二四五。
(45)第四篇九八頁。
(46)弘安八年十二月日付但馬国大田文、『鎌倉遺文』一五七七四。
(47)六波羅奉行人に関しては第二編第一章を参照。
(48)若狭氏については田中稔氏「鎌倉幕府御家人制度の一考察」（『鎌倉幕府御家人制度の研究』吉川弘文館、一九九一年、初出一九六〇年）参照。
(49)『若狭国守護職次第』（『群書類従』第四輯）。
(50)東寺百合文書は、正応二年八月日付若狭国太良荘雑掌尼浄妙重申状案、『鎌倉遺文』一七二一七。
(51)『続国史大系』第五巻『吾妻鏡』附録。
(52)書陵部本参軍要略抄下紙背文書、建永元年七月四日付将軍（源実朝）家下知状案（『鎌倉遺文』一六二六）、禰寝文書、建保五年八月二十二日付将軍（源実朝）家政所下文（『鎌倉遺文』二三三二）。

(53)『群書系図部集』第四。
(54) 湯山学氏「鎌倉幕府の吏僚に関する考察(Ⅰ)」(『政治経済史学』二二一、一九九二年)、吉井功兒氏「中世九州国人の一考察」(『在野史論』一〇、二〇〇二年)参照。
(55)『吾妻鏡』同日条。
(56)『三長記』(増補史料大成)建久九年正月二十一日条、「仲資王記」元久元年十一月十三日条(『大日本史料』四―八、二六七頁)。
(57) 村山豊氏「村山・屋代氏」(『長野』一八五)参照。
(58) 慶応大学所蔵反町文書、嘉暦四年七月二十三日付六波羅下知状、『鎌倉遺文』三〇六六九。
(59) 長福寺文書、永仁六年八月日付某申状、石井進氏編『長福寺文書の研究』(山川出版社、一九九二年)文書編九一。
(60) 東大寺文書、正安元年九月日付安倍(俣野)家景申状、『鎌倉遺文』二〇二四八。
(61) 前註文書、及び「実躬卿記」嘉元二年五月二十九日条(内閣文庫架蔵写本に拠る)。
(62) 註(60)文書、御池坊文書、永仁六年八月十日付関東下知状案(『鎌倉遺文』一九七六四)、大日本古文書『高野山文書』之六、又続宝簡集一三九四阿弖河荘地頭披陳状并頼聖具書案。
(63) 皆川文書、貞応二年四月三十日付淡路国大田文、『鎌倉遺文』三〇八八。
(64)『民経記』(大日本古記録)寛喜三年四月十七日・五月四日条。
(65) 佐藤行信氏所蔵文書、(年月日未詳)源頼朝袖判書状(『平安遺文』補三九六)、関戸守彦氏所蔵文書、二月十五日付源頼朝御教書(『鎌倉遺文』一〇二六)。なお鎌倉期の酒勾氏については『小田原市史』通史編原始古代中世(一九九八年)二二〇～二二三頁(森執筆)で若干述べた。
(66)『勘仲記』弘安五年三月二十九日条。
(67) 祇園社記神領部十、文暦二年三月二十八日付感神院政所下文写、『鎌倉遺文』四七二三。

(68)『周防国吏務代々過現名帳』、『山口県史』史料編中世1。

(69) 遠藤氏については河音能平氏「鎌倉時代の摂津国渡辺」(大阪市立大学文学部紀要『人文研究』三九—一一、一九八七年)、生駒孝臣氏「鎌倉中・後期の摂津渡辺党遠藤氏について」(『人文論究』五二—二、二〇〇二年)参照。

(70)『群書系図部集』第五。

(71)『吾妻鏡』元暦元年六月一日条、『尊卑分脈』第四篇三一頁、『尊卑分脈脱漏平氏系図』一三六頁(『群書系図部集』第二)。

(72)『勘仲記』弘安九年三月二十七日条、東大寺文書、弘安九年十一月日付東大寺三綱申状土代(『鎌倉遺文』一六〇五三)、東寺百合文書と、永仁五年十二月九日付大和平野殿荘雑掌聖賢申状(『鎌倉遺文』一九五五六)。

(73)『勘仲記』弘安三年五月九日・同五年二月一日条、『続南行雑録』(『続々群書類従』第三)所収『祐世記抄』。

(74)『尊卑分脈』第三篇四三五頁参照。

(75) 弘文荘古文書目録、嘉元元年八月日付神澤重綱申状、『鎌倉遺文』二一六三七。

(76) 金沢文庫文書、年月日未詳、崇顕(金沢貞顕)書状、『鎌倉遺文』三〇七九七。「神津五郎兵衛尉秀政」とあるが、神津は神澤の誤りであろう。

(77)『大日本史料』五—二十六、五二六頁。

(78) 隅田家文書、弘安十一年正月十九日付北条時兼袖判下文、『鎌倉遺文』一六四八四。なお本文書に関しては『和歌山県史』中世(一九九四年)第一章第一節の「隅田氏と北条氏」の項(永島福太郎氏執筆)参照。

(79) 隅田家文書、正安四年四月十六日付北条基時下知状、『鎌倉遺文』二一〇四一。

(80) ④波多野出雲前司義重流も御家人としての地位を保持しつつ、重時流北条氏の被官となっていた(高橋慎一朗氏「六波羅探題被官と北条氏の西国支配」、『中世の都市と武士』吉川弘文館、一九九六年、初出一九八九年)が、元来相模国出身の有力御家人であり、六波羅評定衆に連なるなど、牧野氏や隅田氏とは明らかに家格が異なる。

(81) 福田・海老名両氏註（1）論文、石井氏B論文。
(82) 網野氏註（20）論文所載の「加藤遠山系図」参照。
(83) 『内藤系図』参照。
(84) 『吾妻鏡』嘉禄二年五月八日条。
(85) 「小早河二郎左衛門尉」は季平に、「同(小早河)三郎左衛門尉」は景光に比定される(『小早川家文書』之二、一小早川家系図)。両者は茂平の弟で庶子である。季平は相模国成田荘内北成田郷を所領とし(同文書之一、一一五文永三年四月九日付関東下知状等)、景光は同荘内飯泉郷を本領としていた(仏日庵文書、文応元年九月十九日付関東下知状、『鎌倉遺文』八五五七)。また「波多野中務丞」は義重の父忠綱に比定される（『尊卑分脈』第二篇三九七頁参照)が、義重跡が父跡とは別に二倍の用途（十貫)を負担していることからみて、義重流が嫡流と考えられる。
(86) 東寺百合文書イ、寛元四年正月十九日付六波羅探題北条重時書状案(佐藤進一氏・池内義資氏編『中世法制史料集』第一巻鎌倉幕府法、参考資料四)。なお次註参照。
(87) 斎藤潤氏は「鎌倉幕府在京人制成立試論」(羽下徳彦先生退官記念論集『中世の杜』、一九九七年)において、弘長元年二月の「関東新制条々」(追加法三三七～三九七条)に「在京御家人」に代わって「在京人」という言葉が初見することを重視され、在京人制の成立時期を弘長元年とされた。しかし「在京御家人」と「在京人」との間に実態的相違は見出せず、この結論には疑問が残る。本文表6に基づき考察したように、「在京」交名にみえるような在京人制は一二四〇～五〇年代に成立したとみるのが妥当であろう。また氏は、寛元四年正月に在京人に一本化される篝屋役が同年十月に停廃されることから、在京人制度史上寛元四年をさほど重視されていないが、寛元四年正月に至り篝屋役が在京人のみによって勤仕可能なほど在京人が整備・強化されたことは無視しえないと考える。また、篝屋停止中の一二四〇年代後半～五〇年代においても、長井・藤原・小笠原・小早川・波多野・内藤・海老名・大田・湯浅氏らは依然在京人として活動している(「葉黄記」宝治元年五月九日条、厳島野坂文書、建長五年卯月日付新日吉神杜小五月会流鏑馬定文案、『経俊卿記』建長五年十二月二十二日・正嘉元年五月十一日条等）のであり、寛元四年十月の篝屋停廃が負担軽減は別として、在京人制そのものに多大な影響を与えたとは考えにくい。

(88)『新抄（外記日記）』（『続史籍集覧』第一冊）文永三年七月二十日条、『建治三年記』（増補続史料大成）十二月十九日条等から在京人（六波羅評定衆）長井頼重が確認される。

(89)厳島野坂文書、建長五年卯月日付新日吉神社小五月会流鏑馬定文案により藤原親実が、『建治三年記』十二月十九日条により同親定が在京人（六波羅評定衆）として確認される。

(90)「葉黄記」宝治元年五月九日条から小笠原長経が、『建治三年記』十二月十九日条から小笠原十郎入道・同孫二郎入道（長政ヵ）が在京人（六波羅評定衆）として確認される。

(91)福田氏らは「長井左衛門大夫入道」を「時広ヵ泰秀ヵ」とするが、泰秀の最終官途は甲斐守であり、「左衛門大夫入道」に該当するのは時広である（『吾妻鏡』承久元年正月二十八日条参照）。

(92)福田氏らは「周防入道」を宇都宮塩谷朝親とするが、「安芸前司」（福田氏らは「?親光」とする）との関係から、藤原親実に比定するのが妥当と考える。『系図纂要』（第十四冊、号外一一中原氏）には「親実（周防守）―親光（厳島、安木守）―親定（蔵、下野守、掃部助）」とみえている。なお厳島神主家については『広島県史』中世（一九八四年）Ⅳの二の1「安芸の諸豪族」のうち「厳島神主家」の項（角重始氏執筆）参照。

(93)長井氏（泰重・頼重）は備前・備後・周防の、藤原氏（親実）は安芸・周防の、小笠原氏（長経）は阿波の守護となっている。佐藤氏註(40)著書当該国の項参照。

(94)大内氏（大内介〈弘貞ヵ〉）については、京都御所東山御文庫記録丙七、正元元年十月十八日付武藤景頼書状案（『鎌倉遺文』八四一七）を、湯浅氏については、崎山文書、嘉禎四年五月二十二日付北条泰時下知状案（『鎌倉遺文』五二四四）、大通寺文書、文永九年八月日付源実朝室（坊門信清女）置文（『鎌倉遺文』一一〇九三）等を参照。

(95)石井氏A論文。

(96)『吾妻鏡』養和元年七月二十一日条に頼朝の使者として遠藤武者がみえる。
(97)『吾妻鏡』建久六年三月十日条に、頼朝東大寺供養の際の供奉随兵として能勢判官代(国能)がみえる。
(98)『吾妻鏡』建久三年正月十九日条。
(99) 崎山文書、文治二年五月六日付源頼朝書状案(『鎌倉遺文』九七)。
(100) 崎山文書、元暦元年二月四日付源頼朝書状案(『平安遺文』四一六一)。
(101) 石井氏B論文。
(102) 他に、在京人でありながら「在京」交名に載らず「諸国」御家人としてみえる存在に六波羅奉行人の例が挙げられる。「在京」交名には六波羅奉行人家として⑯俣野・㉖神澤の二氏を載せるに過ぎないが、斎藤氏のような、既に建長頃から活躍している奉行人名を見出せない。一方、「諸国」の「越前国」に「勘解由左衛門大夫入道跡　六貫」とあり、『尊卑分脈』第二篇三二六頁の「基成(斎藤・従五下・勘解由判官・母史大夫盛時女)―基高(右〈左〉衛門尉・母美乃権守惟宗知邦女・正元々十六死七十三・出禅忍)」との記載を参考にすると、この「勘解由左衛門大夫入道」は越前を本拠とした六波羅奉行人斎藤氏の父祖基成かその子基高に比定可能である。斎藤氏の根拠地越前は、治承・寿永内乱期に源義仲の勢力が及んだ時期があり、斎藤氏の御家人化も遅れたものと考えられる。また「丹後国」に「松田八郎左衛門入道跡　三貫」がみえるが、この人物も通称等から考えて、弘安頃から所見する六波羅奉行人松田氏の父祖と思われる。なお榎原雅治氏「新出「丹後松田系図」および松田氏の検討」(『東京大学史料編纂所研究紀要』四、一九九四年)を参照。
(103)『鎌倉年代記』(増補続史料大成)。
(104)『関東評定衆伝』建治元年条。
(105) 例えば弘安四年のモンゴル軍襲来の際、鎮西から六波羅探題に飛脚や早馬が頻繁に到着している(『壬生官務家日記抄』〈元寇史料集〉弘安四年六月二日・五日・十六日条等)。

(106)『建治三年記』十二月十九日条に拠れば、この日執権北条時宗の山内殿における寄合で、新六波羅北方探題北条時村就任に伴う人事で、長井頼重・海東忠茂・藤原親定・伊賀光政・同頼泰・町野政康・二階堂行継らが六波羅評定衆に任命されている。本編第二章参照。

(107)『沙汰未練書』。

(108)在京人制度の成立時期については私見と異なるものの、註(87)斎藤氏論考も弘長以降六波羅探題の「西国成敗」の面が強化され、伊賀光政・二階堂行清・町野政康らが上洛し、「在京人制は建治元年末でほぼ完成の域に達した」と評価する。

第二編　六波羅奉行人の考察

第一章　六波羅探題職員の検出とその職制

はじめに

本章では六波羅奉行人について考察するための前提作業として、その網羅的検出を行う。執権政治期以降の鎌倉幕府職員の検出等を行った基礎的研究として、関東については佐藤進一氏[1]・細川重男氏[2]の、鎮西に関しては川添昭二氏[3]の、それぞれ綿密な論考がある。しかし、六波羅の職員については佐藤氏が若干名を指摘されているに過ぎない。[4]そこで本章では、六波羅探題職員の網羅的抽出を行い、その結果に基づき、六波羅の職制について若干の考察を行い、奉行人の特徴等について明らかにしたいと思う。

第一節　六波羅探題職員の検出

『沙汰未練書』[5]に「六波羅トハ、洛中警固并西国成敗御事也」とあるように、六波羅探題の主要な職務は、京都とその周辺の治安維持、及び西国の裁判にあった。尾張（のち三河）・加賀以西の西国を管轄地域とした[6]（のちに周防・長門及び九州地方は管轄外となる）。同書に基づき、六波羅探題の組織・構成を訴訟機関としての面から図示すると、おおよそ次のようになろう。

探題
(1)評定衆
(2)引付方（所務・雑務沙汰、五番、頭人・上衆・開闔・奉行人）
(3)検断方（検断沙汰、頭人・奉行人）

六波羅には政所と問注所は置かれなかった。(3)検断方が関東の侍所に相当する。(1)〜(3)の諸機関が関東の制度を移入したものであり、(1)が一二四〇年代後半の成立（第一編第二章参照）、(2)が弘安元年（一二七八）以前の成立、(3)が正安二年（一三〇〇）〜正和二年（一三一三）の成立で、正和二年に(2)から分離独立したことが明らかにされている。(7)なお(2)引付方が五番編成として確認されるのは、永仁四年（一二九六）以降である。(8)本章で検出する六波羅探題職員とは(1)〜(3)の機関に属した政務職員を指している。(9)その検出結果を表7として次に掲げてみよう。(10)(11)

表7　六波羅探題職員表

承久三（一二二一）〜貞永元（一二三二）
所見なし
天福元（一二三三）
〔奉行人〕
1法橋泰然　B　在(12)　宮寺縁事抄（遺四五一二）
文暦元（一二三四）〜仁治二（一二四一）
所見なし

仁治三（一二四二）

〔奉行人〕

1（神）実量[13]　E内裏守護人　在　平戸記仁治三・五・三十条

寛元元（一二四三）

〔奉行人〕

1中津川（家経）　C　在　高野山文書宝簡集（遺六二一七）

寛元二（一二四四）

〔奉行人〕

1中津川弥二郎源家経　B　在　高野山文書宝簡集（遺六三五四）

2大膳進源季定　B　在　同右

3勘解由入道了念　B　在　同右

寛元三（一二四五）

〔奉行人〕

1（神）左衛門尉実員　E大番沙汰人　在　平戸記寛元三・正・十二条

寛元四（一二四六）

所見なし

宝治元（一二四七）
〔奉行人〕
1　為儀　E検断奉行カ　在[14]　深堀文書（遺三九七八）

宝治二（一二四八）
所見なし

建長元（一二四九）
〔奉行人〕
1佐治左衛門尉重家[15]　B　在　久米田寺文書（岸和田市史6史料編Ⅰ、中世編一二八）

建長二（一二五〇）
〔奉行人〕
1佐治左衛門（重家）　E　在　神護寺文書（遺七一六七）他
2かゝのせんし（加賀前司・佐分親清）※　E　在　双紙要文裏文書一三（千葉県の歴史資料編中世2）
3安富五郎左衛門尉　E　在　神護寺文書（遺七一六八）
4安富民部大夫　E　在　神護寺文書（遺七一七五）

建長三（一二五一）
〔奉行人〕
1（佐治）左衛門尉重家※　B　在[16]　経俊卿記建長三・六・二十七条

2（波多野）出雲五郎左衛門尉信〔宣〕時※　B　在　同右

建長四（一二五二）

〔奉行人〕

1佐治左衛門尉（重家）　E　在　東大寺文書（遺七四〇六）

2安富民部大夫　E　在　入来院文書（遺七四五四）

建長五（一二五三）・建長六（一二五四）

所見なし

建長七（一二五五）

〔奉行人〕

1斎藤兵衛尉　E　在　東寺百合文書り（遺七九一四）

康元元（一二五六）

〔奉行人〕

1安井〔威カ〕五郎　B　在[17]（建長年中）　斉民要術巻九・八裏文書（遺一一六〇三）

2斎藤兵衛尉　B　在（建長年中）　同右

正嘉元（一二五七）～文応元（一二六〇）

所見なし

弘長元（一二六一）
〔奉行人〕
1佐治左衛門尉（重家）　E　在　新田八幡宮文書（遺八六八六）
弘長二（一二六二）・弘長三（一二六三）
所見なし
文永元（一二六四）
〔奉行人〕
1高井左衛門入道　B　在　田中忠三郎氏所蔵文書（遺九一九二）
2ムナカタ（宗像）左衛門　D　在　中臣祐賢記文永元・八・二十一条
文永二（一二六五）
所見なし
文永三（一二六六）
〔奉行人〕
1後藤左衛門尉　B　在　高野山文書又続宝簡集（遺九八二六）
文永四（一二六七）
〔奉行人〕

1河合二郎三郎※　C　在　高野山文書又続宝簡集（遺九七九九）
2後藤（マヽ）右衛門尉　B　在　同右
3藤内兵衛尉（斎藤基茂）　B越訴奉行(18)　在　同右

文永五（一二六八）

〔奉行人〕

1斎兵（斎藤兵衛尉基茂カ）　C　在　高野山文書宝簡集（遺九九〇二）
2宗像六郎　D　在　天台座主記(19)第八十五無品尊助親王

文永六（一二六九）

〔奉行人〕

1河井〔合〕右衛門尉　C　在　東寺百合文書ヱ（遺一〇四五四）
2島田兵衛五郎(20)　C　在　同右
3高橋右衛門尉　C　在　同右
4高水　C　在　東大寺文書（遺一〇五一六）
5南条左衛門尉（頼員）(21)　C　在　1と同

文永七（一二七〇）

〔奉行人〕

1後藤左衛門入道見仏　B　在(22)　高野山文書又続宝簡集（遺一二四二〇）

文永八（一二七一）

〔奉行人〕

1南条左衛門尉（頼員）　E検断奉行カ　在(23)　広嶺胤忠氏文書（遺一一八九〇）

文永九（一二七二）

〔奉行人〕

1佐藤四郎兵衛入道　C　在　額安寺文書（遺一一一二三）

文永十（一二七三）

〔奉行人〕

1斎藤四郎左衛門入道（基永）　E　在　勝尾寺文書（遺一一三二二）

文永十一（一二七四）

所見なし

建治元（一二七五）

〔奉行人〕

1浅間入道※　B　在　田中穣氏旧蔵典籍古文書（北区史資料編古代中世1、中世古文書一九）

2伊知地《マヽ》入道※　B　在　同右

3唯浄（斎藤基茂）　E　在　高野山文書宝簡集（遺一一九八八）

4（周東兵衛太郎入道）定心(24)　A　在　高野山文書又続宝簡集（遺一二一三三）他
5（兵藤図書入道）長禅　A　在　同右
6　善成　A　在　高野山文書又続宝簡集（遺一二一〇〇）

建治二（一二七六）

〔奉行人〕
1（飯尾入道）道専　A　在　高野山文書又続宝簡集（遺一二二九六）他
2雄島余次左衛門尉　B　在　文永七の1と同
3後藤左衛門入道見仏※　B　在　同右
4塩谷（新三郎）入道　B　在　高野山文書又続宝簡集（遺一二三七〇）他
5中津河五郎左衛門尉　B　在　文永七の1と同
6（兵藤図書入道）長禅　A　在　1と同
7源馬入道（宗形良直・心蓮）(25)　B　在　4と同
8宗像入道　B　在　同右

建治三（一二七七）

〔奉行人〕
1山城前司（伊賀光政）(26)　B越訴奉行　十二補　建治三年記十二・十九条
2甲斐三郎左衛門尉（狩野為成）　B御倉奉行　十二補　同右
3出羽大夫判官（中条頼平）　B検断奉行　十二補　同右
4因幡守（長井頼重）　B院宣・諸院宮令旨・殿下御教書奉行　十二補

同書十二・十九、十二・二十五条

5下野前司（藤原親定）　B　過書・越訴・諸亭奉行　十二補　同右

6周防（藤原カ）左衛門尉　B　沙汰日々目録・孔子奉行　十二補　同書十二・二十五条

7備後民部大夫（町野政康）　B　寺社・関東御教書・問状・差符・下知符案・事書開闔・宿次奉行　十二補

4と同

弘安元（一二七八）

〔奉行人〕

1斎藤四郎左衛門入道観意（基永）　E　在　内閣文庫所蔵文書（遺一三三一六）

2宗像入道※　D　在[27]　勘仲記弘安元冬巻裏文書（遺一三三六七）

3和田大輔房（快顕）　C　在　近衛家文書（遺一三三一七）

4　見蓮　B　二番　在　東大寺文書（遺一三六七五）

弘安二（一二七九）

〔引付衆〕

1甲斐三郎左衛門尉（狩野為成）※　B　在　東大寺文書・東京大学文学部所蔵文書（遺一三四〇二）

〔検断頭人〕

2河原口右衛門入道[28]　B　在　長福寺文書（遺補一七九二）

〔奉行人〕

3西山次郎入道□〔寂〕円※　B　在[29]　同右

4（和田）快顕　A　在　東大寺文書之十四―六二七

5　見蓮　B　在　1と同

弘安三（一二八〇）

〔奉行人〕

1（和田快顕）[30]　C　在　東大寺文書之十四―五八四（二）

2本蓮房※　E　在[31]　東大寺所蔵華厳二種生死義巻二裏文書（愛媛県史資料編古代・中世二八五）

弘安四（一二八一）

所見なし

弘安五（一二八二）

〔奉行人〕

1椙原民部八郎　B検断奉行　在　東大影写本東大寺文書一―二

2備後民部大夫（町野政康）　B賦奉行　在　同右

弘安六（一二八三）

〔奉行人〕

1雅楽左衛門三郎入道　D　在　三聖寺文書（遺一五〇二三）

弘安七（一二八四）

〔奉行人〕
1俣野八郎入道（寂一）　B　在　深堀文書（遺一七二二三）
弘安八（一二八五）
〔奉行人〕
1雅楽左衛門三郎入道　D　在　三聖寺文書（遺一五五六一）
2平左近将監　E検断奉行カ　在　広嶺胤忠氏文書（遺一五七四三）
弘安九（一二八六）
〔奉行人〕
1松田八郎右近将監平頼直　E　在　勘仲記弘安九・三・二十七条
弘安十（一二八七）
〔奉行人〕
1金田入道　B成功奉行　在(32)　華厳孔目章発悟記巻二十二裏文書
2佐藤四郎左衛門（長清）　D　在　同右
正応元（一二八八）
〔奉行人〕
1阿曾播磨（房）幸憲　B　在　勘仲記永仁二・三、同・十二巻裏文書（遺一七八一九・一七八六五）(33)

2雅楽右兵衛尉藤原行信	E	在	勘仲記正応元・十・二十一条
3斎藤四郎左衛門尉基永法師（観意）	E	在（弘安年中）	薬王寺文書（遺一九九三四）
4斎藤弥四郎左衛門尉藤基任	E	在	2と同
5津戸出羽左近将監菅原康朝	E	在	同右
6津戸出羽入道尊円	B	在（弘安年中）	書陵部本参軍要略抄下裏文書（遺二五〇二五）
7俣野八郎法師（寂一）	E	在（弘安年中）	3と同

正応二（一二八九）

〔奉行人〕

1阿曾播磨（房）幸憲	B	在	正応元の1と同
2斎藤四郎左衛門入道観意（基永）	E	在	小早川家文書之二―二八五
3斎藤帯刀兵衛尉（基明）(34)※	B	在	高野山文書又続宝簡集（遺二三一五〇）
4長崎新左衛門入道性杲	E	在	2と同

正応三（一二九〇）

〔奉行人〕

1阿曾播磨（房）幸憲	B	在	正応元の1と同

正応四（一二九一）

〔奉行人〕

1阿曾播磨（房）幸憲	B	在	正応元の1と同

正応五（一二九二）

〔奉行人〕

1阿曾播磨（房）幸憲	B	在	正応元の1と同
2伊地知右近将監長清	B	在	東大寺文書（遺二四五五九・二四五六〇）
3（関）頼成	D	在[35]	勘仲記永仁二・正巻裏文書（遺一七〇六三）
4　長清	D	在	勘仲記永仁元・十二巻裏文書（遺一七九六八）
5　通益	D	在	同右

永仁元（一二九三）

〔奉行人〕

1伊地知右近将監長清	B	在	正応五の2と同
2（飯尾カ）為定※	D	在	醍醐寺本薄草子口決巻十五裏文書（兵庫県史史料編中世五、一二一・一二二頁）
3津戸出羽入道（尊円）	E	在	古文書集四（遺一八四四二）
4和田大輔坊〔房〕（快顕）	C	在	近衛家文書（遺一八四一四）
5　行義※	D	在	2と同

永仁二（一二九四）

〔奉行人〕

1伊地知右近将監長清	B	在	正応五の2と同
2（関）頼成	D	在	興福寺略年代記[36]永仁二・七条

永仁三（一二九五）

〔奉行人〕

1伊地知右近将監長清	B	在	正応五の2と同
2飯尾但馬房善覚	D	在	仁和寺文書（遺二四八七九）
3斎藤太郎兵衛尉利行(37)※	B	在	広島大学所蔵猪熊文書(38)（遺二二三七七）
4（斎藤）基任	D	在	実躬卿記永仁三・十二・二条
5三宮孫四郎国明	D	在	2と同
6　景盛	D	在	実躬卿記永仁三・十二・十二条
7　行義	D	在	4と同
8　康通	D	在	6と同

永仁四（一二九六）

〔奉行人〕

1伊地知右近将監長清	B	在	正応五の2と同
2斎藤太郎兵衛尉利行※	B	在	永仁三の3と同
3斎藤弥四郎左衛門尉基任	B	在	東大影写本近衛家領丹波国宮田荘訴訟文書

永仁五（一二九七）

〔奉行人〕

1伊地知右近将監長清	B	在	正応五の2と同
2飯尾但馬房善覚	B	在	紀伊続風土記（遺二〇七〇一）

3斎藤太郎兵衛尉利行※　B　在　永仁三の3と同
4斎藤弥四郎左衛門尉基任※　B　在　永仁四の3と同

永仁六（一二九八）

〔引付衆〕

〔奉行人〕

1（水谷左衛門大夫）清有　A　在　高野山文書宝簡集（遺一九六六四）
2伊地知右近将監長清　B　在　正応五の2と同
3斎藤太郎兵衛尉利行※　B　在　永仁三の3と同
4斎藤弥四郎左衛門尉基任※　B　在　永仁四の3と同
5佐藤四郎左衛門尉長清　B　在　同右
6津戸信濃房（朝尊）　B検断奉行カ　在　東寺百合文書ネ一二一
7（津戸出羽権守入道）尊円　A　在　1と同
8藤原某　C　在　九条家文書（遺一九五八〇）
9三善某　C　在　同右
10（和田大輔房）快顕　A　在　1と同

正安元（一二九九）

〔引付衆〕

〔奉行人〕

1水谷左衛門大夫（清有）　B四番　在　東大寺文書（遺二〇一五一）

2伊地知右近将監長清(39)	B	在	正応五の2と同
3雅楽入道正観	B	在（永仁年中）	神護寺文書（遺二四五五〇）
4雑賀兵庫（有尚）	E	在	東大寺文書（遺二〇一二四）
5斎藤内兵衛入道唯浄（基茂）	B四番	在（永仁年中）	近衛家文書（遺二五六七三）
6斎藤内入道（基茂）	E	在	4と同
7（斎藤）基明	A	在	東大寺文書（遺二〇一三四）
8松田九郎左衛門尉頼行	B四番	在	1と同
9（宗像新左衛門尉）長氏	A	在	九条家文書六－一六三五
10和田大輔房快顕	B	在	壬生家文書（遺二四二九一）
11　覚妙	A	在	東大寺文書（遺二〇三一七）他
12　行義	A	在	菅浦文書（遺二〇一二〇）他
13　康通	A	在	同右
14　信義	A	在	7と同
15　祐兼	A	在	東大寺文書（遺二〇二五二）他

正安二（一三〇〇）

〔奉行人〕

1伊地知右近将監長清	B	在	正応五の2と同
2雑賀兵庫（有尚）	B	在	東大寺文書（遺二〇四二八）
3斎藤四郎左衛門入道観意（基永）	B	在	永仁四の3と同
4斎藤弥四郎左衛門尉基任	B四番開闔	在	同右

5斎藤内兵衛入道唯浄（基茂）　B四番　在　同右
6和田大輔房（快顕）　C　在　同右

正安三（一三〇一）
〔奉行人〕
1伊地知右近将監長清　B　在　正応五の2と同
2（宗像長氏）(40)※　C　在　東大写真帳尊経閣古文書纂二二

乾元元（一三〇二）
〔奉行人〕
1伊地知右近将監長清　B　在　正応五の2と同
2伊地知弥三郎　B一番　在　永仁三の3と同
3雑香〔賀〕隼人入道※　D　在　大乗院具注暦日記乾元元・五・十七条(41)
4三宮孫四郎国明　B　在（正安年中）　正応元の6と同
5津戸弥三郎入道　D　在　東寺百合文書ミ（加能史料鎌倉II、二二三・二二四頁）
6松田八郎※　D　在　3と同

嘉元元（一三〇三）
〔奉行人〕
1伊地知右近将監長清　B　在　正応五の2と同
2雅楽太郎左衛門入道正親〔観カ〕　B　在　弘文荘古文書目録（遺二一六三七）

3（関蔵人）頼成	A	在	東大寺文書（遺二一四〇五）
4津戸出羽入道尊円	B五番	在	高野山文書又続宝簡集（遺二二〇一七）
5（沼田）為尚	A	在	東大寺文書（遺二一三四四）他
6（藤田）行盛(42)	A	在	東大寺文書（遺二一三六二）他
7但馬前司（町野宗康カ）(43)	C	在	東寺文書数（遺二一六五三）
嘉元二（一三〇四）			
〔引付頭人〕			
1前伊賀守（小田知宗カ）	A	在	安部武雄氏所蔵文書（遺二一七四二）
〔奉行人〕			
2伊地知右近将監長清	B	在	正応五の2と同
3伊地知弥三郎	B	在	海老名文書（遺二九九四〇）
4飯尾六郎頼定	B一番	在	嘉元元の4と同
5飯尾但馬房善覚	D	在	永仁三の2と同
6（雅楽）正観	D	在	法金剛院文書（裁許六波羅三九）
7三宮孫四郎国明	D	在	永仁三の2と同
8関大進※	E	在	金沢文庫文書（遺二一八四六）
9津戸出羽入道尊円	B五番	在	高野山文書宝簡集（遺二二〇二一）
10亦〔俣〕野中務（家景）	D	在	興福寺略年代記嘉元二・九・二十六条
11松田九郎左衛門尉（頼行）	B	在	弥谷寺蔵秘密対法集下裏文書（遺二二一六七）
12松田八郎左衛門尉（頼直）	D	在	10と同

13　成基　D　在　6と同
14　盛久　A一番　在　高野山文書又続宝簡集（遺二三〇一六）

嘉元三（一三〇五）

〔奉行人〕

1伊地知右近将監長清　B　在　正応五の2と同
2斎藤帯刀兵衛尉（基明）　B　在　正応二の3と同
3（斎藤）行連　A　在　東大寺文書（遺二二四二五）
4松田八郎左衛門尉（頼直）　D　在　金沢文庫文書（遺二二二一八）
5　賢性　A　在　3と同

徳治元（一三〇六）

〔引付頭人〕

1（町野カ）加賀民部大輔〔夫〕　B五番　在　東寺百合文書ア三九

〔奉行人〕

2伊地知右近将監長清　B　在　正応五の2と同
3神沢太郎左衛門尉重綱　D　在　東寺百合文書せ（遺二二七六五）
4（雑賀）兵庫允有尚　A　在　和田文書（遺二二六〇七）
5斎藤新兵衛尉行連　E　在　九条家文書（遺二二八八九）
6三宮孫四郎国明　B　在　葛川明王院文書（遺二三一八五）
7（関）頼成　D　在　実躬卿記徳治元・十・十七条

8藤田四郎左衛門尉行盛	E	在	5と同
徳治二（一三〇七）			
〔奉行人〕			
1伊地知右近将監長清	B	在	正応五の2と同
2斎藤新兵衛尉（行連）	D	在	武記裏書徳治二・十二条
3藤田四郎左衛門尉行盛※	E	在	徳治元の5と同
4（俣野）家景	A	在	東大寺文書（遺二二九五八）他
5　源知	A	在	東大寺文書（遺二二九四一）
6　康通	A	在	4と同
延慶元（一三〇八）			
〔奉行人〕			
1伊地知右近将監長清	B	在	正応五の2と同
2飯尾但馬房（善覚）	D	在	東大寺文書（遺二五六二六）
3大野五郎秀尚	D	在	内閣文庫所蔵大乗院文書（遺二五七九八）
4神沢五郎兵衛尉（秀政）(44)	D	在	2と同
5雑賀中務丞貞尚	D	在	3と同
6斎藤弥四郎左衛門尉基任※	D	在	徳治三年神木入洛日記(45)七・二条
7斎藤六郎入道行西※	D	在	東大影写本狩野亨吉氏蒐集文書七
8関左近大夫（頼成）※	D	在	同右

9 松田平内左衛門尉秀頼	D	在	6と同
10（宗像）基氏	A	在	東大寺文書（遺二三二四〇）他
11（俣野）家景	A	在	東大寺文書（遺二三一九三）
12 康通	A	在	同右
13 左近将監某	C	在	山内首藤家文書（遺二三四八二B）
14 左衛門尉某	C	在	同右

延慶二（一三〇九）

〔奉行人〕

1 伊地知右近将監長清	B	在	正応五の2と同
2（飯尾）為定	B	在	東寺百合文書京（遺二四九四二）
3（雅楽）正観	A	在	東寺百合文書エ二六（二）
4（沼田）為尚	A	在	同右
5 利用※	A	在	忽那家文書（遺二三八一九）
6 盛久※	A	在	同右

延慶三（一三一〇）

〔奉行人〕

1 伊地知右近将監長清	B	在	正応五の2と同
2（飯尾）為定※	B	在	延慶二の2と同
3（大野）秀尚	D	在	東寺百合文書と（遺二四〇八四）

4（雑賀）貞尚	D	在	同右

応長元（一三一一）

〔奉行人〕

1伊地知孫三郎季昌	B四番	在	九条家文書（遺二四八三七）
2伊地知右近将監長清	B	在	正応五の2と同
3飯尾兵衛大夫（マヽ）為定	D	在	武記裏書応長元・正・十六条[46]
4神沢五郎左衛門（秀政）	D	在	紅梅殿社記録三〇頁
5（雑賀）有尚	D	在	離宮八幡宮文書（遺二四三九〇）
6（斎藤）玄基	C	在	九条家文書六―一八三二
7（斎藤）基夏	D	在	4と同
8斎藤左近□	B一番開闔カ	在	同右
9（関）正証	C	在	6と同
10（関）頼成	D	在	5と同
11津戸筑後権守康朝[47]	D	在	延慶元の3と同
12縫殿頭（長井貞重）	B賦奉行カ	在	4と同
13沼田三郎為尚	D	在	3と同
14沙弥真性	C	在	山内首藤家文書一一

正和元（一三一二）

〔奉行人〕

1伊地知孫三郎季昌　B四番　在　応長元の1と同
2伊地知右近将監長清　B　在　正応五の2と同
3飯尾弾正忠頼定　D　在　武記裏書正和元・四・十八条
4雑賀民部大夫有尚※　B　在　東大寺文書之十一八四
5斎藤左衛門大夫基任　B　在　正安元の5と同
6下条次郎左衛門尉祐家　B　在　建長元の1と同
7津戸信濃房朝尊　B　在　妙興寺文書（遺二五二一六）
8かけゆさゑもん（勘解由左衛門尉量覚）※　B　在　東京大学文学部所蔵長福寺文書（遺補一九四五）

正和二（一三一三）

〔奉行人〕

1伊地知孫三郎季昌　B四番　在　応長元の1と同
2飯尾弾正大夫頼定　B　在　佐方文書（遺二七九二九）
3飯尾兵衛大夫（為定）　D　在　靹淵八幡神社文書（遺二四八五四）
4雑賀民部大夫有尚※　B　在　正和元の4と同
5（斎藤）玄基　D　在　九条家文書（裁許六波羅補一一）
6斎藤帯刀左衛門尉（基明）　B　在　東大寺文書之十一―二六五
7（関）正証　D　在　5と同
8三宮孫四郎（国明）　D　在　3と同
9津戸信濃房朝尊　B　在　正和元の6と同
10（宗像長氏）※　C　在　6と同

正和三（一三一四）

〔検断頭人〕

1向山刑部左衛門尉敦利[48]	B	在	元徳二年三月日吉社並叡山行幸記[49]

〔奉行人〕

2伊地知右近将監（長清）	C	在	白河本東寺文書（遺二五一七五）
3飯尾玄蕃左衛門尉時清	D	在	武記裏書正和三条
4飯尾兵衛大夫為定	D	在	延慶元の3と同
5雅楽左近将監信重	D	在	同右
6神沢五郎兵衛尉秀政	D	在	同右
7雑賀民部大夫有尚	B	在	正和元の4と同
8（斎藤カ）利□〔行カ〕※	D	在	大乗院具注暦日記正和三・十二・二十二条
9椙原四郎兵衛尉（清平）	C	在	白河本東寺文書（遺二五一六三）
10関左衛門蔵人正宗	D	在	延慶元の3と同
11武弥五郎康幹[50]	B検断奉行	在	山内首藤家文書（遺二九一三三）
12縫殿（縫殿頭・長井貞重）	E	在[51]	東寺百合文書は（遺二五二七〇）
13（長井カ）因幡二郎	E	在	同右
14（俣野）沙弥寂一	E官途奉行カ	在[52]	島津家文書（遺二五二五八）
15松田平内左衛門尉頼秀（秀頼）	D	在	3と同
16沙弥円覚（佐渡入道・三重行政カ）	A	在	東寺百合文書と（遺二五三六〇）
17左衛門尉為平	A	在	同右

正和四（一三一五）			
〔評定衆〕			
1常陸前司（小田時知）	B	在	正安元の5と同
2水谷刑部大輔入道（清有）	B	在	同右
〔奉行人〕			
3飯尾兵衛大夫（為定）	B	在	同右
4雅楽左近将監（信重）	B	在	同右
5雑賀中務丞貞尚	D	在	延慶元の3と同
6斎藤左衛門大夫基任	B	在	正安元の5と同
7斎藤帯刀左衛門尉（基明）	D	在	武記裏書正和四・六条
8三宮孫四郎（国明）	D	在	延慶元の3と同
9関左衛門蔵人（正宗）	D	在	7と同
10関左近大夫頼成	B	在	東寺百合文書ヲ（相生市史7、編年文書五三－一）
11津戸兵部丞	E	在	正安元の5と同
12松田十郎左衛門（頼邦カ）[53]	D	在	金沢文庫所蔵湛稿冊子第三十四裏文書（遺二五七〇三）
13覚浄（松田頼直カ）[54]	D	在	公衡公記正和四・六・二十三条
14宗像新左衛門尉基氏	B	在	正安元の5と同
正和五（一三一六）			
〔評定衆〕			
1常陸前司（小田時知）	B	在	正安元の5と同

2水谷刑部大輔入道（清有）　B　在　同右
〔奉行人〕
3飯尾兵衛大夫（為定）　B　在　同右
4（飯尾）為連　D　在　内閣文庫所蔵大乗院文書（遺二五九三四）
5雅楽左近将監（信重）　B　在　正安元の5と同
6斎藤左衛門大夫基任　B　在　同右
7関左近大夫頼成　B　在　内閣文庫所蔵大乗院文書（遺二五八五四）
8津戸兵部丞　E　在　正安元の5と同
9宗像新左衛門尉基氏　B　在　同右
10（安富カ）行長　D　在　田中繁三氏所蔵文書（遺二五八二七）
11　忠国　D　在　西大寺文書（遺二六五〇五）
12　長清　D　在　同右
13　倫□　D　在　10と同

文保元（一三一七）
〔引付頭人〕
1山城伊勢前司（伊賀兼光）　B五番　二補　武記裏書文保元・二・十条
〔奉行人〕
2飯尾兵衛大夫（為定）　B四番　在　師守記貞治三・二巻裏文書（七―三四・三五頁）
3飯尾大蔵左衛門尉　B　二補　1と同
4雑賀隼人佑（秀倫カ・西阿）　B　二補　同右

5斎藤四郎左衛門尉基夏	B	在（正和年中）	田代文書（大日本史料六之十、七八一頁以下）
6斎藤四郎兵衛尉（基秀カ）	B	二補	1と同
7周防太郎左衛門尉	B	二補	同右
8椙原四郎兵衛尉清平	E	在	師守記貞治三・三巻裏文書（七―九四頁）
9関左衛門蔵人（正宗）	B	在	山内首藤家文書（遺二六二一五）
10三須雅楽允（倫篤）	B	二補	1と同
11安富兵庫允	B	二補	同右

文保二（一三一八）

〔奉行人〕

1伊地知右近将監長清	B検断奉行	在	東大写真帳田中穣氏旧蔵典籍古文書二一八
2飯但（飯尾但馬房善覚）	C	在	東大寺文書（遺二六八四一）
3斎藤□〔左〕衛門□□〔大夫〕（基任）	B	在	教王護国寺文書（遺二六九二一）
4椙原四郎兵衛尉清平	E	在	師守記貞治三・二巻裏文書（七―九七頁）
5関蔵人(55)※	B	在	1と同
6（宗像）基氏	A	在	広島大学所蔵猪熊文書（遺二六七五二）
7　久光	A	在	同右
8　頼村	A	在	同右

元応元（一三一九）

〔奉行人〕

1伊地知孫三郎季昌	D	在	古簡雑纂一（遺二七〇一二）
2伊地知民部大夫長清[56]※	D	在	勧学院[57]文書（備後国大田荘史料一―一八〇）
3飯尾兵衛大夫為頼	D	在	峰相記
4（大野）秀尚	D	在	禅定寺文書（遺二七〇〇二）
5斎藤〔谷〕[58]帯刀左衛門尉基明	B	在	高野山文書又続宝簡集[59]（遺二七一〇八）
6渋屋	B検断奉行カ	在	文保三年記正・十九条
7関右近蔵人良成	D	在	1と同
8俣野中務丞家景	D	在	同右
9宗像新左衛門尉基氏	D	在	同右
元応二（一三二〇）			
〔引付頭人〕			
1伊勢前司（伊賀兼光）	B	在	金沢文庫文書（遺三〇八二九）
〔奉行人〕			
2飯尾彦六左衛門尉為連	B	在	元応元の2と同
3飯尾兵衛大夫（為定）	B	在	東寺百合文書ケ（吹田市史5史料編2、七九）
4宗像新左衛門尉基氏※	B	在	元応元の2と同
元亨元（一三二一）			
〔引付頭人〕			
1伊勢前司（伊賀兼光）	B	在	元応二の1と同

〔奉行人〕

2飯尾兵部右衛尉（マヽ）（頼連カ）　E　在(60)　金沢文庫文書（遺二七七四一）

3（雑賀カ）隼人佑秀倫（西阿カ）　C　在　佐方文書（遺二七九〇九）

4左兵衛尉冬秀　C　在　同右

元亨二（一三二二）

〔引付頭人〕

1伊勢前司（伊賀兼光）　B　在　元応二の1と同

〔奉行人〕

2中条刑部少輔（海東広房）(61)　B三番　在　東大寺文書（遺二八二一二）

3飯尾兵衛大夫為定　B　在　書陵部本参軍要略抄下裏文書（遺二八〇三七）

4斎藤雅楽允（基宣カ）　D　在　円覚寺文書（神奈川県史資料編2、二三六四）

元亨三（一三二三）

〔引付頭人〕

1伊勢前司（伊賀兼光）　B　在　元応二の1と同

〔奉行人〕

2（関）正宗　B　在(62)　壬生家文書(63)（遺二八六三三）

3宗像□〔三〕郎兵衛入道真性　C　在　金山寺文書

4宗像四郎□□〔重基〕　C　在　同右

正中元（一三二四）
〔引付頭人〕
1伊勢前司（伊賀兼光）　B　在　元応二の1と同
〔奉行人〕
2伊地知右近将監（親清）　B四番　在　吉川家文書（遺二九一八九）
3（小串カ）左兵衛尉貞雄(64)　C　在　額安寺文書（遺二八三二一）他
4門真玄蕃左衛門入道（寂意）　B　在　東大影写本安仁神社文書
5雑賀太郎（右兵衛）少尉三善能尚※　E　在　東大写真帳田中穣氏旧蔵典籍古文書一六二
6雑賀民部六郎　B五番　在　2と同
7斎藤四郎兵衛入道玄秀（基秀カ）　B　在（元亨年中）　山中文書（水口町史下巻、三一二・三一三頁）
8（斎藤）左衛門尉利行　C　在　3と同
9（町野カ）加賀孫太郎（右近）将監三善康文※　E　在　5と同
10松田次郎（右馬）少允平頼元※　E　在　同右
11宗像三郎兵衛入道真性　C　在　金剛心院文書（遺二八七九九）
12宗像四郎重基　C　在　同右

正中二（一三二五）
〔引付頭人〕
1伊勢前司（伊賀兼光）　B　在　元応二の1と同
〔奉行人〕
2右近将監（伊地知親清カ）　C　在　吉川家文書二一一一二九

3飯尾彦六（彦六左衛門尉為連カ）※	D	在	春日神主祐臣記[65]正中二・十二・一条
4斎藤左衛門大夫（基明カ）	E	在	金沢文庫文書（遺二九一七七）
5斎藤四郎左衛門基夏※	D	在	春日神主祐臣記正中二・十・六条[66]
6三宮※	D	在	3と同
7平某	C	在	2と同
8松田掃部允（頼済）	E	在	4と同

嘉暦元（一三二六）

〔引付頭人〕

1伊勢前司（伊賀兼光）	B	在	元応二の1と同

〔奉行人〕

2右近将監（伊地知親清カ）	C	在	吉川家文書之二―一一三一
3中務丞（雑賀貞尚）[67]	C	在	同右
4松田掃部□〔允〕（頼済）	E	在[68]	金沢文庫文書（遺二九一七八）
5松田平内□（秀頼カ）	E	在	同右

嘉暦二（一三二七）

〔引付頭人〕

1伊勢前司（伊賀兼光）	B	在	元応二の1と同
2（小田時知）	C	在	高野山文書宝簡集（遺二九八七三・花押かがみ四―一八三頁）
3丹後前司（長井宗衡）	B	在	建長元の1と同

〔奉行人〕			
4伊地知右近将監親清	B	在	田代文書（遺三〇〇九五）
5左近将監（雅楽信重）[69]	C	在	佐草文書（遺二九七五〇）
6斎藤刑部左衛門入道性融（基村）[70]	B	在	東京大学史料編纂所所蔵文書（南北朝遺文〈中国・四国編〉一六八九）
7下条次郎左衛門尉祐家	B	在	建長元の1と同
8菅原顕経	C	在	東寺百合文書マ五〇（二）
9関六郎入道正証	B	在	4と同
10（宗像）沙弥真性	C	在	8と同
11　惟家	B	在	甲子夜話続篇巻七十一（遺二九九七四）
12　□基	B	在	同右
13沙弥某	C	在	5と同
嘉暦三（一三二八）			
〔引付頭人〕			
1伊勢前司（伊賀兼光）	B	在	元応二の1と同
2丹後前司（長井宗衡）	B	在	建長元の1と同
〔検断頭人〕			
3小串六郎右衛門（範秀）[71]	B	在	東大寺文書（遺三一二六五）
4向山刑部左衛門（敦利）	B	在	同右
〔奉行人〕			

5下条次郎左衛門尉祐家　B　在　建長元の1と同
6松田掃部允頼済　B検断奉行　在　3と同
7（宗像）真性　B　在[72]　金沢文庫文書（遺三〇二四五）

元徳元（一三二九）
〔引付頭人〕
1伊勢前司（伊賀兼光）　B　在　元応二の1と同
2筑後（前司）（小田貞知）　B　在　同右
3丹後（前司）（長井宗衡）　B　在　同右
〔奉行人〕
4主計四郎兵衛尉（斎藤基貞カ）　B　在　東大寺文書（遺三〇七四一）
5椙原四郎兵衛尉清平　B　在[73]　元応二の3と同
6俣野中務大夫（家景）※　E　在　金沢文庫文書（遺三〇七六五）
7松田掃部允（頼済）　B　在　4と同
8宗像新左衛門入道玄意（基氏）　B　在　元応二の3と同
9（宗像）真性　B　在　金沢文庫文書（遺三〇七八二）

元徳二（一三三〇）
〔引付頭人〕
1縫殿頭（長井貞重）　B　在　甚深集裏文書一六[74]
〔奉行人〕

2飯尾左衛門尉（貞兼カ）　B四番　在(75)　飯野八幡宮文書一九三
3飯尾彦六左衛門入道覚民（為連）　B　在　田代文書（高石市史2史料編Ⅰ、一三三一）
4斎藤伊予房（玄基）　B五番　在　2と同
5前加賀守（町野信宗）　A越訴奉行　在　吉川家文書之二―一一四三
6松田掃部允（頼済）　B一番　在　2と同
7和田四郎（行快カ）　B三番　在　同右
8　宣秀　D　在　東大寺文書（遺三一三三六）

元徳三・元弘元（一三三一）

〔奉行人〕
1雑賀隼人□〔佑〕（秀倫カ・西阿）　D　在　光明寺文書一〇　光明寺残篇元弘元・八・二十九条
2三宮彦四郎　D　在　同書元弘元・九・十九条
3松田十郎〔マヽ〕※　D　在　1と同
4三須雅楽殿（倫篤）　D　在　2と同

正慶元・元弘二（一三三二）

〔奉行人〕
1飯尾大蔵左衛門尉　D　在　東大影写本竹内文平氏所蔵文書三
2（飯尾）頼連　B　在　東寺百合文書ホ（遺三一八八〇）
3和田四郎（行快カ）　D　在　1と同
4　宣秀　B　在　2と同

正慶二・元弘三（一三三三）			
〔評定衆〕			
1（町野カ）備後民部大輔〔夫〕康世(76)	B	在	近江国番場宿蓮華寺過去帳(77)
〔奉行人〕			
2斎藤宮内丞教親	B	在	同右
3出ワノ〔松カ〕（出羽）入道（津戸道元カ）※	E	在(78)	東大寺文書（遺三二〇〇四）(79)
4相田甲斐入道（専阿）※	B	在	文保元の5と同

職員個人につき上から順に、(1)番号、(2)氏名、(3)判定の基準、(4)在任、(5)典拠史料を記した。ただし、(3)については、A～Eの五項に分けた。即ち、

A……職掌に基づいた発給文書によって、その在職が確かめられる場合。

B……史料中に、「奉行人某」、或いは「為某奉行」等とあって、その在職が明確な場合。

C……裏判、或いは端裏書によってその在職が知られる場合。

D……六波羅派遣の使者としてみえ、かつその氏名から考えて職員と判断される場合。

E……A～D以外によって職員と推定できる場合。

要言すれば、A～Cは在職確定者、D・Eは在職推定者である。

また、(5)については、遺は『鎌倉遺文』の、裁許六波羅は瀬野精一郎氏編『増訂鎌倉幕府裁許状集』下、六波羅裁許状篇の、武記裏書は『武家年代記裏書』の略称である。なお『鎌倉遺文』の出典名を改めた場合がある。また刊本に拠った場合、読みや誤植等を訂正したが、煩雑となるため注記は施さなかった。

第二節　訴訟機関としての六波羅探題の発展

表7での検出作業により、六波羅探題職員延べ四百十五名を抽出した。(80)その内訳は評定衆五名、引付頭人二十一名、

引付衆三名、検断頭人四名、奉行人三百八十二名である（以上何れも延べ人数を示す）。まず本節では表7を参照しつつ、西国訴訟機関としての六波羅探題の発展過程を概観してみよう。

承久三年（一二二一）に成立した六波羅探題は、承久の乱後の京都占領軍からスタートしたこともあって、当初は洛中警固や京方与党人の捜索などにあたる、軍事・警察機関としての性格が濃厚であった。第一編第三章で明らかにしたように、一二四〇～五〇年代には、洛中警固を担う在京人体制がほぼ成立する。

六波羅探題管国の西国の裁判に関しては、嘉禄三年（安貞元・一二二七）閏七月十七日の追加法一八条に、[81]

一、諸国庄々地頭中、致㆓非法濫妨㆒之由、訴訟出来之時、対㆓決両方㆒為㆓是非㆒、於㆓京都㆒与㆓沙汰人預所㆒可㆑遂㆓問注㆒之旨、被㆓下知㆒之処、（後略）

とあり、少なくとも六波羅探題設置から六年後には、訴論人を対決させての裁判を行っていたことが従来より指摘されている。[82]しかし表7で見出した天福元年（一二三三）1の典拠史料、[83]「宮寺縁事抄」の同年五月日付石清水八幡宮寺申文には、

一、美作国梶並庄新補地頭事

右、前下司景実法師、承久乱逆之時、称㆑致㆓合戦㆒、被㆑補㆓地頭㆒之間、貞応三年於㆓六波羅㆒、遂㆓問注㆒之時、景実彼時為㆓前下司㆒之由、被㆑載㆓于申詞記㆒畢、而件問注記、於㆓奉行人法橋泰然之許㆒、引㆓出之㆒畢、不可説之次第也、依㆑之、于㆑今無㆓裁許㆒、（後略）

とあって、これに先立つ貞応三年（元仁元・一二二四）における六波羅での訴論人対決が確認できる。その審理内容も承久の乱後の戦後処理に関わっており、設置直後の六波羅探題の機能・役割を端的に示すものとなっている。また、

実名のわかる六波羅奉行人は、寛元二年（一二四四）1・2・3の中津川家経・源季定・了念が最初とされてきたが、[84]天福元年1の法橋泰然が初見となる（註〈12〉参照）。ただし、泰然が如何なる出身の人物であったかは明らかでない。

正元元年（一二五九）幕府は、「西国雑務事」について「殊重事外、不レ可二注進一、直可レ令二尋成敗一」きことを六波羅に指令し、[85]その裁判権を強化させた。先に述べたように、六波羅評定衆も一二四〇年代後半頃に成立していたと考えられる。また、蒙古襲来は幕府の西国統治機関である六波羅探題にも多大な影響をもたらした。第一編第三章で明らかにしたように、九州と鎌倉との中間を占める地理的条件からも、六波羅の重要性は増し、文永の役の翌年建治元年（一二七五）には、十七年間にわたって六波羅探題を務めた北条時盛や関東引付衆伊賀光政・二階堂行清・町野政康らの吏僚系有力御家人三名が上洛し、西国成敗のための六波羅首脳部の人員強化がなされた。表7によれば、建治年間（一二七五～七八）までに、六波羅奉行人主要十家（後述）のうち、安富・斎藤・宗像・伊地知・飯尾の五氏も出現していることがわかる。建治三年末には六波羅の訴訟審理方式が口頭対決や召決を基軸とする「問注記」型から、訴陳状などの書面の応酬を基軸とする「評定事書」型に転換することも指摘されており、[86]訴訟機関としての六波羅探題は正元～建治年間、特に建治頃に急速に整備されたと考えられる。

さて六波羅奉行人主要十家のうちの残り五氏（雅楽・松田・津戸・関・雑賀）は、雑賀氏が正安元年（一二九九）に姿を見せて、全十家すべてが出揃うようになる。表7に依拠すれば、六波羅の奉行人体制は正安元年までに成立したとみることができる。従来、六波羅探題の訴訟機関としての完成は、正安二年～延慶元年（一三〇八）の間に引付責任制が成立して、引付を中心とする裁判が確立すること、正安二年～正和二年の間に検断方が成立して、引付方が所務・雑務沙汰を、検断方が検断沙汰を担当するようになることなどから、[87]おおよそ正安年間（一二九九～一三〇二）

頃と考えられている。[88] 六波羅奉行人主要十家の出現の様相とこの説とはほぼ一致しており、表7は奉行人という六波羅の人材的側面から、正安年間の画期性を裏付けるものとなっているといえよう。表7を一見すれば、正安頃より、奉行人の所見数が増加していることが明白である。正安元年~正慶二年（元弘三、一三三三）の三十五年間で、六波羅奉行人二百三十名（年平均六・六名）が数えられ、承久三年（一二二一）~永仁六年（一二九八）までの七十八年間における百五十二名（年平均一・九名）を大きく上回っている。引付開闔・賦奉行・越訴奉行・検断頭人等といった、訴訟機関のなかで重要な位置を占めた役職も正安までにその存在を確かめられ（後述）、やはり正安年間に六波羅の裁判機構が完成の域に達したことを裏付けていると考えられる。

以上、ごく大雑把な考察ながら、表7が六波羅探題の訴訟機関としての発展段階と相応した結果を示していると結論することができよう。

第三節　六波羅探題府の職制

次に主な役職とその職員についてみてみよう。

〔評定衆・引付頭人・引付衆〕

評定衆や頭人以下の引付職員は、幕府によって任命された。金沢貞顕が六波羅探題南方在任中の息男貞将に宛てた書状[89]に、

六波羅引付番文進㆑之候、（中略）

頭人事、加賀前司理運之由、雖㆓令㆑申候㆒、不㆑及㆓御沙汰㆒候、背㆓本意㆒候、雖㆑然無力事候、後闕を可㆑被㆑待歟

之由、可レ有二御物語一候、評定衆事、両人可レ被レ加之旨、御沙汰之間、（後欠）

とあり、六波羅引付頭人及び同評定衆が、幕府の任ずるところであったことが明らかである。[90] また、冒頭に「六波羅引付番文進レ之候」とあって、六波羅引付衆（上衆）や同奉行人も関東の選任によったことがわかる。

評定衆及び引付頭人については第一編第二章で考察済みであり、ここでは表7の検出結果からも、町野（加賀民部大輔〈徳治元1〉・康世〈正慶二1〉）・水谷（清有〈正和四2〉）・伊賀（兼光〈文保元1〉）・海東（広房〈元亨二2〉）・長井（宗衡〈嘉暦二3〉・貞重〈元徳二1〉）氏等の吏僚系御家人の在職が少なからず確認できることを指摘しておくにとどめる。[91]

また引付衆の所見は少なく、狩野為成（弘安二1）と水谷清有（永仁六1）の在任が知り得るのみである。

〔引付奉行人・開闔〕

六波羅探題には問注所及び政所が設置されなかったため、所務沙汰機関である引付方が、雑務沙汰をも併せて行った（『沙汰未練書』）。検断沙汰も検断方の分離独立以前は、引付方が管轄した。第一節で触れたように、引付方の初見は弘安元年（一二七八）であり、五番編成も永仁四年（一二九六）にいたり確認される。引付方の奉行人として、各番に五、六人の右筆奉行人と合奉行一人が所属していたとみられる。[92] そのうちの「奉行中宿老」一名を以って開闔に任じた（『沙汰未練書』）。

本項では、表7の作成によって明らかとなった、引付奉行人の家別構成をみておきたい。表7によって三名以上の在職が知られる同苗字の引付奉行人を次に列記してみよう。[93]

①安富氏

五郎左衛門尉（建長二3）・民部大夫（同4）・行長（正和五10）・兵庫允（文保元11）

②斎藤氏

兵衛尉（建長七1）・基茂（文永四3）・基永（同十1）・基任（正応元4）・基明（同二3）・利行（永仁三3）・行連（嘉元三3）・行西（延慶元7）・玄基（応長元6）・基夏（同7）・左近□（同8）・基秀（文保元6）・基宣（元亨二4）・基村（嘉暦二6）・基貞（元徳元4）・教親（正慶二2）

③宗像氏

左衛門（文永元2）・六郎（同五2）・良直（建治二7）・入道（同8）・長氏（正安元9）・基氏（延慶元10）・真性（元亨三3）・重基（同4）

④伊地知氏

入道（建治元2）・長清（正応五2）・弥三郎（乾元元2）・季昌（応長元1）・親清（正中元2）

⑤飯尾氏

道専（建治二1）・為定（永仁元2）・善覚（同三2）・頼定（嘉元二4）・時清（正和三3）・為連（同五4）・大蔵左衛門尉（文保元3）・為頼（元応元3）・頼連（元亨元2）・貞兼（元徳二2）

⑥雅楽氏

左衛門三郎入道（弘安六1）・行信（正応元2）・正観（正安元3）・信重（正和三5）

⑦松田氏

頼直（弘安九1）・頼行（正安元8）・八郎（乾元元6）・秀頼（延慶元9）・頼邦（正和四12）・頼元（正中元10）・

頼済（同二8）・十郎（元徳三3）・専阿（正慶二4）

⑧津戸氏

康朝（正応元5）・尊円（同6）・朝尊（永仁六6）・弥三郎入道（乾元元5）・兵部丞（正和四1）・道元（正慶二3）

⑨関氏

頼成（正応五3）・大進（嘉元二8）・正証（応長元9）・正宗（正和三10）・良成（元応元7）

⑩雑賀氏

有尚（正安元4）・隼人入道（乾元元3）・貞尚（延慶元5）・秀倫（文保元4）・能尚（正中元5）・民部六郎（同6）

六波羅引付奉行人の主要メンバーはこの①～⑩の諸氏であり、この十氏を六波羅奉行人主要十家とみてよいであろう。六波羅探題が訴訟機関として完成した正安年間（一二九九～一三〇二）以降における、表7での名字のわかる奉行人延べ検出数二百三十名のうち、奉行人主要十家の出身者は七八・三％の割合を占め、百八十名に及ぶ。六波羅引付奉行人は、この十家による一種の寡占状況にあったといってもよいと思われる。

最多の十六名を数える②斎藤氏は、建長七年（一二五五）～六波羅滅亡（一三三三）に及ぶ活動期間の長さからも、六波羅奉行人の中心的存在と位置付け得るが、本編第四章でみるように、六波羅奉行人基永の子で同基任等の兄弟基有・基連、六波羅奉行人利行の兄弟重行は関東奉行人として活躍しており、たとえ父子・兄弟であっても、所属を異にするケースの存在したことがわかる。これは、奉行人の任命自体が幕府の意志に基づいて行われたための結果であったといえる。(94) ただし、斎藤氏は、その配属せしめられた人数よりみても、六波羅探題を中心に活躍していたと考えられる（本編第四章参照）。

また、本編第三章で考察するように、六波羅奉行人家と関東奉行人家とは異なるメンバーも少なくない。関東・六波羅で各々独自の奉行人家が成立していた。このような六波羅奉行人集団の独自性にも注意すべきである。

なお開闔は正安二4の斎藤基任と応長元8の斎藤左近□の斎藤氏二名が見出された。(95) 六波羅引付奉行人中における、斎藤氏の枢要な地位を示す事例といえよう。

〔賦奉行〕

賦奉行とは「最初本解状上奉行所」（『沙汰未練書』）、つまり訴訟受理配賦機関である。

賦奉行には町野政康（弘安五2）と長井貞重（応長元12）の両名の在任が確かめられた。(96) さらに建治三5藤原親定の諸亭奉行も、諸亭＝諸亭賦を意味するから、(97) 賦奉行と考えてよいと思われる。このように藤原・町野・長井氏の在職が知られるが、三氏は何れも六波羅評定衆家の出身であり（第一編第二章参照）、賦奉行は評定衆クラスの上級職員を以って任じたと考えることができよう。(98)

〔越訴奉行〕

再審を担当した越訴奉行は、文永四年（一二六七）十二月に初見する。(99) この越訴奉行は斎藤基茂に比定できる（文永四3）。

表7ではさらに、建治三年（一二七七）に伊賀光政と藤原親定が越訴奉行を命じられ（同1・6）、またこれより五十年以上を経た元徳二年（一三三〇）、町野信宗の越訴奉行在任が認められる（同5）。伊賀・藤原・町野氏は何れも

六波羅評定衆家であり（第一編第二章参照）、この三名の越訴奉行は越訴頭人と考えられる。一方、斎藤基茂の場合は家格からみて、これら越訴頭人の下で審理にあたった越訴奉行人と判断される。

また六波羅越訴奉行は、関東の制よりして開設と停廃を繰り返したものと考えられるが、関東において越訴方の不設置時期にあたる建治三年十二月に六波羅での越訴奉行の存在が確認されるなど、その開設期間が関東と一致していない点には注意すべきであろう。

〔検断頭人・検断奉行人〕

検断頭人は、南北両探題の被官各一名を以って任じ、在京人や篝屋守護人を統轄して洛中の検断を掌った。(100) また、正和二年（一三一三）以降は、検断方の頭人として検断沙汰を主宰するようになった。(101)

このような検断頭人は、佐藤氏がすでに指摘された河原口右衛門入道（弘安二2）・向山敦利（正和三1）・小串範秀（嘉暦三3）の三人以外には、管見に入らなかった。(102)

次いで検断奉行人については、某為儀（宝治元1）・南条頼員（文永八1）・中条頼平（建治三3）・梠原民部八郎（弘安五1）・平左近将監（弘安八2）・津戸朝尊（永仁六6）・斎藤基明（正和二4）・武康幹（正和三11）・伊地知長清（文保二1）・渋谷某（元応元4）・松田頼済（嘉暦三6）の十一名が検出された。このうち中条頼平は六波羅評定衆クラスの地位にあり、その門地からしても、彼の検断奉行としての職掌は、検断頭人と同等、若しくはそれ以上の権限を持つものであったと考えざるをえない。ただし関連史料も見出せず、その詳細は不明とせざるをえない。他の十人については、梠原・津戸・斎藤・伊地知・松田の五名が引付奉行人の家柄であり、某為儀・南条・平・武・渋谷の五名が探題被官である。これは前者が検断沙汰の審理にあたる奉行人であったのに対し、後者が治安警察に活躍した検断奉行であったことを示していよう。[103]両者はともに検断奉行と呼ばれていたが、その職掌は根本的に相違していたのである。

おわりに

以上、六波羅探題職員の検出作業を行い、その検出データに基づきつつ、訴訟機関としての六波羅探題の発展の様相や探題府の職制について概観した。最後に、奉行人の構成に関して表7から読み取れる点を述べて、本章の考察を終えたい。

それは六波羅奉行人主要十家が形成されていくのと表裏の関係で、年代が下るに従い探題被官が見出しにくくなることである。探題被官が頭人であり、また奉行人としても検出される検断関係を除いて考えてみると、探題被官（若しくは被官的存在）で奉行人にも任じていたと思われる者は、佐治重家（建長元1）・佐分親清（同二2）・高橋右衛門尉（文永六3）・南条頼員（同5）・長崎性杲（正応二4）・小串貞雄（正中元3）の六人が認知されるにすぎない。[104]しかもそれが、小串貞雄を除き、六波羅の訴訟機関として完成する正安年間（一二九九～一三〇二）以前にのみみられることに留意すべきである。正安以降、引付奉行人に任用された探題被官はごく少数であったと考えなければならないであろう。[105]そしてこのことは、時代が下れば下るほど、多くの北条氏被官（得宗被官）が奉行人として見出される、関東のケースとはまったく正反対なことに注意を払う必要がある。[106]

六波羅探題府の職制のなかで、北条氏勢力の占める割合がさほど高くないことは、六波羅評定衆について考察を行った第一編第二章でも指摘したが、このことは六波羅の訴訟機構が吏僚層（文筆官僚）を中心として運営されるほぼ純粋な官僚組織であったことを示しているように思われる。このような、関東・鎮西と比較しても特徴的とも言える人的構成となった背景には、①六波羅が荘園領主の膝元である畿内・西国の訴訟機関であり、このような寺社・本所勢力への対応上、必然的に法律的能力に堪能な人物（吏僚層）を多く必要としたこと、②六波羅評定衆・奉行人も幕府（六波羅）使者として朝廷・公家や権門寺社に赴き交渉を行うケースが少なからずあり（第一編第二章・本編第四章参照）、この点でもその対応上から吏僚層が最も適任であった、等の理由が考えられる。しかし、何れにしろ、吏僚層が大きな割合を占める、というのが六波羅探題府職員構成上の大きな特色であることは間違いないと思われるのである。

〔註〕

（1）『鎌倉幕府訴訟制度の研究』（岩波書店、一九九三年、初出一九四三年）附録「鎌倉幕府職員表復元の試み」。
（2）『鎌倉政権得宗専制論』（吉川弘文館、二〇〇〇年）「鎌倉政権上級職員表（基礎表）」。
（3）「鎮西評定衆及び同引付衆・引付奉行人」（『九州中世史研究』一、一九七八年）。
（4）註（1）著書第四章「六波羅探題」、及び「室町幕府開創期の官制体系」（『日本中世史論集』岩波書店、一九九〇年、初出一九六〇年）。
（5）佐藤進一氏・池内義資氏編『中世法制史料集』第二巻室町幕府法、附録。
（6）石井良助氏「鎌倉時代の裁判管轄（二）」（『法学協会雑誌』五七―一〇、一九三九年）、佐藤氏註（1）著書一四八～一五〇頁。
（7）佐藤氏註（1）著書一二七・一二八、一三四～一三六頁。

(8) 熊谷隆之氏「六波羅における裁許と評定」（『史林』八五―六、二〇〇二年）。

(9)「洛中警固武士」（『沙汰未練書』）である在京人と篝屋武士については、このような意味で六波羅探題職員とは見倣さない。

(10) 評定衆・引付頭人・引付衆・検断頭人については在職が明白な者以外は採用しなかった。

(11) 表7は拙稿「六波羅探題職員ノート」（『三浦古文化』四二、一九八七年、以下拙稿Ⅰとする）及び「六波羅探題職員ノート・補遺」（『国学院雑誌』九一―八、一九九〇年、以下拙稿Ⅱとする）の六波羅探題職員表を増補・改訂したものである。今回新たに検出した人名には※を付した。なお拙稿Ⅰの元徳元4菅原資貞・同8兵庫允顕尚、及び拙稿Ⅱの正応五②左衛門尉頼直・同③散位長嗣、永仁四①兵庫允菅原・同②藤原某・同③宗康の七名は、六波羅探題職員としたのは誤りであった。よって削除する。なお拙稿Ⅰの訂正については拙稿Ⅱも参照されたい。

(12) 拙稿Ⅱでは在任年を元仁元年としたが、確定はできないので、元仁元年～天福元年の間として、最終年の天福元年に懸けておく。この点につき、百瀬今朝雄氏の教示に与った。

(13) 南北真経寺所蔵亀摺法華経紙背文書八七（『向日市史』史料編）（文暦元年）六月二十九日付尊性法親王消息に、四天王寺での騒擾事件に関連して「神五郎実員昨日上洛候」とみえ、実量（員）の姓が神であったことがわかる。『葉黄記』（史料纂集）寛元四年四月二十九日条には「武士実員」とあり、幕府関係者であることが確認される。北条重時の六波羅探題在任期間中（寛喜二年三月～宝治元年七月）にのみ京都側史料にその名がみえており、重時被官とも推定されるが、幕末期に六波羅探題に属さず、得宗家の在京御内人として独自な立場にあった神五左衛門尉（第三編第二章参照）と通称・官途が一致することから、その父祖とも考えられ、京都に常駐していた得宗被官とみることも可能である。寛元三1と併せ考えると、検断頭人とも思われるが、確証はない。なお高橋慎一朗氏「尊性法親王と寺社紛争」（『遙かなる中世』一九、二〇〇一年）、北条氏研究会編『北条氏系譜人名辞典』「みわさねかず　神実員」（森執筆）も参照。

(14) 北方探題北条重時の袖判がある典拠史料は卯月七日付で年代未詳なので、その在任を探題重時任終の宝治元年に懸けておく。なお為儀は重時被官であろう。
(15) 佐治重家は探題北条重時の被官である（佐藤進一氏『増訂鎌倉幕府守護制度の研究』東京大学出版会、一九七一年、和泉項）。
(16) 1佐治重家と2波多野信（宣）時は幕府が造営した閑院内裏の作所奉行人である。
(17) 1安井（威ヵ）五郎と2斎藤兵衛尉の在任は建長□年としか不明なので、その在任を康元元年（建長八）に懸けておく。
(18) 高野山文書又続宝簡集、文永四年五月三十日付六波羅御教書案（『鎌倉遺文』九七一三）及び、文永三1の典拠史料とあわせて斎藤基茂を越訴奉行と判断できる。
(19) 『続群書類従』第四輯下。
(20) 高橋右衛門尉は北方探題北条時茂の被官である（佐藤氏註〈15〉著書、紀伊項）。
(21) 南条頼員は南方探題北条時輔「後見」である（高野山文書宝簡集、〈建治元年五月七日〉唯浄注進状案、『鎌倉遺文』一一九八八）。
(22) 後藤見仏の在任は北条時茂の探題在任期間中（康元元年四月〜文永七年正月）としかわからないので、時茂任終（死去）の文永七年に懸けておく。見仏は文永三1・同四2後藤左衛門尉と同一人であろう。
(23) 典拠史料の日付は「文永八月廿日」とあり、年と月の何れが欠けているのか判断できないが、南条頼員が南方探題北条時輔被官であることから、時輔の探題在職期間（文永元年十一月〜同九年二月）を加味すれば、文永二年〜同八年のものとすることができる。よってその在任を最後の年の文永八年に懸けておく。なお拙稿II五八頁以下参照。
(24) 周東定心は建治二年正月初め頃に没している（高野山文書又続宝簡集、〈建治二年〉二月七日付兵藤長禅書状案、『鎌倉遺文』一二二一五）。

(25)『伏見宮旧蔵楽書集成』一（図書寮叢刊）所収四六「琵琶血脈」に「源良直　号二宗形源馬入道法名円心一　本名心蓮　六波羅奉行人也」とあり、宗形良直の実名が知られる。

(26) 伊賀光政以下七名は、関東評定衆家に出自を持つ門地から考えても、一般の奉行人ではなく六波羅首脳部（六波羅評定衆クラス）とみるのが妥当であろう。第一編第二章参照。

(27) 典拠史料は六月二十日付で年代未詳なので、『勘仲記』（「兼仲卿記」）の巻に拠り、その在任を弘安元年に懸けておく。

(28)『勘仲記』（増補史料大成）弘安五年二月一日条に、北方探題北条時村被官として河原口次郎兵衛以保なる人物がいることからみて、河原口右衛門入道も時村家人と考えられる。

(29) 西山寂円の在任は文永七年から弘安二年の間としかわからないので、その在任を弘安二年に懸けておく。

(30) 典拠史料の裏花押1の花押形に拠る。弘安二4の典拠史料の和田快顕の花押形と一致する。

(31) 典拠史料は八月二十五日付で年代未詳であるが、華厳二種生死義巻二は弘安三年十月の奥書を有するので、その往任を弘安三年に懸けておく。本蓮房の在職については山内譲氏「凝然と金沢氏」（『瀬戸内海地域史研究』八、二〇〇〇年）参照。

(32) 1金田入道と2佐藤長清の在任は、典拠史料が七月十六日付であること、また華厳孔目章発悟記巻二十二が弘安十年七月十八日の奥書を有すること、さらに金田入道が南方探題北条兼時被官とみられる（典拠史料及び『勘仲記』弘安九年五月九日条参照）ことから、弘安八〜十年の間と推定されるので、ここでは弘安十年に懸けておく。佐藤進一氏「凝然自筆仏書の紙背文書（抄）」（『中央史学』二、一九七九年）に典拠史料が翻刻されている。

(33)『鎌倉遺文』一七八一九と一七八六五が一通の申状であることは、森茂暁氏『鎌倉時代の朝幕関係』（思文閣出版、一九九一年）四二一頁以下において指摘されている。

(34) 長崎性杲はその姓よりみて北方探題北条兼時被官であろう。なお性杲については拙稿「平頼綱と公家政権」（『三浦古文化』五四、一九九四年）を参照。

(35) 3関頼成・4長清・5通益の在任は、典拠史料の日付（ともに七月九日付）と南方探題北条盛房の丹波守任官（正応元年八月）及び北方探題北条兼時の離任（永仁元年正月）時期から、正応二〜五年と推定されるので、正応五年に懸けておく。

(36)『続群書類従』第二十九輯下。

(37) 斎藤利行は嘉暦元年五月七日に没している（『常楽記』〈『群書類従』第二十九輯〉）。

(38)『実躬卿記』は乾元元年までは大日本古記録本に拠り、それ以降は内閣文庫架蔵写本に拠った。

(39) 雅楽正観は、典拠史料に拠れば、正和元年三月以前に没している。

(40) 典拠史料の花押形に拠る。正安元9の典拠史料の宗像長氏の花押形と一致する。正和二10も花押形に拠る。拙稿II註（9）で宗像長氏と宗像真性の花押形（嘉暦二10）を同一としたのは誤りであり、訂正する。以上の点につき林譲氏の教示に与った。

(41) 東京大学史料編纂所架蔵写真帳に拠る。

(42) その通称（徳治元8参看）からみて、『建治三年記』（増補続史料大成）八月二十九日条にみえる、この日幕府問注所寄人に加えられた藤田左衛門四郎行盛と同一人物と思われる。

(43) 町野宗康は、弘安六・七年の関東引付衆在職が知られる（『関東評定衆伝』〈『群書類従』第四輯〉）が、「実躬卿記」徳治元年十月十七日条に、長井貞重とともに六波羅両使として「宗康」があり、また金沢文庫文書（元徳元年）九月二十一日付崇顕（金沢貞顕）書状（『鎌倉遺文』三〇七三三）により、「故但馬前司宗康」の在京していたことが窺えるから、嘉元元年の但馬前司は彼に比定できよう。

(44) 金沢文庫文書の元徳元年末頃と推定される崇顕（金沢貞顕）書状（『鎌倉遺文』三〇七九七）に、「神津《（澤）》五郎兵衛尉秀政、於二播州所領一他界之旨、承候了、暇も不レ申候て下向之条、不可思儀候」とあり、元徳元年末頃に没したことが知られる。

(45) 東京大学史料編纂所架蔵写真帳春日大社史料（日記）七。

(46) 『北野天満宮史料』古記録。

(47) 長井貞重は元徳三年二月十二日に没している（『常楽記』）。

(48) 向山敦利は北方探題金沢貞顕被官である（佐藤氏註〈1〉著書、一四〇頁）。

(49) 岡見正雄博士還暦記念刊行会『中世文学資料集　室町ごころ』（角川書店）所収、一九七八年。

(50) 武弥五郎康幹は、嘉暦三年十一月に南方探題金沢貞将の「管領之仁」としてみえる「武弥五郎入道寂仙」（建長元1の典拠史料と同）と同一人物であろう。福島金治氏は「金沢北条氏の被官について」（『金沢北条氏と称名寺』吉川弘文館、一九九七年、初出一九八六年）において、康幹を「使者としてのみ見える被官」とされているに過ぎないが、北方探題金沢貞顕の検断奉行を勤めたことや南方探題貞将の「管領之仁」という地位から、金沢北条氏重臣であったことが明らかである。

(51) 12長井貞重・13長井ヵ因幡次郎及び16三重行政ヵ・17左衛門尉為平の典拠史料は、それぞれ十月二十二日付と十月二十三日付で、年欠であるが、正和三年頃と推定されるので同年に懸けた。なお湯山学氏「ある伊勢平氏の末裔」（『相模国の中世史』上、私家版、一九八八年）参照。

(52) 典拠史料は二月一日付で年欠であるが、典拠史料において俣野寂一が関与している島津久長の名国司任官が正和三年頃である（島津伊作家文書、『鎌倉遺文』二五二五七）ので、その在任を同年に懸けておく。なお拙稿II五九頁以下参照。

(53) 松田頼邦ヵの人名比定については、榎原雅治氏「新出「丹後松田系図」および松田氏の検討」（『東京大学史料編纂所研究紀要』四、一九九四年）においてなされている。

(54) 松田頼直ヵの人名比定については、前註榎原氏論文に所載の「丹後松田系図」に「頼直　法名覚浄」とあるのに拠る。
(55) この頃、関蔵人として正宗と良成が存在しており、何れに該当するのか判断し難い。
(56) 飯尾兵衛大夫為頼は、正和三4や元亨二3等の飯尾兵衛大夫為定と同一人物の可能性が高い。とすれば為頼は為定の誤りということになる。
(57) 『兵庫県史』史料編中世四。
(58) 渋屋（谷）某は南方探題大仏維貞被官と考えられる。『若狭国守護職次第』（『群書類従』第四輯）には、守護大仏宣時（維貞祖父）の守護代として渋谷十郎宗重がみえており、大仏氏と渋谷氏との主従関係が確認される。
(59) 『群書類従』第二十五輯。
(60) 典拠史料は十二月二十二日付で年代未詳であるが、文中に「元応年中」とみえるので、その在任を元亨元年（元応三）に懸けておく。
(61) 『常楽記』嘉暦三年十月十四日に「中条刑部権少輔他界」とあるのは、中条（海東）広房の死去記事であろう。
(62) 典拠史料は年月日欠であるが、元亨三年頃のものと推定されるので、その在任を同年に懸けておく。
(63) 典拠史料は田良島哲氏「六波羅探題発給の二枚の制札」（『日本歴史』五一一、一九九〇年）に翻刻されている。
(64) 門真寂意は正中二年以降鎮西探題一番引付奉行人となっている（川添氏註〈3〉論文）。
(65) 東京大学史料編纂所架蔵影写本に拠る。
(66) 「春日神主祐臣記」正中二年十二月一日条にみえる、「武家使者」「斎藤左衛門尉」は斎藤基夏と同人物とみて省略した。
(67) 典拠史料の花押形に拠る（岩元修一氏「南北朝期における訴訟関係文書の考察」〈『九州史学』一二七、二〇〇一年〉註〈2〉参照。ただし岩元氏は雑賀貞阿とするが、貞阿は貞尚の法名である）。
(68) 4松田頼済と5松田秀頼ヵの典拠史料は年月日欠であるが、正中二年か嘉暦元年頃のものと推定されるので、その在任を嘉暦元年に懸けておく。

(69) 典拠史料の花押形に拠る。雅楽信重の花押は今谷明氏・高橋康夫氏編『室町幕府文書集成　奉行人奉書篇』上に花押写真集3として収載する。

(70) 斎藤基村の人名比定は『続草庵集』（私家集大成5）五四六の詞書に「性融斎藤基村入道」とあるのに拠る。拙稿IIでは『尊卑分脈』第二篇三二七・三二八頁に載せる「基材　刑部左衛門尉」に比定したが、『尊卑分脈』頭註で前田家所蔵脇坂本が「基材」を「基村」とすると記しているように、基材と基村とは同一人物であろう。基村・基材の何れが正しい名前であるか断定はできないが、恐らくは基村が正しく、「村」と「材」の字が似ていることから、筆写の過程で「基村」→「基材」へと変化していったとみるのが自然であろう。

(71) 小串範秀は北方探題常葉範貞被官である（佐藤氏註〈1〉著書一四〇頁）。なお小串氏については伊藤邦彦氏「鎌倉時代の小串氏について」（『日本歴史』六二五、二〇〇〇年）を参照。

(72) 典拠史料は年月日欠であるが、嘉暦三年頃のものと推定されるので、その在任を同年に懸けておく。

(73) 5椙原清平と8宗像基氏の在任は、元応二年以降元徳元年七月以前としか判明しないため、元徳元年に懸けておいた。なお椙原清平は典拠史料に拠れば、この期間内に没している。

(74) 桃裕行氏「身延文庫本『雑々私用抄』及び『甚深集』の紙背文書について」（『立正史学』五一、一九八二年）。

(75) 2飯尾貞兼ヵ・4斎藤玄基・6松田頼済・7和田行快ヵの典拠史料は年月日欠であるが、貞兼及び玄基の担当した「藤原氏女訴事」は元徳二年に訴訟が提起されている（『飯野八幡宮文書』〈史料纂集〉二八、藤原氏女代盛時訴状）ので、元徳二年に懸けておく。

(76) 1町野康世と2斎藤教親は正慶二年五月九日六波羅探題滅亡に殉じた人物である。

(77) 『群書類従』第二十九輯。

(78) 典拠史料では在任年が未詳であるが、鎌倉末期頃と推定されるので、幕府滅亡の正慶二年（元弘三）に懸けておく。

（79）以下の四名は六波羅探題職員の可能性が大きいが、氏名未詳であることや典拠史料にやや不安を残すため、参考として付記するに止める。

①『宗像大社文書』一に八五、六波羅探題奉行人某書状が収載されている。年欠の三月二十六日付で、同文書の「注解」は、日下花押の右に押紙「六波羅奉行」があったと記している。所収の写真版をみても何者の花押かは未詳であるが、文中に「備後民部大夫」即ち町野政康がみえており、政康の在京時期と官途（『関東評定衆伝』建治元年条参照）とを併せ考えると、建治二〜弘安八年の文書と考えることができる。

②註（53）榎原氏論文所載の「丹後松田系図」に「頼盛　松田八郎左衛門　法名覚阿　弘安二十（マヽ）年十二ノ十八　六波羅引付衆也」とみえる。同系図に拠れば、頼盛は頼直（弘安九1等）・頼行（正安元8等）の父とされる人物であるが、六波羅職員としての確実な徴証は管見に入らない。

③『浄阿上人伝』に「頭人波多野出雲入道法名道憲」がみえる。永仁・正安頃のことである。「頭人」とは六波羅引付頭人のことで、波多野出雲入道は重通に推定できる。重通は『勘仲記』弘安九年三月二十七日条や『公衡公記』（史料纂集）正和三年十月七日条等から在京人と確認できるが、六波羅引付頭人であったかは不明である、なお『浄阿上人絵詞伝』『浄阿上人行状』（『浄阿上人伝』とともに『定本時宗宗典』下所収）も参照。

④『北野天満宮史料』古記録一九〇頁に六波羅「奉行金藤左衛門」がみえる。金藤左衛門は刑部法眼盛玄が北野社公文であった時の奉行人であるとする。なお高橋慎一朗氏「中世前期の京都住人と武士」（『中世の都市と武士』吉川弘文館、一九九八年、初出一九九二年）参照。

（80）※を付した新たに検出された人物は四十八名である。

（81）『中世法制史料集』第一巻鎌倉幕府法。

（82）上横手雅敬氏「六波羅探題の成立」、『鎌倉時代政治史研究』吉川弘文館、一九九一年、初出一九五三年。

（83）以下表7の人名等を示す場合には、その年次と番号を付記することとする（主として初見のみを記した）。

(84) 佐藤氏註（1）著書一二七頁。

(85) 同年六月十八日、追加法三二四条。石井氏註（6）論文参照。

(86) 熊谷氏註（8）論文。

(87) 佐藤氏註（1）著書第四章。

(88) 同右、上横手氏「六波羅探題の構造と変質」（註〈82〉著書、初出一九五四年）、『史料京都の歴史』3政治・行政、概説一九頁（杉橋隆夫氏執筆、一九七九年）等。

(89) 金沢文庫文書、年月日未詳、金沢貞顕書状、『鎌倉遺文』二九一八一。

(90) 文中にみえる「加賀前司」は町野信宗（元徳二5）に比定できよう。

(91) この他に小田知宗（嘉元二1）と同時知（正和四1）が検出された。

(92) 金沢文庫文書の元徳元年末頃と推定される崇顕（金沢貞顕）書状（『鎌倉遺文』三〇七九七）に、「右筆奉行五人つゝにて候しか、刑部権大輔入道（摂津親鑒）奉行にて、近年六人になされ候事、不レ可レ然覚候」とあり、六波羅探題引付各番の右筆奉行人が五人から六人へと増員されたことがわかる。なお、この文言は註（44）引用文に接続しており、六波羅引付方に関するものであると判断できる。なお佐藤氏註（1）著書三三・三四頁参照。

(93) 引付方の確実な初見はいまのところ弘安元年であるが、それ以前の奉行人も所務沙汰等の審理に携わっていたことは疑いないから、引付奉行人と同様な存在と考え、以下での考察の対象とする。

(94) 藤田行盛が関東↓六波羅（註〈42〉参照）、門真寂意が六波羅↓鎮西（註〈64〉参照）という赴任コースを歩んだのは、まさにこのような事情を反映していよう。

(95) 斎藤基任については、佐藤氏註（1）著書一二八頁に既に指摘がある。

(96) 町野政康については、佐藤氏註（1）著書一三四・一三五頁に既に指摘がある。

(97) 石井良助氏『中世武家不動産訴訟法の研究』（弘文堂書房、一九三八年）五三・五四頁。

(98)『沙汰未練書』に、六波羅引付方が担当した雑務沙汰において「賦ハ其手頭人訴状書ㇾ銘、直奉行方賦ㇾ之」とあるのも、上級職員が賦奉行に任じたとする私見を支持しよう。
(99)表7の文永三1の典拠史料と同じ。佐藤氏註（1）著書一五六・一五七頁参照。
(100)『沙汰未練書』及び『建治三年記』十二月二十五日条。
(101)佐藤氏註（1）著書一三五・一四〇頁。
(102)仁治から宝治にかけて、神実員が検断頭人の可能性があることは註（13）で述べた。
(103)検断奉行人を引付奉行人が兼務したことについては、佐藤氏註（1）著書一四〇・一四一頁参照。また洛中警固に活動した検断奉行の存在を示す史料として、『文保三年記』正月十八・十九日条（元応元4典拠史料）に、

十八日申刻、東大寺八幡宮御入洛、依㆓兵庫関違乱㆒也、（後略）
十九日寅刻御京着、於㆓衆徒㆒者自㆓法性寺辺㆒逃去畢、神人等頂㆓戴神輿㆒進発之処、於㆓七条河原㆒武士渋屋〔谷〕一党、検断奉行歟最前馳向奉㆓防禦㆒、衆徒両人搦㆓取之㆒、後日追放了、神人一人打殺、其外被ㇾ疵輩三四輩、如ㇾ此散々奉ㇾ防之間、振㆓弃神輿於河原㆒、神人等逃去了、

とあるのが注目されよう。
(104)ただし、閑院内裏作所奉行人の波多野宣時（建長三2）と成功奉行人の金田入道（弘安十1）は除外した。
(105)高橋慎一朗氏は「六波羅探題被官と北条氏の西国支配」（註〈79〉著書、初出一九八九年）において、元応元年に六波羅南方探題大仏維貞被官として斎藤六郎基篤（基任の子）を見出しているが、基篤の奉行人在職は確認できない。
(106)鎮西探題においても、関東同様、北条氏及びその被官は構成上大きなウェイトを占めていた。この点、川添氏註（3）論文参照。

（付記）表7の補遺として以下の七名を掲げておく。

①弘長二	伊（伊地知カ）	C	在	東大寺文書
②弘長三	斎兵（斎藤兵衛尉基茂カ）	C	在	高野山文書宝簡集
③弘安七	矢具嶋三郎左衛門尉	B	在	東大寺別当次第
④弘安九	椙原	B	在	同右
⑤永仁六	椙玄（椙原玄蕃允恒清カ）	C	在	赤間神宮文書
⑥元亨三以前	斎藤帯刀左衛門尉（基明）	B	在	近衛家文書
⑦嘉暦元	宗兵入（宗像兵衛入道真性）	C	在	東寺百合文書せ

①②⑤⑦は仁平義孝氏「鎌倉幕府発給文書にみえる年号裏書について」（中野栄夫氏編『日本中世の政治と社会』吉川弘文館、二〇〇三年）、③④は遠藤基郎氏「平岡定海氏所蔵「東大寺別当次第」について」（『東京大学史料編纂所紀要』一三、二〇〇三年）、⑥は櫻井彦氏「丹波国宮田荘関連史料」（『鎌倉遺文研究』一三、二〇〇四年）を参照されたい。

第二章　執権政治期幕府奉行人の出自の検討

はじめに

本章では前章での検出作業により明らかにした、六波羅奉行人集団の出自等の特徴解明の予備的考察として、執権政治期における幕府（関東）奉行人の出自を中心に検討する。

執権政治期の鎌倉幕府において訴訟制度が整備され、御成敗式目の制定やこれを修正・補足する追加法の発布、審議機関の評定衆や引付方が設置されたことは周知のとおりである。承久の乱に勝利し、政治権力として確立した幕府は、裁判のための重要法規を成文化し、合議により訴訟を裁断することとしたのである。本章では、このように訴訟制度が整えられた、執権政治期の幕府奉行人について考察する。

いうまでもなく、審議の行われた幕府法廷において、訴訟の進行や法の運用等、実際上の職務で最も重要な役割を果たしたのは奉行人である。しかしながら、鎌倉幕府の訴訟制度に関する研究は、主に、将軍・執権・得宗らの政治権力による裁判権掌握の様相や御成敗式目に代表される幕府法の内容・性質等の解明に向けられ、奉行人を主題としたものはほとんど見受けられない。佐藤進一氏により、奉行人を含めた、弘安七年（一二八四）以降の鎌倉幕府職員の在職状況が復元されているが、(1)これ以前の執権政治期においては奉行人の任免すら明らかとなっていないのである。そこで執権政治期を中心に、奉行人にはどのような人々が任命されたのかを考えてみたい。

そもそも鎌倉幕府は東国在地領主層を基盤とする武家政権であるが、幕府政治の運営には、鎌倉殿に仕えた京下り下級官人が参加した。例えば草創期鎌倉幕府において、侍所を除く、政所・問注所の職務は、大江広元や三善康信ら源頼朝に仕えた京下り官人たちによって担われたことは周知のとおりである。彼らは将軍の命を奉じて幕府の公事・行事の執行などの実務（奉行）にあたり、奉行人と呼ばれた。政所や問注所に所属した京下り官人たちは、奉行人として訴訟事務にも携わった。このような、初期鎌倉幕府において訴訟にも関与した、京下り官人を中心とする幕府奉行（文筆吏僚）については、実朝期までの源氏将軍時代を扱ったいくつかの研究がある。(2) しかしこれに比べ、幕府訴訟制度が整備される時期にあたる執権政治期の奉行人の考察は、その重要性に反し、研究が遅れているといわざるをえない。(3) これは幕府奉行人＝京下り官人（及びその子孫）とする先入観が存在するためではあるまいか。

そこで本章では、執権北条泰時から時頼の時代を中心に、これら訴訟に携わった奉行人（問注奉行人）について、源氏将軍時代の奉行人との比較も交えながら考察する。問注奉行人は当初、問注所や政所に属していたが、(4) のちその主要メンバーが新設された引付方に配属されたとみられる。『吾妻鏡』には引付番文をはじめ、いくつかの奉行人交名が載せられており、これらを素材にして、特に奉行人の出自を中心に検討する。鎌倉中期は、東国武士の執権北条氏が幕政を主導した時代であり、京下り官人系以外の武士出身の文筆吏僚の登場も予想されるところである。(5) 鎌倉中期以降、どのような出自の人々が幕府機構の根底を支えていたかを明らかにするためにも、奉行人の出自の解明は重要な課題と考えられるのである。

第一節　引付方設置以前の奉行人

本節では引付方設置（一二四九年十二月）以前の奉行人について、出自を中心に考察する。

鎌倉幕府の草創期、元暦元年（一一八四）十月二十日に問注所が創設され、執事三善康信が寄人藤原俊兼・平盛時を相具し、訴訟事務を主宰することとなった(6)。また同月六日に置かれた公文所は訴訟審理にも携わったが(7)、当初その構成メンバーは別当大江広元の他、寄人中原親能・藤原（二階堂）行政・足立遠元・大中臣秋家・藤原邦通らであった。公文所は後に政所に発展するが、頼朝期にはさらに惟宗孝尚・橘以広・藤井（鎌田）俊長・中原光家・源邦業・武藤頼平・清原実成・藤原（二階堂）行光らが構成員として所見する(8)。これら問注所・政所の職員の出自は、目崎徳衛氏の研究に拠ると(9)、A「御家人」（足立遠元）、B「現地（東国＝森註）在住の元官人」（藤原俊兼カ・藤原邦通・藤井俊長・中原光家）、C「一旦は仇敵に属した者」「降人」（大中臣秋家・武藤頼平）、D「京下官人」（三善康信・平盛時・大江広元・中原親能・藤原行政・惟宗孝尚・橘以広・源邦業・清原実成・藤原行光）等に分類されるが、朝廷下級官人出身のBとDで大半を占め、Aの足立遠元とCのうち武藤頼平が武士出身者であるにすぎない(10)。また建久二年（一一九一）正月十五日の政所吉書始の記事にみえる、幕府の公事や行事等の実務を担当した公事奉行人も、中原親能・藤原俊兼・三善康清・三善宣衡・平盛時・中原仲業・清原実俊の七名が列記され、このうち三善康清・三善宣衡・中原仲業も上記分類のDに含まれるから、やはり下級官人出身者によって構成されていることが明らかである(11)。

将軍頼家・実朝期においても、大江広元・親広父子、藤原行政・行光父子をはじめとして、政所を拠点に事務官僚として活動していたのは、中原仲業・中原師文・中原師俊・清原実成・清原清定・惟宗孝尚・惟宗孝実・坂上明定・

源仲章らの京下り官人たちであった[12]。問注所の職員も中原仲業や橘惟広（橘以広の近親カ）が寄人に任ぜられており[13]、政所と同様、下級官人出身者を中心に構成されていたと考えられる。

次の将軍頼経・頼嗣期は執権政治の時代である。執権泰時・経時・時頼らの主導により、評定衆の設置（一二二五年十二月）や御成敗式目の制定（一二三二年八月）、そして引付方が創設された時期で、鎌倉幕府訴訟制度の発展期である。政所執事二階堂氏や問注所執事三善氏一族（町野・太田・矢野氏）を始めとする、源氏将軍以来、政所や問注所を拠点に活動した、大江一族（長井・毛利・海東・那波氏）・中原（佐藤）[14]・清原（斎藤）[15]・伊賀氏らは、東国有力御家人に伍して評定衆や引付衆（上衆）に連なる家格となり、評定衆や引付衆（頭人・上衆）の指揮下に訴訟審理を担当する問注奉行人は、これら頼朝以来の京下り官人一族の子弟や庶流、そして新たに奉行人として登用された人々によって構成されるようになる。この点に関連して文暦元年（一二三四）七月六日条をみてみよう。

六日癸卯、仰㆓家司等㆒、召㆓起請㆒、是奉行事、不㆑謂㆓親疎㆒、不㆑論㆓貴賤㆒、各存㆓正儀㆒、可㆑致㆓沙汰㆒之趣也、其衆
（四）十七人、

前山城守藤原（中原）秀朝　　前山城守中原盛長　　散位大江以康
散位三善（町野）康持　　民部大丞三善（太田）康連　　中務丞大江俊行
弾正忠大江以基　　大膳進大江盛行　　左衛門尉惟宗重通
兵庫允三善倫忠　　藤原頼俊　　沙弥行忍
惟宗行通　　三善（太田）康政改康宗

これは前山城守藤原（中原）秀朝ら十四名から、奉行人として厳正に沙汰するよう、起請文を徴した史料である。

「家司」とあるのは将軍頼経（当時従三位・権中納言）の政所家司のことであろう。頼経家司十四名が奉行人に編成されていたことがわかる。このうち、三善（町野）康持・三善（太田）康連・三善（太田）康政は三善康信の子孫で、[16]三善倫忠も「倫」の通字から、康信の子行倫流の矢野氏かもしれない。十四名のうち、三名或いは四名が問注所執事三善氏（当時の執事は康信の子町野康俊）の一族であった。一方、筆頭の中原秀朝は、承元三年（一二〇九）から建保三年（一二一五）にかけて、朝廷で六位史を勤めた経歴を持つ人物で、[17]鎌倉に下向した後は問注所寄人として活動している。[18]また大江以康は、引付方設置以前の時期に問注奉行人として確認でき、[19]その子とみられる大江以基も、次節で述べるように、引付方新設期に引付奉行人として活躍している。[20]以上、これら数名の出身やその活動状況から、右の十四名のメンバーは問注所執事三善氏一族と京下り官人――中原秀朝のように恐らく将軍実朝の末期から将軍頼経期以降に鎌倉に下向した人々――によって構成された、文筆官僚たちとみられる。[21]三善一族の存在や中原秀朝、大江以康・以基父子の活動状況などから、この十四人が訴訟審理にあたる問注奉行人として活動したことは間違いないであろう。[22]文暦元年七月は御成敗式目制定からほぼ二年となる時期であり、裁判の公正を期すため、問注奉行人から起請文が徴されたことをこの『吾妻鏡』の記事は示しているのであろう。この記事をみるかぎり、執権政治期においても、問注奉行人における下級官人出身者の占める割合の大きさが窺われるところである。

さて文暦元年には問注奉行人に関してもう一つ注目すべき史料がある。次に掲げる『関東開闢皇代并年代記』[23]の記事である。

一、合奉行始事文暦元年三月廿九日被レ始ニ置之一

本間左衛門尉元忠　　勅使河原右馬允則直　　吉良大舎人允政衡

佐野木工権助俊職　　波多野左衛門尉朝定

文暦元年三月二十九日に合奉行が始置されたことを示す史料である。合奉行とは訴訟を受理・担当した本奉行の訴訟手続きを監査・補佐する奉行を指す。ここでは合奉行五名が任命されたことを記している。『吾妻鏡』にはこのような合奉行設置の記事はなく、本史料は吟味を必要とするが、五人のメンバーのうち、本間元忠は幕府の法制定に奉行として加わったことがあり、(24)波多野朝定も将軍実朝御教書の右筆を勤めているから、(25)この両人については吏僚の側面が認められ、合奉行に任ぜられても何ら不自然ではない。残る三名に関しては文筆事務に従事した事実は確認できないが、本間元忠と波多野朝定との活動状況を考慮すれば、この『関東開闢皇代并年代記』の合奉行始置の記事は充分信憑性のあるものと考えられる。御成敗式目制定から約一年半後の文暦元年三月に、本奉行の訴訟手続きを監査・補佐する合奉行五名が任命されたのであった。この合奉行設置は、もちろん幕府訴訟機構整備の一環であったと考えられるが、一方で、先にみた、将軍頼経家司の奉行人十四人から起請文を徴し、厳正なる沙汰を求めたことに先立つ、奉行人に対する引き締め策のひとつとみることができるであろう。ここでは特にその構成メンバーが注目される。本間元忠・波多野朝定は相模出身の、勅使河原則直は武蔵出身の東国御家人であり、吉良政衡も三河国吉良出身の武士と考えられる。(26)五名のうち少なくとも四名が武士である。執権泰時期の文暦元年には、足立遠元・武藤頼平以来の、東国武士出身者が奉行人としても活動するようになったのである。

泰時時代末期・経時期の一二四〇年代になると、深沢俊平・河勾右衛門尉・長田広雅・杉（椙）原邦平らの、武士や武士に准ずる在庁官人系の問注奉行人も『吾妻鏡』等に見出せるようになる。(27)次節で考察するように、彼らは引付方新設に伴い、引付奉行人に補任されるのである。一方宝治二年（一二四八）九月二十日には、千葉氏有力支族の東素暹（胤行）が「文武兼備之士」として、問状御教書の右筆を命ぜられている。宝治二年は引付方設置の前年に当たり、この頃になると、「文武兼備」の御家人武士が幕府吏僚の一員となり、文筆に従事することが決して特殊なケースではなくなっていたと理解できる。

第二節　引付奉行人の出自の検討

建長元年（一二四九）十二月、訴訟を専門に扱う引付方が新設され、鎌倉幕府の訴訟制度は新たな段階に入った。通常引付は五番程度に結番編成され、引付頭人が引付衆（上衆）や引付奉行人を率いて審理にあたった。各番には三、四名程の奉行人が配属された。[28] 表8は『吾妻鏡』に載せる引付方の結番交名から右筆奉行人と考えられる人物を抜き出したものである。[29] 本節では表8の二十七名の奉行人についてその出自を検討する。

①深沢（津）俊平

深沢俊平は伊勢平氏貞衡の流れで、大和守宗平の子である。[30] 宗平の子孫は大和氏や三重氏と称し、幕府や六波羅探題の奉行人として活躍している。[31] 宗平の曾孫にあたる三重行政は弘安七年（一二八四）祖父政平（宗平の子、俊平の兄弟）の十三回忌に際し、その供養願文のなかで「尋二始祖一、忝李部《葛原親王》竹薗之遺孫、訪二譜第一、亦柳営蘭錡之寄人也、久稟二前鋒武備之名家一、令レ候二右筆群議一」むと、その桓武平氏の末裔たることや代々幕府（「柳営蘭錡」）の「寄人」で「右筆群議」に参画していることを述べている。[32] 俊平もこのような一族として幕府引付方奉行人として活動したのである。なお宗平子孫の大和氏は宗平の受領名大和守に、[33] 三重氏はその本拠地伊勢国三重郡に由来する名字とみられる

表8　『吾妻鏡』にみる引付奉行人一覧

	氏　名	A	B	C	D	E	F	G	通称・官途
①	深沢(津)俊平	1	2	4	4	4	4	4	山城前司
②	大江　以基	1		3	3	3	3	3	民部大夫
③	中原　盛時	2	1	1	1	1	5	5	山城前司
④	山名　行直	2	2	1	1	1	5	5	進次郎
⑤	長田　広雅	3	3	3	3	3	3	3	兵衛太郎・左衛門尉
⑥	越前経成(朝)	3	1	5	5	5			越前四郎
⑦	山名　俊行	4	3	4	4	4	4	4	中務丞・中務大夫
⑧	皆吉　文幸	4	2	2	2	2	1	1	大炊助
⑨	明石　兼綱	5	1	5	5	5	2	2	左近将監・左近大夫
⑩	内記　祐村	5	3	1	1	1			内記兵庫允
⑪	越前　政宗	6	2	2	2	2			越前兵庫助
⑫	太田　康宗	6		3	3	3			太郎兵衛尉
⑬	対馬　仲康		1	2	2	2	1		対馬左衛門尉
⑭	進士　光政		2	5	5	5	2	2	進士次郎蔵人
⑮	杉原　邦平		3						伯耆右衛門尉
⑯	家国			4	4	4	4		甲斐前司
⑰	佐藤　行幹					1	5	5	右京進・民部大夫
⑱	雑賀　尚持					4	4	4	太郎
⑲	三善　某					5			刑部丞
⑳	対馬　某					5	2	2	対馬左衛門次郎
㉑	水原　孝宣						1		兵衛尉
㉒	大蔵　則忠						3		四郎
㉓	斎藤　朝俊						5	5	斎藤次
㉔	島田　親茂							1	五郎
㉕	佐藤　業連							3	民部次郎
㉖	壱岐　為忠								壱岐五郎左衛門尉
㉗	高水　某								右近三郎

が、深沢氏の名字の地ははっきりしない。また奉行人深沢氏は俊平以外確認できず、系図類にもその子孫を記さないので、俊平一代限りであったようである。

②大江以基

姓よりみて京下りの下級官人とみられる。前節で述べたように、文暦元年（一二三四）七月六日条に弾正忠大江以基として将軍頼経の家司奉行人の一人としてみえる。同じく頼経の家司奉行の大江以康が江民部大夫と称した後に、以基は江新民部丞、新江民部大夫と名乗っているから、(34)「以」の通字と併せ考え、以基は以康の子である可能性が高い。なお以康・以基と広元流大江氏との関係は不明である。

③中原盛時

大江氏同様その姓よりみて京下りの下級官人とみられる。姓・官途の一致や「盛」の通字から、将軍頼経の家司奉行人の一人、前山城守中原盛長の一族、恐らくは子息である可能性が高い。ただし、親能や師員流中原氏との関係は不明である。

④山名行直・⑦山名俊行

山名氏は上野国山名郷を本拠とした清和源氏の一族で、新田義重の子義範を祖とする御家人である。義範は頼朝に仕え伊豆守に任ぜられた。『山名系図』(35)に拠れば、行直・俊行は兄弟で、義範から数えて六代目の行氏の子である。

山名氏出身の幕府奉行人はその後も散見される。なお守護大名家となる山名氏流（行直・俊行の曾祖父朝家の兄弟重村流）からは、奉行人は出ていないようである。

⑤長田広雅

長田氏は、因幡国の有力在庁高庭介資経の子孫である。永暦元年（一一六〇）伊豆に配流される頼朝に、資経は親族の藤七資家を随行させ、頼朝はこれを「至二子々孫々一更難レ忘」き恩に感じ、のち資経の子長田兵衛尉実経（広経）が平家に加担したにもかかわらず、本知行所を安堵している。(36) 長田氏は「譜第相撲」でもあり、(37) 資経は保元三年（一一五八）と承安四年（一一七四）に相撲節に最手として出場している。(38) なお長田氏の名字の地は因幡には見当たらず、鎌倉末期、広雅の子孫と思われる長田太郎左衛門尉雅綱が給人としてみえる出雲国長田（ながた）郷(39)の可能性がある。

⑧皆吉文幸

文永二年（一二六五）五月二十三日条に拠れば、皆吉文幸は京下りの陰陽師紀（本姓惟宗）文元の子で、文幸とその兄弟文親は「雖レ為二陰陽師子孫一、相二兼右筆一之上、七条大納言入道家（九条頼経）御時、就二幕府官仕一、或勤二宿直一、或為二格子上下役一、武州前吏禅室（北条泰時）・最明寺禅室（北条時頼）二代、以二如レ此作法一可レ令二奉公一之由被レ仰」れたという。そして「文親者相二兼本道一、文幸者右筆計」により幕府に仕えていた。仁治二年（一二四一）七月二十六日、文元は上総国皆吉郷知行の功に募り、属星祭を始行しているから、文幸は文元から皆吉郷を伝領して皆吉を名乗ったのであろう。なお『尊卑分脈』(40)に拠れば、文親の子文賢も皆吉を称し、「関東奉公有二子孫一」りと注記する。

⑩内記祐村

建長六年十二月十七日条に、祐村が幕府に「染鞦之故実」を注進したことがみえ、続けて「彼家代々於二上総国一令レ奉二行此事一云々」と記している。内記の名乗りは祐村の父祖が内記に任官したことに由来すると思われるが、上記の記事から上総国との密接な関係が窺われ、恐らく内記氏は上総の在庁官人の出身とみてよいのではなかろうか。

⑫太田康宗

太田氏は初代問注所執事三善康信の子孫である。註（16）で触れたように、康宗は太田康連の子で康信の孫にあたる。太田の名字は康信の所領備後国太田荘に由来する。表8のように康宗は建長六年十二月の引付番文（E）まで奉行人として在職し、康元元年（一二五六）四月には引付衆に昇進し、同年九月二十日には危篤の父に代わり問注所執事に就任した。正嘉二年（一二五八）には評定衆に列せられている。[41]このような昇進コースをみてもわかるように、太田氏の幕府内における地位の高さは他の右筆奉行人とは懸隔しているが、康宗は問注所執事家の嫡子として裁判関係の実務習得のため、敢えて引付奉行人からスタートしたとみられる。

⑮杉（椙）原邦平

杉原氏は深沢氏と同じく伊勢平氏の流れで、宗平（深沢俊平の父）の兄弟光平が備後国杉（椙）原保（荘）を所領とし、杉原を称したのに始まる。[42]邦平は伯耆守光平の子であり、光平も建長年間（一二四九〜五六）幕府奉行人（政所寄人カ）として活動している。[43]その後も杉原氏は幕府や六波羅探題奉行人を輩出している。

⑰佐藤行幹・㉕佐藤業連

佐藤氏は秀郷流藤原氏の一族で、『秀郷流系図　後藤』[44]に拠れば、行幹（行基）・業連は兄弟で、業時の子である。業時は、源氏将軍の時代に奉行人として活躍した中原仲業の猶子[45]で、嘉禄元年（一二二五）評定衆に列したが、仁治二年五月「落書以下」の罪科により鎮西に配流されている[46]。業連も建治二年（一二七六）四月評定衆に加えられたが、父業時の配流による影響もあってか、北条時頼・時宗に近仕して被官化していったようである[47]。

⑱雑賀尚持

雑賀氏は幕府や六波羅奉行人を多数輩出している。三善姓であり[48]、三善康信の一族とみられる。建長三年八月六日、幕府は康信の孫町野康持に紀伊国雑賀荘を料所として勝長寿院小御堂の修理を命じているから、雑賀荘が康持の所領であったと推定できる。従って雑賀氏は康持の近親で、その名字の地は紀伊国雑賀荘と考えられる。町野康持と雑賀尚持とは「持」の字が共通するから、尚持は康持の子である可能性もあろう。なお⑲三善刑部丞も三善康信の一族とみられるが、その関係などはわからない。

㉓斎藤朝俊

斎藤氏は鎮守府将軍藤原利仁の後裔とされ、平安後期以来北陸地方を中心に一族繁栄した[49]。藤原為頼の子孫で越前国坪江荘を本領とした疋田斎藤流から、鎌倉幕府・六波羅探題・室町幕府の奉行人を多数輩出している。為頼の子為永流の斎藤長定（浄円）[50]は嘉禄元年評定衆に列し、その子清時も弘長三年（一二六三）引付衆に加えられている。また長定の父清原清定は源氏将軍時代の奉行人として知られるが、清定も「実藤原以邦子」で疋田斎藤氏の出身であった。[51]斎藤朝俊は疋田斎藤氏出身と思われるものの、長定・清時流[52]との関係は窺えず、別系統とみられる。系図類にもその名が見出せず、系譜関係は不明である。一方、六波羅奉行人として建長七年斎藤兵衛尉がみえているが、六波羅の斎藤氏の場合、基茂・基永らその後の奉行人斎藤氏の系統から判断すると、為永の兄弟頼基流が奉行人家として定着していったと考えられる。[53]

㉔壱岐為忠

文永四年二月十三日、頼守（頼助）が鎌倉西明寺御堂において良瑜から灌頂を受けた時、「執蓋」として左衛門尉三善為忠がみえている。[54]同じく「執綱」として上述③中原盛時（中山城前司盛時）が見出せるから、この時執蓋・執綱役は幕府奉行人が担当したと思われる。官途と名前、及び活動時期（文永初年）の一致から、壱岐為忠と三善為忠は同一人物と考えられる。また壱岐という名乗りは父祖の受領名に由来するとみられるが、承久二年（一二二〇）四月六日、外記巡により三善為重が壱岐守に任じており、[55]「為」の字の共通性から、その子孫の可能性が高いと思われる。京下りの下級官人と考えてよかろう。

以上、十六名十四氏につきその出自を考察したが、残る⑥越前経成（朝）・⑪越前政宗・⑨明石兼綱・⑬対馬仲康・⑳対馬左衛門次郎・⑭進士光政・⑯甲斐前司家国・⑳水原孝宣・㉒大蔵則忠・㉔島田親茂・㉗高水右近三郎の十一名九氏については、検討材料が見出せず、出自を明らかにできない。越前・対馬氏らはその名字が父祖の受領名に因むものとみられ、また進士氏も⑩内記氏のように、父祖の官職（文章生）に由来する名字と推定される程度である。また越前・明石・島田の諸氏は、鎌倉時代後期以降も奉行人としての活動が顕著であるが、明石氏が藤原姓を、島田氏が源姓を称していることが知られるにすぎない。その出自は今後の検討課題である。(56)(57)

さて、本節で明らかにできた約十五年間の引付方草創期ともいうべき期間における、引付奉行人の出自をまとめると、次のようになる。

武士出身者…………①深沢・②⑦山名・⑮杉原・⑰㉕佐藤・㉓斎藤。

在庁官人出身者………⑤長田・⑩内記。

京下り官人出身者……②大江・③中原・⑧皆吉・⑫太田・⑱雑賀・⑲三善・㉖壱岐。

⑤長田氏のように、ここでは一応在庁官人出身者としたが、平家に与した如く武士出身者としても分類が可能なように、この分類はあくまでも便宜的なものにすぎない。また同じ京下り官人出身者といっても、⑫太田・⑱雑賀氏の如く幕府創業期の功臣三善康信の子孫もいれば、⑧皆吉氏のように、将軍頼経期に下ってきた陰陽師の子息もいるのである。また出自不明とした⑭進士や⑥⑪越前・⑬⑳対馬氏らも、その名字の由来に鑑みれば、京下り官人出身者の可能性が高いと思われる。してみると、引付方草創期の奉行人においても、やはり京下り官人出身者の占める割合が大きかったことがわかる。陰陽師の子息をも右筆として召し使ったわけであるから、当時の幕府には文筆に携わる人物が乏しく、一方で文士の人材確保が急務であり、引付方新設に際しても京下り官人系の奉行人が多く用いられたとみられる。しかしこのようなかに、①深沢・⑤長田・⑮杉原氏らが奉行人として名を連ねているのが注目される。(58)

前節でも述べたように、彼らは執権泰時末期・経時期の一二四〇年代から活躍していた武士出身の問注奉行人であった。文暦元年の合奉行補任にはじまる、執権政治下における武士の文筆吏僚への登用は、引付方奉行人への補任という形で現れたのである。

第三節　武士出身の奉行人の特徴

武士出身の奉行人はこれまでに触れた諸氏以外にもいくつかの所見がある。例えば問注所執事太田康有の日記『建治三年記』（増補続史料大成）八月二十九日条には、

廿九日、陰雨、評定、老
自㆓山内殿㆒被㆑召之間、馳参之処、召㆓御前（北条時宗）㆒被㆑仰云、（中略）且問注所公人不足云々、先日所㆓挙申㆒之冨来十郎光行・山名弥太郎行佐・藤田左衛門四郎行盛・清式部四郎職定・皆吉四郎文盛可㆑召㆓加寄人㆒、次山名二郎太郎直康・飯泉兵衛二郎祐光・岩間左衛門太郎行重可㆑勤㆓合奉行役㆒之由、可㆓召仰㆒云々、

とあり、問注所寄人五人と合奉行三人の任命が行われているが、清職定・皆吉文盛以外の六人はすべて武士である。前述した山名氏の他、冨来氏は冨来斎藤とも名乗るように[59]斎藤氏の一族、藤田氏は武蔵七党猪俣党の出身、飯泉氏は相模国成田荘飯泉郷を根拠とした小早川氏の庶流、[60]岩間氏は陸奥国磐城郡岩間村の地頭[61]である。これは得宗専制期ともいえる執権時宗期における、問注所奉行人に関する事例であるが、前節等でみた諸氏以外にも、新たに武士が奉行人として多数採用されている様子がよくわかる。引付方をはじめ、問注所・政所・侍所等の訴訟機構が整備され、[62]専属の奉行人が必要となるのに伴い、文筆事務に堪えうる武士が新たに奉行人に登用されたものと考えられる。

それでは奉行人に登用された武士の特徴とは何か。京下り官人が奉行人として用いられたのは、彼らの文筆を本業

とする職能からみてごく自然といえるが、武士出身の奉行人の場合はどうか。この点を考えてみよう。

a、まず第一に考えられるのは、第一節で触れた東素暹（胤行）のように「文武兼備之士」で、いうまでもなく「文」に長じていたことである。「久稟二前鋒武備之名家一、令レ候二右筆群議一」む一流であった、深沢・三重・大和・杉原一門も同様に「文武兼備」の一族といえる（前節参照）。東氏の場合、素暹の父重胤以来和歌に秀でており[63]、作歌活動等を通じ「文武兼備」の家が形成されたものとみられる。また藤田氏についても「文武兼備」の傾向が顕著である。承久の乱の時、誰も読めなかった院宣を「文博士」と称された藤田三郎が読んだという、有名なエピソードが承久三年（一二二一）六月十五日条に書かれている。この藤田三郎は能（好）国で、『小野氏系図　猪俣』[64]に拠れば、先にみた問注所寄人藤田行盛の高祖父にあたる。「文博士」の血統は子孫の行盛にまで伝わったといえるだろう。

b、次に幕府吏僚との間に擬制親子の関係が認められるケースがある。前節でみたように佐藤行幹・業連兄弟の父業時は、源氏将軍時代の奉行人中原仲業の猶子となっている。佐藤氏が吏僚としてスタートしたのは、この猶子関係の影響の下、業時が文筆に従事したためと推定できる。

c、このケースに近いが、吏僚と姻戚関係にある武士も存在する。第一節でみた合奉行波多野朝定の母は、『秀郷流系図　松田』[65]に拠れば、「筑後権守俊兼女」つまり頼朝期の奉行人藤原俊兼の娘であった。波多野氏は平安後期以来「中央下級貴族としての側面」を持っていたとされるが[66]、朝定の吏僚的側面は外祖父藤原俊兼とその母の影響を受けたものと推測することも可能であろう。

d、父祖以来在庁官人として国務に関与していくなかで、文筆に従事するようになった武士も想定される。前節でみた因幡の有力在庁高庭介の子孫長田氏がこれに相当しよう。

以上、a～dの四点を、奉行人として登用された武士の主要な特徴と考えたい。

鎌倉幕府創設期にはごくわずかな武士を除き「文武兼備之士」は存在しなかった。足立遠元や武藤頼平は当時「文武兼備」の御家人武士として例外的な存在であった。[67] 将軍実朝期頃になると、東氏や波多野氏の如き「文武兼備之士」が、文化活動や京下り官人との姻戚関係（上記のaとc）等によって生まれ、執権泰時の時代以降、このような「文武兼備之士」は奉行人として登用されていったのである。執権政治の時代になり、武士が奉行人としての職務に堪えうる能力（「文」）を身につけ、文筆吏僚としての本格的参加が始まったといえよう。

第四節　幕府奉行人家の成立

第二節でその出自を検討した、引付方草創期ともいうべき時期の奉行人諸氏は、その後も幕府奉行人として活動するのであろうか。最後にこの点を探ってみよう。

表9　奉行人の共通名字確認表

名字	建	永	六
①深沢			
④⑦山名	○	○	
⑤長田	○		
⑥⑪越前		○	
⑧皆吉	○	○	
⑨明石		○	
⑩内記			
⑫太田		○	
⑬⑳対馬			
⑭進士			
⑮杉原		○	○
⑰㉕佐藤			○
⑱雑賀		○	○
㉑水原			
㉒大蔵			
㉓斎藤	○		○
㉔島田	○	○	○
㉖壱岐			
㉗高水			○

表9は、表8の引付奉行人の一族・子弟が、その後も奉行人として活動するかどうかを明らかにするため、作成したものである。[68] 表の上欄の「建」とは『建治三年記』を、「永」とは太田時連（康有の子）の日記『永仁三年記』を示す。両記はともに問注所執事太田氏の日記であり、前節でみたように、問注所奉行人の任命をはじめ、政所や侍所、そして引付奉行人らの人事に関し詳しい記述がある。その記述内容に、表8の奉行人の一族や近親者が奉行人として所見する場合に○を付した。また同じく表の「六」とは六波羅探題を指し、表8の奉行人と同じ名字の人物が六波羅奉行人として確認される場合、○を付した。

さて表9に拠れば、まず『建治三年記』と『永仁三年記』とから、全十九氏中半数以上の十氏（山名・長田・越前・皆吉・明石・太田・杉原・雑賀・斎藤・島田氏）が、その後も鎌倉で奉行人として活躍している事実がわかる。弘安七年（一二八四）以降の鎌倉幕府職員を復元考証された佐藤進一氏の研究に拠っても、概ねこの十氏は幕府奉行人の主要メンバーと考えてよいと思われる。[69] また六波羅探題での活動をも加味すれば、佐藤氏と高水氏とが加わり、表9のほぼ三分の二にあたる、十九氏中十二氏が、以後も奉行人として活躍することが明らかである。[70] この分析結果は、引付方草創期の奉行人の一族・子孫が、主に鎌倉を中心に奉行を継承し奉行人家を形成していったことを物語っていよう。このなかに山名・長田・杉原・佐藤・斎藤氏ら武士出身者が含まれている点でも注目されるのである。

おわりに

以上、執権政治期の鎌倉幕府奉行人について出自の検討を中心に考察を加えた。源氏将軍時代までは、奉行人はほぼ京下り官人によって占められていたが、執権泰時時代になると文暦元年（一二三四）の合奉行設置を嚆矢として武士出身の奉行人が採用され、一二四〇年代には問注奉行人として活躍する武士も多くみられるようになった。建長元年（一二四九）に引付方が新設されると、京下り官人系の吏僚とともに、これらの武士は引付奉行人として登用されるようになり、やがて幕府奉行を継承し奉行人家を形成していくのである。奉行人となった武士の特徴については第三節で検討したが、武士出身者を含め、奉行人家として定着していくためには、職務に関わる文書・記録・法令等の蓄積が必要不可欠であったと考えられる。(71)

さて幕府奉行人に関してさらに注意されるのは、執権北条氏との関係であろう。北条氏一門が幕府評定衆・引付頭人・引付衆に多数登用され、北条氏専制を支える基盤となったことは周知の事実である。(72)これに対して北条氏が奉行人に任ぜられることは、その家格や職能よりして皆無であった。しかし北条氏はその被官を奉行人に任命した。例えば、文暦元年の合奉行の一人本間元忠は時の連署時房の被官であり、(73)また第二節でみたように佐藤業連は得宗被官であった。北条氏被官の奉行人が存在することは、訴訟進行等にも北条氏が恣意的に介入しえたことを意味しよう。本論でみた引付奉行人明石・島田氏らも後には得宗被官化しており、(74)幕府奉行人層もまた北条氏専制を支える基盤のひとつとなっていったと考えられる。

この点に関連して六波羅探題奉行人の存在形態が注目される。六波羅探題府の首班である南北両探題は、北条氏一門とはいえ、幕府によって任免が繰り返されたため、奉行人と主従関係を結ぶことはほとんどありえなかった。同じ奉行人とはいえ、六波羅奉行人は、在鎌倉の幕府奉行人に比べ、北条氏との関係は希薄であったと考えられる。(75)(76)建武政権の雑訴決断所や室町幕府奉行人に、元の六波羅奉行人が多数採用されたのもこの点が大いに関係していよう。また、六波羅奉行人は職務柄、朝廷や公家、権門寺社との接触もしばしばあり、幕府奉行人とは異なる、独特の先例・

故実が形成されていったと思われる。このような故実は、元の六波羅奉行人が多く在籍したことや、京都に置かれた武家権力機構という共通点から考えても、室町幕府の奉行人へと継承されていったはずである。室町幕府への連続面を重視するならば、六波羅奉行人の考察は、幕府奉行人のそれ以上に重要な課題といえるであろう。次章以下で六波羅奉行人の出自や職能の特徴等の検討を行うこととしたい。

〔註〕

(1)『鎌倉幕府訴訟制度の研究』(岩波書店、一九九三年、初出一九四三年)附録「鎌倉幕府職員表復元の試み」。

(2)例えば、目崎徳衛氏「鎌倉幕府草創期の吏僚について」(『三浦古文化』一五、一九七四年)、折田悦郎氏「鎌倉幕府前期将軍制についての一考察(上)(下)」(『九州史学』七六・七七、一九八三年)、湯田環氏「鎌倉幕府草創期の政務と政所」(『お茶の水史学』九、一九八六年)、五味文彦氏『武士と文士の中世史』(東京大学出版会、一九九二年)五五頁以下、北爪真佐夫氏『文士と御家人』(青史出版、二〇〇二年)第一章・第三章、等がある。

(3)永井晋氏「中原師員と清原教隆」(『金沢文庫研究』二八一、一九八八年)、増山秀樹氏「鎌倉幕府評定衆清原満定の政治的立場」(『遙かなる中世』一八、二〇〇〇年)、前註北爪氏著書第四章「北条執権体制下の朝幕関係」等は、評定衆・引付衆(頭人・上衆)クラスの執権政治期の吏僚を扱った数少ない貴重な研究といえる。

(4)『吾妻鏡』(新訂増補国史大系)宝治二年十一月二十二日条。なお佐藤氏註(1)著書一三頁参照。

(5)本章で「奉行人」という場合、原則として訴訟審理にあたった問注奉行人を指す。引付方設置以前には問注所・政所の寄人(公人)や合奉行を、設置以後には引付奉行人や問注所・政所・侍所の寄人や合奉行を問注奉行人として把握した。

(6)『吾妻鏡』同日条。以下典拠を記さない場合『吾妻鏡』当該年月日条に拠る。

(7) 湯田氏註(2)論文。
(8) 『吾妻鏡』や将軍(前右大将)家政所下文等から検出した。
(9) 目崎氏註(2)論文。
(10) Cのうち大中臣秋家は甲斐源氏一条忠頼の元家人で、「堪二歌舞曲一之者」として頼朝に召し出された(元暦元年六月十八日条)。武士というよりもBの「現地在住の元官人」であったのではなかろうか。
(11) 公事奉行人のうち清原実俊は奥州藤原氏に仕えていた「現地在住の元官人」とみられる(文治五年九月十四日条)。
(12) 『吾妻鏡』や将軍家政所下文等から検出した。
(13) 承元四年十二月二十一日・建暦元年正月十日条。
(14) 評定衆佐藤業時は中原仲業の猶子である(次節参照)。
(15) 評定衆斎藤長定(浄円)は清原清定の子である(次節参照)。
(16) 康持は康俊の子で康信の孫、康連は康信の子、康政は康連の子で康信の孫にあたる。
(17) 永井晋氏編『官史補任』(続群書類従完成会)に拠る。『吾妻鏡』は秀朝を藤原姓とするが、永井氏が上記編著三二八・三二九頁で考証されたように中原姓の誤り(もしくは中原から藤原へ改姓か)とみられる。
(18) 秀朝は承久三年十二月十一日条に初見する。薩藩旧記雑録末吉羽島氏文書、貞応二年四月日付関東下知状案(『鎌倉遺文』三〇八九)に秀朝の許で問注所勘状正文が紛失したと記されているから、問注所寄人であったと推定できる。なお秀朝については佐々木文昭氏「初期鎌倉幕府問注所試論」(佐伯有清氏編『日本古代中世史論考』吉川弘文館、一九八七年)が問注所勘状との関係で触れている。
(19) 仁治二年五月十日条。
(20) 引付方設置以前にも問注奉行人として活動している(寛元二年七月二十日条)。
(21) 五味文彦氏は「縁に見る朝幕関係」(『明月記研究』五、二〇〇〇年)において藤原頼俊を、寛喜三年七月三日関東にあったため除籍された、中納言藤原顕俊の子で「親俊弁弟」の「前備後守頼俊」（『明月記』〈国書刊行会〉同日条）と同一人物とされている。

(22) 十四名のうち太田康連は評定衆にも列なっていたが、問注奉行人としても活動していた。延応元年十一月五日条、新田神社文書、宝治元年十月二十五日付関東下知状（『鎌倉遺文』六八九〇）参照。

(23)『続国史大系』五附録。

(24) 延応元年四月十四日条及び同月十七日付追加法一一二条（佐藤進一氏・池内義資氏編『中世法制史料集』第一巻鎌倉幕府法）。ただし「山城前司」「前山城守」を本間元忠に比定した。

(25) 建保元年五月三日条。和田義盛の反乱という幕府の危機的状況のなかで、「数百騎之中」から実朝の召しに応じ御教書を書いている。

(26)『御的日記』に吉良孫次郎信衡（正和二年）・吉良彦次郎介衡（正中元年）・吉良彦三郎朝衡（正慶元年）らが見え（『厚木市史』中世資料編、二五二・二六八・二七四）、「衡」の通字から吉良政衡の一族とみるのが妥当であろう。彼らは幕府弓始射手を勤仕しているから、吉良氏は武士と考えられる。伊勢平氏貞衡流に院政期頃の人で「住二三川国吉良一」した遠衡がおり（『尊卑分脈』〈新訂増補国史大系〉第四篇三一頁）、「衡」の字の共通性から吉良氏の祖と考えられる。

(27) 仁治二年五月六日条（深沢俊平）、寛元二年七月二十日条（河勾右衛門尉）、寛元三年十月二十八日条（長田広雅）、東京大学史料編纂所架蔵謄写本柳原家記録一三二、歴代秘録紙背文書、（仁治二年ヵ）九月二日付中原師員書状写（杉原邦平）。

(28) ただし鎌倉末期には六名以上が配属されたと考えられている。佐藤氏註（1）著書三三～三五頁参照。

(29) 表8のA＝建長三年六月五日条、B＝同年六月二十日条、C＝同四年四月三十日条、D＝同五年十二月二十二日条、E＝同六年十二月一日条、F＝正嘉元年閏三月二日条、G＝弘長元年三月二十日条所載の引付結番交名を示し、各時

点における所属の番方を数字で記入した。なお上記の引付番文にはみえないが、文永二年六月十一日条に拠ると、この日㉖壱岐為忠の辞退の替りに㉗高水右近三郎が三番引付執筆として新加されているので、表8の末尾に両者を加えた。

(30)『尊卑分脈脱漏　平氏系図』（『群書系図部集』第二、一四五頁）。

(31)以下、幕府奉行人（弘安七年以降）に関しては佐藤氏註（1）論文、六波羅奉行人については本編第一章を参照されたい。なお幕府奉行人三重氏に関する考察に湯山学氏「ある伊勢平氏の末裔」（『相模国の中世史』上、私家版、一九八八年）がある。

(32)東京国立博物館所蔵文書、弘安七年三月十六日付平（三重）行政願文、『鎌倉遺文』一五一一六。

(33)『新抄（外記日記）』（史籍集覧第一冊）文永三年九月十四日条に「前大和守宗平入道十三年遠忌」が京都で行われたことがみえ、宗平の大和守任官が確認できる。

(34)寛元二年七月二十日・建長三年六月五日条。

(35)『群書系図部集』第二、四〇一頁。

(36)元暦元年三月十日条。

(37)建長六年閏五月一日条。

(38)『兵範記』（増補史料大成）保元三年六月二十七日条、『吉記』（日本史史料叢刊）承安四年八月二日条。なお相撲人長田氏については野口実氏「相撲人と武士」（中世東国史研究会編『中世東国史の研究』東京大学出版会、一九八八年）参照。

(39)飯野八幡宮文書、元応二年三月二日付関東下知状、『鎌倉遺文』二七三九二。

(40)第四篇、二二五頁。

(41)評定衆や引付衆の補任は『関東評定衆伝』（『群書類従』第四輯）に拠る。

(42)『尊卑分脈脱漏　平氏系図』（『群書系図部集』第二、一四六頁）。

(43) 建長四年五月十一日条。

(44) 『群書系図部集』第五、一六二頁。

(45) 『関東評定衆伝』仁治二年条、民部大夫藤原（佐藤）業時項。

(46) 仁治二年五月二十日・二十六日条。

(47) 『関東往還記』（金沢文庫刊）弘長二年四月十九日条に時頼の使者としてみえる「民部次郎」は佐藤業連と思われる。また業連は弘安六、七年頃得宗（時宗）家職員として公文所奉書の奉者を勤めている（円覚寺文書〈『鎌倉遺文』一四八二四・一五三〇一〉、東寺百合文書な〈『鎌倉遺文』一五〇五一〉）。

(48) 例えば、田中穰氏旧蔵典籍古文書一六二、元亨四年三月二十三日付石清水行幸供奉人散状に「雑賀太郎（右兵衛少尉三善能尚」とみえる（東京大学史料編纂所架蔵写真帳に拠る）。

(49) 『尊卑分脈』第二篇、三〇五頁以下。平安後期の斎藤氏については浅香年木氏「北陸道の在地領主層」（『治承・寿永の内乱論序説』法政大学出版局、一九八一年）、『福井県史』通史編1原始・古代、第六章第二節「北国武士団の形成と領主制」（高橋昌明氏執筆、一九九三年）等、参照。

(50) 『尊卑分脈』第二篇、三三四頁。

(51) 『尊卑分脈』第四篇、一五九頁。同書第二篇、三三四頁も参照。

(52) 長定・清時流斎藤氏は近江国浅井郡朝日郷内久米名地頭職を相伝し、朝日斎藤氏を称するとみられる（「祇園社記」雑纂一〈増補続史料大成『八坂神社記録』四、五二頁〉、「祇園社記」御神領部五〈『八坂神社記録』三、四五三～四五五頁〉）。

(53) 『尊卑分脈』第二篇、三二四頁以下。

(54) 『血脈類集記』第十一（『真言宗全書』第三十九）。

(55) 『玉蘂』同日条。

(56) 正和の神領興行法の際、特使として鎮西に派遣された幕府奉行人明石盛行は「前□□〔長門〕介藤原」と署判している（永弘文書、正和二年八月十八日付藤原氏女和与状案〈裏書〉、『鎌倉遺文』二四九五一）。

(57) 安仁神社文書、元亨四年四月十九日付備前鹿忍荘下司藤井惟政和与状の端裏に「合奉行島田民部二郎（源）行□〔顕カ〕」とみえる（東京大学史料編纂所架蔵影写本に拠る）。

(58) 文筆官僚中原・清原氏との密接な関係が認められる佐藤氏や斎藤氏を武士出身者として分類するのは反対意見も予想されるが、佐藤氏は秀郷流藤原氏という武門の出身であり、また斎藤氏は引付奉行人斎藤朝俊が長定流（朝日斎藤流）斎藤氏とは別系統の斎藤氏とみられるため、両者を武士に分類した。

(59) 尊経閣文庫所蔵石清水文書、康安二年五月二十八日付将軍足利義詮御判御教書に「富来斎藤次」がみえる（『加能史料』南北朝II、二〇六頁）。

(60) 「小早川家系図」に拠れば、飯泉氏は小早川景平の子景光にはじまり、祐光は景光の孫にあたる（大日本古文書『小早川家文書』之二、四〇三頁）。同系図は祐光に「彦太郎」と註記するが、兄弟の光朝にも同じ註記があるので、この通称註記は誤りであろう。なお飯泉氏については仏日庵文書、文応元年九月十九日付関東下知状（『鎌倉遺文』八五五七）も参照。

(61) 関牧太郎氏所蔵文書、宝治二年後十二月日付陸奥国司庁宣（『鎌倉遺文』七〇三五）に岩間村地頭岩間次郎隆重がみえる。

(62) 例えば、鎌倉後期以降侍所が検断沙汰専掌機関となり、検断関係の訴訟審理にあたる右筆奉行人が配属されるようになる。『永仁三年記』（増補続史料大成）五月二日条。

(63) 外村展子『鎌倉の歌人』（かまくら春秋社、一九八六年）三五・三六頁参照。

(64) 『群書系図部集』第六、九三・九四頁。

(65) 『群書系図部集』第五、一八九頁。

(66) 野口実氏「相模国の武士団」（『坂東武士団の成立と発展』弘生書林、一九八二年、初出一九八〇年）。

(67) 武蔵足立郡司の後裔とされる足立遠元や武蔵守平知盛の「国司大《代》官」であった武藤頼平（「武藤系図」、『群書系図部集』第四、三一七頁）は、本論で指摘したdにより文筆を習得したと考えられる。

(68) ただし、表8の名字不明の⑯甲斐前司家国と、姓のみわかり名字が不明な②大江・③中原・⑲三善氏は表9では除いている。

(69) この十氏に清（清原）・安富氏を加えれば、幕府奉行人の主要メンバー（十二家）がほぼ出揃うといえる。

(70) 川添昭二氏の「鎮西評定衆及び同引付衆・引付奉行人」（『九州中世史研究』一、一九七八年）に拠り、鎮西探題奉行人に関し調査しても、この十二氏以外の表9の諸氏の活動は認められない。

(71) 例えば、高橋一樹氏「鎌倉幕府における訴訟文書・記録の保管利用システム」（『歴史学研究』七五八、二〇〇二年）が解明された、引付記録（日記）や下知符案（裁許下知状の草案）等があげられる。

(72) 佐藤進一氏「鎌倉幕府政治の専制化について」（『日本中世史論集』岩波書店、一九九〇年、初出一九五五年）。

(73) 佐藤進一氏『増訂鎌倉幕府守護制度の研究』（東京大学出版会、一九七一年）伊勢の項、小泉宜右氏「御家人本間氏について」（小川信先生古稀記念論集『日本中世政治社会の研究』続群書類従完成会、一九九一年）等、参照。

(74) 得宗被官の交名ともいえる円覚寺文書、徳治二年五月日付円覚寺毎月四日大斎番文（『鎌倉遺文』二二九七八）に、奉行人「島田民部大夫入道（行兼）」がみえ、また正慶二年五月鎌倉幕府滅亡に際し北条氏一門とともに自害した「明石長門介入道忍阿」（『太平記』〈日本古典文学大系〉巻第十「高時并一門以下於二東勝寺一自害事」）は、註（56）でみた奉行人明石盛行と同じ人であろう。

(75) 前章で指摘したように、本来の探題被官が六波羅奉行人に任ぜられることも、検断方関係を除けば、ごくわずかな例しか認められない。

(76) 鎮西探題奉行人の場合も、首班である探題の任免が繰り返されたため、六波羅同様、北条氏一門による奉行人の被官化はほとんどありえなかったと考えられる。また鎮西探題は、設置期間が約四十年と短かったため、六波羅のように、幕府とは異なる、独自の奉行人家が形成されたとは考えにくい。註（70）の川添氏の研究に拠れば、鎮西奉行人は、幕府や六波羅から転出した者が多かったとみられる。

第三章　六波羅奉行人の出自に関する考察

はじめに

前章では、『吾妻鏡』に拠って、文永二年（一二六五）までの関東引付方の奉行人を抽出し、その出自に検討を加えた。その結果は、奉行人は大まかに分類すると、京下り官人系の人々と武士出身者（在庁系の人々を含む）によって構成されていることを明らかにした。また、武士五人が合奉行に任命された文暦元年（一二三四）以降に、武士の奉行人への採用が本格的にスタートすることを指摘し、武士が奉行人となる諸前提についても考察を試みた。執権泰時の時代以降になると、武士出身の奉行人が現れるようになり、源氏将軍時代のように、奉行人＝京下り官人系という等式は成り立たなくなったのである。執権政治期以降、奉行人の出自も多様化していったといえる。

そこで本章では、本編第一章表7のデータを基礎に、関東に引き続いて六波羅奉行人の出自について考察する。(1) 承久の乱後に設置された六波羅探題の奉行人については、天福元年（一二三三）にいたり、ようやく具体的な人名（法橋泰然）が初見する。そして建長年間（一二四九～五六）には、安富・斎藤・安威氏らの奉行人がみえ、執権政治期にはやはり、六波羅でも武士出身の奉行人の活動が現れてくる。しかしその一方で、飯尾・雑賀氏ら京下り官人系の奉行人の活躍も著しく、六波羅においても奉行人は、基本的に京下り官人系十武士出身者によって構成されていたことは明白といえる。本章ではこのような基本的構成を踏まえた上で、六波羅奉行人の出自や出身地（名字の地）等について詳しく検討する。本章でもみるように、六波羅探題には、十氏の主要奉行人家が形成された。そのうちの数氏は、関東では見出せない六波羅独自の奉行人家である。六波羅探題には、六波羅特有の奉行人集団が形成されたのである。その出自・出身を探ることは、鎌倉幕府の西国統治機関六波羅探題府を、どのような特徴を持つ人々が根底で支えていたかを明らかにすることになるはずである。また、周知のように、鎌倉幕府滅亡後、元の六波羅奉行人の多くが建武政府雑訴決断所等を経て室町幕府に仕え、主要奉行人家となってゆくことから、室町幕府奉行人の出自の解明にもつながることになると考えられる。(2)(3)

第一節　六波羅奉行人の所見の概要

本編第一章第二節で六波羅探題の裁判権確立について考察したが、要言すると、A正元～建治（一二五九～七八）の頃に整備がなされ、B正安（一二九九～一三〇二）以降に訴訟機関として完成したと考えられる。六波羅奉行人の出自を検討する本章においては、制度的完成をみた、Bを中心とする期間（一二七九～一三三三）の奉行人の考察がもっとも重要と考えるが、その前提として、まずA以前の時期（一二二一～七八）の奉行人についてみておこう。

表10は六波羅奉行人の名字を、その初見年代の順に、所見人数とともに列挙したものである。表10によれば、まず建治（一二七五～七八）までに、③安富・④斎藤・⑦宗像・⑭伊地知・⑰飯尾という、三名以上の奉行人を出した、六波羅奉行人家ともいうべき氏族が、五氏出現していることが注目される。なかでも十六名もの多人数を奉行人として輩出した、六波羅奉行人家の中心的存在と目すべき、斎藤氏がすでに建長七年（一二五五）には姿を現しているのに注意すべきである。またこれに次ぐ、十名を出した飯尾氏も建治二年（一二七六）には姿をみせている。さらに注

表10　六波羅奉行人の名字と初見年代

	名　字	所見人数	初見年代		名　字	所見人数	初見年代
①	中津川	2	1243	㉑	西　山	1	1279
②	源	1	1244	㉒	杉　原	2	1282
③	※安　富	4	1250	㉓	※雅　楽	4	1283
④	※斎　藤	16	1255	㉔	俣　野	2	1284
⑤	安　威	1	1256	㉕	※松　田	9	1286
⑥	高　井	1	1264	㉖	阿　曾	1	1288
⑦	※宗　像	8	1264	㉗	※津　戸	6	1288
⑧	後　藤	1	1266	㉘	※　関	5	1292
⑨	河　合	2	1267	㉙	三　宮	2	1295
⑩	島　田	1	1269	㉚	※雑　賀	6	1299
⑪	高　水	1	1269	㉛	沼　田	1	1303
⑫	佐　藤	2	1272	㉜	藤　田	1	1303
⑬	浅　間	1	1275	㉝	神　沢	2	1306
⑭	※伊地知	5	1275	㉞	大　野	1	1308
⑮	周　東	1	1275	㉟	下　条	1	1312
⑯	兵　藤	1	1275	㊱	三　重	1	1314
⑰	※飯　尾	10	1276	㊲	周　防	1	1317
⑱	雄　島	1	1276	㊳	三　須	1	1317
⑲	塩　谷	1	1276	㊴	門　真	1	1324
⑳	和　田	2	1278				

・所見三名以上の奉行人家に※を附した。

意すべきは、安富・斎藤・⑤安威・⑧後藤・⑩島田・⑪高水・⑫佐藤・飯尾・㉒杉（椙）原氏らのように、関東奉行人として所見する氏族が、六波羅奉行人として比較的多く見出せる事実である。斎藤・島田・高水・佐藤・杉原氏らは前章で述べたように、鎌倉幕府引付方の草創期に奉行人として名を連ねている。これらの氏族は幕府の指名によって、六波羅奉行人に任命されたのであろう。また、後述するが、斎藤・安威・飯尾・杉原氏のように、西国を名字の地とする奉行人が少なからずみられることも注目してよい。なお、表10では除外したが、この時期、探題被官の佐治・佐分・波多野の三氏が奉行人として活動していることも確認できる。しかし、六波羅探題においては、検断奉行を除き、探題被官が奉行人として活動することはごく稀であり、この三氏の場合、何れもその活動年代が一二四〇年代から六〇年代初頭という時期であるため、当時六波羅に奉行人が不足しており、それを補う形で探題被官が活動したケースと考えられる。通常、探題被官は探題の離任とともに京都を離れたわけであるから、六波羅奉行人家を形成することはなかったとみられる。

さて次にBを中心とした時期について考察する。この時期で注目すべきは、表10に拠れば、先にあげた、安富氏ら五氏に続き、三名以上の奉行人を出した六波羅奉行人家が、㉓雅楽・㉕松田・㉗津戸・㉘関・㉚雑賀氏のように、正安元年（一二九九）までに全十家すべてが出揃うことである。これ以降も、㊳三須・㊴門真氏のように、室町幕府下でも活躍する奉行人の出現もみられるが、正安年間にいたり主要奉行人家が出揃い、奉行人層の人的構成が充実して、六波羅探題の奉行人体制がほぼ完成の域に達したと評価できる。正安以降における、六波羅探題の訴訟機関としての完成も、当然ながら、この奉行人体制の完備と一体のものであったと考えられるのである。ちなみに、表7によると、正安元年以降、名字のわかる六波羅奉行人は延べ二百三十名が検出されるが、このうち奉行人主要十家の出身者の人数は延べ百八十名にも及び、七八・三％を占める。奉行人十家が、六波羅訴訟機構の中核に位置したことが、このデータによってもも明白であろう。次節では、この六波羅奉行人主要十家の出自について検討する。

第二節　主要奉行人十家の出自の考察

本節では、前節で指摘した、六波羅奉行人主要十家の出自につき個別に考察を行う。

安富氏

安富氏は六波羅をはじめ、関東や鎮西探題でも活躍した奉行人である。関東では、建治三年（一二七七）九月四日、安富民部三郎入道（泰嗣・法名行位）が引付奉行人に補任され[4]、永仁（一二九三～九九）頃まで奉行人として活動している。泰嗣は肥前高来東郷深江村の小地頭でもあり[5]、活躍年代や「民部三郎」という通称から考えて、建長（一二四九～五六）頃に六波羅奉行人として活動した、安富民部大夫（実名未詳）の子息とみられる。『吾妻鏡』に載せる、建長三年（一二五一）から弘長元年（一二六一）までの幕府引付番文に安富氏が見出せないことを併せ考えると、安富氏は吏僚としてのスタートを六波羅奉行人から始めたと推測される。また、鎮西探題が発足すると、泰嗣の子頼泰は、探題兼時・実政・政顕期に引付奉行人に任ぜられ、頼泰の子貞泰も探題随時・英時期に鎮西引付奉行人として活躍した。安富氏は源姓であり[6]、その名字の由来も関東御領肥前・肥後国安富荘との関係が推測されるが[7]、上記したように小地頭クラスの御家人であり、東国出身者とは考えにくい。安富氏が六波羅奉行人としてスタートしていることを考慮すると、むしろ西国（畿内近国ヵ）出身の御家人であった可能性がある。正和五年（一三一六）に六波羅奉行人として所見する安富行長は、室町幕府にも仕え、足利尊氏の右筆としても知られるが[8]、泰嗣流安富氏との系譜関係は明らかでない。安富氏が畿内近国出身の御家人であれば、九州の小地頭であった泰嗣流はむしろ庶流であって、行長は文保元年（一三一七）に六波羅奉行人として所見する安富兵庫允とともに、安富氏（安富民部大夫某）の嫡流であった可能性があろう。

斎藤氏

斎藤氏は鎮守府将軍藤原利仁の後裔とされ、平安後期以来、北陸地方を中心に一族繁栄した。鎌倉・室町幕府の奉行人を多数輩出している。六波羅探題奉行人も、建長七年以来幕末まで、十六名もの在職が確認される。斎藤氏の吏僚としては、執権泰時期の関東評定衆斎藤長定（兵衛入道浄円）が著名であり、六波羅奉行人斎藤氏の存在も長定に引き付けて理解されている。しかし前章で述べたように、長定流斎藤氏（朝日斎藤氏）と、基茂・基永らの六波羅奉行人斎藤氏とは血縁的にさほど近くない。六波羅奉行人斎藤氏の出現を考える場合、長定流の朝日斎藤氏よりも、基員を祖とする野本斎藤氏の存在に注目すべきである。

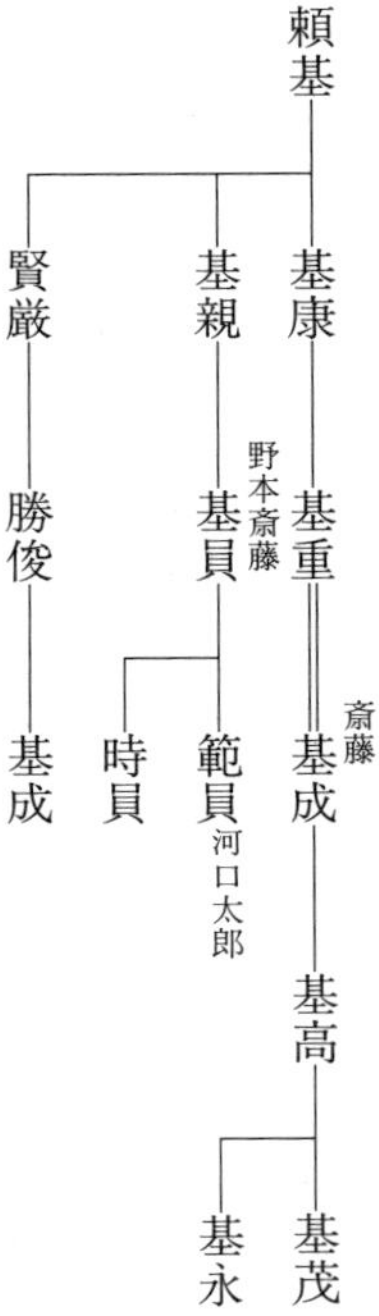

『尊卑分脈』[9]（新訂増補国史大系）を基に作成したこの系図のように、野本斎藤氏は、六波羅奉行人斎藤氏と同じく

頼基流で、基員は頼基の孫にあたる。六波羅奉行人斎藤氏の祖とみられる基成の養父基重（或いは実父勝俊）とは従兄弟の関係である。基員は武蔵国野本に居住し、野本斎藤氏を称した。出身地越前国とも関係を保ち、建永元年（一二〇六）までは越前河口荘の地頭で、子息の範員は河口太郎と名乗っている。[10] また、建久四年（一一九三）十月十日、基員の子息が幕府で元服するなど、野本斎藤基員は、有力御家人として幕府に仕えていたのである。[11] 基員の子時員は、承久の乱後、北条時氏や同時盛が六波羅探題であった時期（時氏＝一二二五〜三〇、時盛＝一二二五〜四二）に在京人として活動している。[12] これも野本斎藤氏が越前に基盤を持つ御家人であったことに由来するのであろう。してみると、斎藤氏が六波羅探題に出仕した理由も、野本斎藤氏との関係に基づくものであった可能性があろう。奉行人斎藤氏は、六波羅探題→関東→鎮西探題の順に所見し、奉行人としては六波羅からスタートしたとみられ、在京人野本斎藤氏→六波羅探題北条氏というルートを通じて、六波羅に出仕したのが奉行人斎藤氏の始まりであったと推測できると考える。この際、斎藤氏が何故奉行人として登用されたかが問題となるが、基成の母親は、史大夫盛時の娘、つまり朝廷の下級官人清原盛時の娘であり、[13] 恐らくこのような血縁を通じて、斎藤氏の吏僚としての素養が育まれていたためとみられる。

宗像氏

六波羅奉行人宗像氏は、文永元年（一二六四）以来八名が所見する。関東や鎮西探題には、奉行人宗像氏は見出せない。宗像氏といえば、筑前宗像神社の大宮司家（宗像姓）が想起されるが、地元ともいえる鎮西探題奉行人に宗像氏は一人も見当たらないことは不審であり、六波羅奉行人宗像氏が大宮司家とは別系統であることを示唆する。六波羅奉行人宗像良直は「宗形源馬入道」と称したように、源姓であり、また同宗像基氏は藤原姓斎藤基永の子であること(14)が知られる。六波羅奉行人宗像氏は、筑前宗像神社大宮司家とは無関係とみてよいであろう。それでは奉行人宗像(15)氏の名字の地はどこかといえば、平安末期、宗像（宗形）を称した公家が存在したことを考えると、京中とみるのが(16)自然と思われる。院政期のことになるが、『中右記』（増補史料大成）保安元年（一一二〇）二月十二日条に、静暹阿闍梨なる僧が「年来居ﾆ住宗像辺ｰ」していたとあり、京都に宗像という地名があったことがわかる。その場所は、延暦年間（七八二～八〇六）に藤原冬嗣（藤原継縄とも）が京中に宗像（市比売）神社を勧請した東市付近のようである。(17)六波羅奉行人宗像氏は、京都宗像神社付近に住んで、宗像を称したのではなかろうか。ただ先にみたように、奉行人宗像氏は源姓宗像氏と藤原姓宗像氏とが存在しており、両者の関係はよくわからない。時期的に、源姓宗像氏より藤原姓宗像氏の方が出現が遅く、また斎藤一族でありながら、基氏のみ宗像を名乗っているので、本来六波羅奉行人宗像氏は源姓であったが、藤原姓斎藤基氏が本姓を変えず源姓宗像氏に入嗣して、これを継承した可能性もあろう。

伊地知氏

六波羅奉行人伊地知氏は、建治元年の伊知地入道を初見として五名が検出される。ただし、奉行人伊地知氏としては、すでに文永四年ころに、（関東ヵ）奉行人伊地知三郎の存在が知られる。(18)もっともこの伊地知三郎以外、関東奉行人伊地知氏は見出せないから、同氏は六波羅探題を拠点に活躍した奉行人と見倣すことができる。鎮西においては、探題実政・随時期に、伊地知八郎が奉行人として在職している。六波羅奉行人伊地知氏は、三郎・弥三郎・孫三郎など、「三郎」を通称とする場合が多く、この「三郎」系が本流とみられ、八郎を称した鎮西奉行人伊地知氏は庶流と思われる。太田亮氏の『姓氏家系大辞典』（角川書店）は伊地知氏を「薩隅の著姓にして越前国大野郡伊知志〔地〕より起る」としている。太田氏は触れていないが、『花営三代記』[19]康暦二年（一三八〇）正月二十七日条に「伊地知左近将監於二越前国一亡」ずとあり、さらに伊地知氏が六波羅を拠点としたことを考えれば、伊地知氏の名字の地は越前国内であったとみてよいと思われる。ただ伊地知氏は、確かに「薩隅の著姓」であるが、「伊地知方之事ハ先代後道鑑ノ御被〔代カ〕参候、今方〔公〕之御奉行にていられし程ニ御内ニ御契約ノ候、御しやうくハん〔賞翫〕にて候」と、島津氏家臣の酒匂安国寺申状[20]にあるように、「薩隅の著姓」となるのは、鎌倉幕府滅亡後、伊地知氏が島津貞久（道鑑）に仕えた後のことであろう。この伊地知氏のケースは、幕府奉行人から守護奉行人への転身を示す、興味深い事例といえる。なお南北朝初期、伊地知又次郎重秋が室町幕府奉行人として所見する。

飯尾氏

飯尾氏は「阿波国麻植〔殖〕郡飯尾邑より起る。鎌倉問注所執事の三善康信の裔なり」（『姓氏家系大辞典』）とされている。たしかに飯尾氏は三善を姓とし[21]、建武三年（一三三六）の文書[22]に「阿波国麻殖庄西方惣領地頭飯尾隼人佑吉連・同舎弟為重」とあることから窺えるように、麻殖荘内の飯尾を名字の地としたと考えられる。飯尾隼人佑吉連はのちに室町幕府奉行人としても活動している。飯尾氏は建治二年の飯尾入道道専を初見として、十名もの多数が六波羅奉行人として検出される。これは斎藤氏に次ぐ人数である。関東奉行人としては、永仁三年（一二九五）に中務丞政有、元亨元年（一三二一）に兵庫允某が検出されるのみで、しかも六波羅よりも登場が遅い。三善康信の子孫たる確証はないが、三善氏出身の飯尾氏は、阿波国内を根拠地としたことにより、奉行人としてまず六波羅探題に出仕したのであろう。やがて関東や鎮西探題にも一族が奉行人として進出し、鎌倉幕府滅亡後は、建武政府の雑訴決断所寄人を経て室町幕府に仕え、奉行人家として一族大いに繁栄するのである。ただし、鎌倉期からの飯尾氏の系譜関係は明らかでなく、わずかに室町幕府奉行人飯尾氏と共通する、「為」の字を用いる為定（永仁元年）・為連（正和五年）・為頼（元応元年・一三一九）や、「連」の字を用いる為連・頼連（元亨元年）の存在を指摘しうるのみである。

雅楽氏

雅楽氏は六波羅奉行人として四名所見するが、関東や鎮西では活動のみられない一族である。弘安六年（一二八三）の雅楽左衛門三郎入道を初見とするが、六波羅探題関係者が頻出する『祇園社家記録』弘安元年条に、雅楽助入道・雅楽入道が見出されるから、雅楽氏はすでに弘安初年には六波羅奉行人であった可能性がある。雅楽氏の根拠地についてはよくわからない。『姓氏家系大辞典』の説くように、「雅楽寮の官人に任命されし人の後裔が先祖の官名を称号」としたのが、名字の由来であろう。関東奉行人の進士氏や内記氏の場合と同様である。雅楽右兵衛尉藤原行信（正応元年・一二八八）とあるように、雅楽氏は藤原姓であった。或いは朝廷の下級官人出身者であったかもしれない。なお『吾妻鏡』の寛元元年（一二四三）七月十七日条から同四年八月十六日条にかけて、雅楽左衛門尉時景なる者が所見するが、文士的活動を見出せないので、恐らくは六波羅奉行人雅楽氏とは無関係であろう。

松田氏

松田氏は弘安九年の頼直以来、九名が六波羅奉行人として所見する。実名のわかる五名は後掲系図に明らかなように、何れも「頼」の字を通字とする。松田氏は関東・鎮西奉行人としては見出せないが、後に室町幕府に仕え、奉行人家として一族大いに繁栄した。松田氏といえば、相模国松田郷を根拠とした、藤原秀郷流波多野氏の支流が著名であるが、奉行人松田氏は平姓であり、また根拠地に近い関東の奉行人として検出できないことから、相模松田氏とは無関係と考えられる。奉行人松田氏については、榎原雅治氏が「新出「丹後松田系図」および松田氏の検討」[24]において、京都府宮津市の松田宣明氏所蔵系図（「丹後松田系図」）を紹介され、松田氏が桓武平氏良兼流を称する一族であることが明らかとなった。六波羅奉行人として確認される人名を「丹後松田系図」にあてはめると、

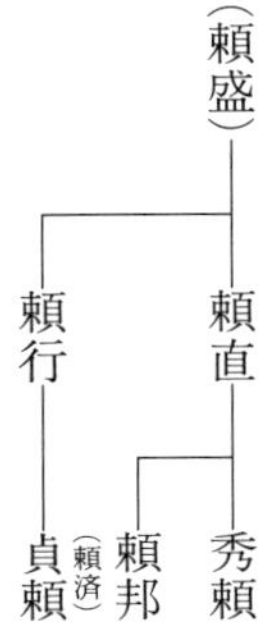

のようになる。また榎原氏は建治元年五月の六条八幡宮造営注文[25]の丹後国に「松田八郎左衛門入道跡　三貫」とみえることや、鎌倉幕府滅亡に際し、松田性秀（秀頼）が幕府方として同国丹波郡内の城に拠って抵抗したこと、さらに室町中期、松田氏が丹後国内（与佐・丹波・竹野郡）にかなりの所領を有していたこと等から、「丹後こそは松田氏の本貫地」とされた。松田氏が鎌倉期、六波羅以外に奉行人として検出されないことからみても従うべき見解と思われる。ただし丹後国内に松田の地名は見出せず、松田氏の名字の地（出身地）についてはさらに検討が必要と思われる。

津戸氏

津戸氏は六条八幡宮造営注文の武蔵国に「津戸入道跡　三貫」とみえており、武蔵の御家人で、埼玉郡津戸を名字

の地としたと考えられている。(26)津戸三郎為守（法名尊願）は法然に帰依した武蔵武士として熊谷直実と並び著名で、『法然上人伝記』(27)に拠れば、治承四年（一一八〇）の石橋山合戦以来、頼朝に仕えた御家人であり、仁治三年（一二四二）十一月十八日の如法念仏結願日に割腹し、翌寛元元年正月十五日に八十一歳で往生を遂げたという。また同記は津戸氏の出自についても触れ、「天神五代の後胤、文章博士菅原孝標、常陸守に任じて下国の時、武蔵国の惣追捕使、祖父権守平重綱《（秩父）》が娘に嫁して、一子を生ず、其名を津戸二郎為広といふ、外祖父重綱が撫育をかふりて、譜代の跡をつぎ、武勇の道を伝へき」と記し、菅原孝標が任国常陸に下向した際、武蔵の秩父重綱の娘と通じて津戸二郎為広が生まれ、為広は外祖父重綱に養育されて武士となったとする。為広の三男が三郎為守である。つまり為守は菅原孝標の孫にあたる。しかし没年齢から逆算して、長寛元年（一一六三）生まれの為守を、摂関期（十一世紀前半以前）に活躍した菅原孝標の孫とするのは、百年以上時代が合わず明らかに無理がある。ただ、津戸出羽左近将監菅原康朝（正応元年）とみえるように、津戸氏は菅原姓を称しており、孝標とはいえないにしろ、菅原氏の血筋をひくことは否定できない。奉行人という文士としての素地も、このような菅原氏出身という出自に求めることは可能である。さて津戸氏は、正応元年に康朝と尊円（康朝の父か）が初見して以来、六名が六波羅奉行人として検出される。一方、関東でも永仁三年閏二月十二日に津戸小二郎為行が二番引付の合奉行に補任されている。鎮西では奉行人津戸氏は見出せないから、津戸氏は六波羅と関東、特に六波羅を中心に活躍した奉行人と考えることができる。承久の乱後、角戸（津戸）朝守による、祇園社領丹波波々伯部保に対する不法越権行為が知られるから、(28)津戸氏は波々伯部保の新補地頭であり、ここを西国の拠点に六波羅に出仕したとみられる。

関氏

関氏は正応五年の頼成を初見として五名が検出される。六波羅以外では、乾元元年（一三〇二）に関東で関本司なる者が見出されるにすぎず、奉行人関氏は六波羅探題を中心に活動したと考えられる。関を名乗る氏族として、伊勢国鈴鹿郡関を根拠とする桓武平氏関氏や常陸国新治郡関を本拠とした秀郷流藤原氏の関氏が著名で、前者には北条泰時の被官関実忠、後者には御家人関政綱・政泰らが『吾妻鏡』に散見する。しかし奉行人関氏は、室町期の康永三年（一三四四）三月二十一日付引付番文の一番に関清左衛門入道（道日）とあるように、清原姓であり、前二者の関氏とは明らかに別系である。一方、奉行人清原（清）氏は、鎌倉・室町幕府を通じて存在するが、目下のところ、関氏がこの奉行人清原氏一族出身とする証拠もない。現時点では、奉行人関氏は、名字の地は不明ながら、朝廷の下級官人清原氏の流れを汲む一族と考えておく。

雑賀氏

雑賀氏の名字の地は紀伊国雑賀荘である。雑賀太郎尚持は、建長六年十二月一日、鎌倉の四番引付奉行人に「新加」され、鎌倉・室町幕府を通じ奉行人として栄える雑賀氏の始祖として活動をスタートした。前章において述べたように、建長三年当時、雑賀荘は町野康持の所領であり、町野・雑賀両氏ともに三善姓で、康持と尚持は「持」の字が共通するから、雑賀尚持は町野康持の子息であると考えた。整理すると、三善康信―（町野）康俊―康持―（雑賀）尚持という関係になる。雑賀氏は幕末まで関東奉行人として所見する。六波羅奉行人雑賀氏は正安元年（一二九九）の有尚が初見で、計六名が検出されるが、その登場は六波羅奉行人主要十家のなかでもっとも遅い。六波羅奉行人雑賀氏は有尚をはじめ、貞尚（延慶元年・一三〇八）・能尚（正中元年・一三二四）のように、名前に「尚」がつく例が多く、これは雑賀氏の祖尚持の「尚」の字に由来するものであろう。なお鎮西では、奉行人雑賀氏は見出せないようである。

以上、六波羅奉行人の主要十家につき、その出自を検討した。飯尾・雑賀氏が京下り官人系で、雅楽・関氏もこれに準ずる下級官人出身者の可能性が高いことがわかった。一方、斎藤・伊地知・松田・津戸氏は武士の出身で、安富・宗像両氏は判断に迷うが、小地頭職在職（安富氏）や騒動の際の使節勤仕（宗像氏）[31]等から見て、武士出身者と考えるのが自然であろう。すなわち、六波羅奉行人主要十家は、京下り官人（下級官人）系四氏、武士六氏という出自構成であった。「はじめに」でも触れたが、六波羅探題においても、奉行人は京下り官人系と武士出身者によって構成されることが明らかにできたのである。

また、出身地別にみると、東国出身といえるのは武蔵の津戸氏のみで、他の九氏は西国出身、もしくは西国に根拠地（名字の地）を持っていたことも明らかとなった。斎藤＝越前、伊地知＝越前、飯尾＝阿波、松田＝丹後、雑賀＝紀伊であり、安富氏も畿内近国出身の可能性が高く、これに京都出身に準じてよいと思われる宗像（源姓）・雅楽・関氏を加えれば、実に十氏中九氏が畿内近国出身者ということになる。この傾向は、主要十家以外の、表10の所見二名以下の奉行人の事例によって検討しても同様である。すなわち、東国出身とみられるのは⑮周東＝上総、⑲塩谷＝武蔵（または下野）、㉜藤田＝武蔵の三氏のみで、[32]⑤安威＝摂津、㉒杉原＝備後、㉝神沢＝播磨、㉟下条＝三河ヵ、㊱三重＝伊勢、㊴門真＝河内（または尾張）のように、やはり畿内近国出身者が多数を占めているのである。

ところで、主要十家のうち、安富・斎藤・飯尾・津戸・関・雑賀の六氏は、関東奉行人としても所見する。このことは一見、関東→六波羅という、奉行人の発展ルートを示す如くである。しかし、各氏の出自考証でもみたように、雑賀氏以外の五氏は、六波羅奉行人としての活躍の方が、関東奉行人としてのそれよりも早く、逆に六波羅→関東という順に奉行人として展開したことを物語っている。また、鎮西探題奉行人としても所見のある安富・斎藤・伊地知・飯尾氏の場合はさらに、六波羅（→関東）→鎮西という順序で発展していったことを示しているのである。

さて、前章で執権政治期の関東奉行人の出自を検討した際、関東には主要奉行人家が十二家現れることを指摘した。その十二家とは、山名・長田・越前・皆吉・明石・太田・杉原・雑賀・斎藤・島田・清（清原）・安富の十二氏である。次にこの関東奉行人十二家と六波羅奉行人との関係を考えてみよう。

関東奉行人十二家と六波羅奉行人とで共通する名字は、表10に拠ると、杉原・雑賀・斎藤・島田・安富の五氏である。つまり、山名・長田・越前・皆吉・明石・太田・清等の関東奉行人七氏は、六波羅探題の奉行人として見出せないことがわかる。この点から判断すると、山名以下の七氏は、関東から六波羅に転出しない、いわば関東専属の奉行人であったと考えられる。一方、六波羅奉行人主要十家でも、宗像・雅楽・松田の三氏は、関東奉行人として検出されず、逆に六波羅探題に専属した奉行人であったとみられる。関東・六波羅の主要奉行人家のうちで、双方に共通する名字は、雑賀・斎藤・安富の三氏に過ぎない。このように関東と六波羅の奉行人のメンバー構成をみると、異なる顔触れも少なくなく、各々に奉行人集団としての独自性が感じられ、六波羅に則していえば、六波羅探題府は幕府の出先機関とはいえ、奉行人は単純に関東→六波羅というコースで派遣・育成されたものではなく、基本的には畿内近国出身者を採用して、奉行人が育成されていったものと考えられるのである。(33) 関東とは異なる、六波羅奉行人集団の独自性に注意すべきであろう。斎藤氏と安富氏のように、関東・六波羅・鎮西の、何れの地でも活躍した奉行人は、六波羅→関東→鎮西という順で奉行人としての発展をみせており、そのスタートが六波羅であった点、一層注目されるのである。特に斎藤氏の如く、鎌倉期はおろか室町幕府下においても最も繁栄した奉行人一族が、六波羅を拠点に発展していったことは重要な事実といえるだろう。

おわりに

以上、六波羅奉行人主要十家の出自・出身を中心に考察を加えた。十氏のうち、京下り官人（下級官人）系が四氏、武士出身者が六氏であることが明らかとなった。この京下り官人系＋武士という奉行人の出自の二類型は関東と同様である。六波羅奉行人の場合、西国出身、もしくは西国に根拠地（名字の地）を持つ者が多くを占めており、六波羅探題の地域性を反映した人事が採られたといえる。また、六波羅独自の奉行人家の存在も認められ、関東の奉行人の一族が京都に派遣されて六波羅奉行人家が形成されていったわけではないことがわかる。幕府は六波羅探題の奉行人の登用については現地採用主義を基本としたとみてよいであろう。西国成敗を司る六波羅探題府の機構を根底で支えた奉行人の主要メンバーは、西国に名字の地を持つ京下り官人系御家人や西国出身の御家人たちであったのである。

さて、六波羅の訴訟機関としての制度的完成が正安年間（一二九九～一三〇二）頃であり、また主要奉行人十家が同時期までに出揃うことは本編第一章で指摘した。正安年間は主要十家を中心とする、六波羅奉行人体制がスタートした時期であったともいえる。一方、第一編第一章で明らかにしたように、正安の少し前、永仁五年（一二九七）には、六波羅探題府の長官南北両探題の関係につき、リーダー＝北方探題、すなわち北方「執権探題」という従来の基本原則が変更され、南方探題でリーダーとなる、南方「執権探題」（大仏宗宣）が出現した。この南方「執権探題」の登場は、六波羅探題主導者＝「執権探題」の任命基準が、家格から能力優先へと変化したことを示していると考えられ、鎌倉で得宗専制が頂点に達したとされる頃、京都の六波羅探題府では、能力優先主義がトップの人事に顕著に現れたのである。この家格主義から能力主義への転換の背景には、悪党の跳梁等に顕著な西国社会の変動に六波羅のリーダーとして対処するため、政治的能力が探題に求められたからに他ならないであろう[34]。また探題を支える評定衆・引付衆や奉行人にも、議事能力や実務処理能力に長けた人材が求められていったことは疑いない。十三世紀末以降、六波羅評定衆の主要メンバーには長井・伊賀・海東（中条）・町野・二階堂・水谷氏らの吏僚系有力御家人が任ぜられて探題を補佐した（第一編第二章参照）。そして本章でみたように、六波羅奉行人主要十家が形成されて、六波羅探題府を根底から支えていったのである。能力中心主義の時代となった六波羅探題府の政務や裁判の場で、十家を中心とした奉行人層の果たした役割は増大していったに相違ない。その活動の具体的様相について斎藤氏を例に、次章で考察を加えたいと思う。

〔註〕

（1）本論のなかで奉行人名の下に括弧で年代を記した場合、表7における奉行人の初見年代を示している。なお関東奉行人については佐藤進一氏『鎌倉幕府訴訟制度の研究』（岩波書店、一九九三年、初出一九四三年）附録「鎌倉幕府職員表復元の試み」、本編第二章、鎮西探題奉行人に関しては川添昭二氏「鎮西評定衆及び同引付衆・引付奉行人」（『九州中世史研究』一、一九七八年）を参照。以下、奉行人個々の在職に関して表7及び上記の論考に拠った場合、注記を省略した。

(2) 佐藤進一氏「室町幕府開創期の官制体系」(『日本中世史論集』岩波書店、一九九〇年、初出一九六〇年)。

(3) 室町幕府奉行人の在職に関しては、主に『新版角川日本史辞典』付録「室町幕府諸職表　奉行人」に拠った。また建武政府雑訴決断所寄人の在職については、比志島文書一五五、雑訴決断所結番交名(『鹿児島県史料』旧記雑録拾遺諸氏系譜三)及び建武元年八月「雑訴決断所結番交名」(『続群書類従』第三十一輯下)に拠っている。

(4) 『建治三年記』(増補続史料大成)同日条。

(5) 深江文書、文永二年七月二十九日付大宰府守護所使等傷実検状(『鎌倉遺文』九三三二)、文永十年六月十□《五カ》日付六波羅御教書(『鎌倉遺文』一一三四六)等。

(6) 深江文書、正和四年八月十三日付安富頼泰所領譲状(『鎌倉遺文』二五六〇一)、『園太暦』貞和元年十月十日条等。ちなみに、室町幕府管領細川氏被官の安富氏は紀姓であり、奉行人安富氏とは別系統と考えられる(例えば『見聞諸家紋』〈『群書類従』第二十三輯〉に「細川勝元被官　紀氏　安富又三郎元家」とみえる)。

(7) 筧雅博氏「武家領」(講座日本荘園史2『荘園の成立と領有』吉川弘文館、一九九一年)。

(8) さしあたり、図録『足利氏の歴史』(栃木県立博物館、一九九一年)一六四頁以下参照。

(9) 第二篇、三二四〜三二六頁。

(10) 大乗院文書三箇御願料所等指事、建永元年六月十六日付将軍源実朝書状写(『鎌倉遺文』補四九五)、建永元年八月十二日付将軍源実朝書状写(『鎌倉遺文』補四九六)。なお佐藤圭氏「越前国河口庄・坪江郷の成立と地頭」(『年報中世史研究』一九、一九九四年)参照。

(11) 『吾妻鏡』(新訂増補国史大系)同日条。

(12) 佐藤進一氏・池内義資氏編『中世法制史料集』第一巻鎌倉幕府法、第三部参考資料七五条、『吾妻鏡』建長二年十二月九日条。

(13) 『尊卑分脈』第二篇、三二四・三二六頁、永井晋氏編『官史補任』(続群書類従完成会)保元二・三年条。

(14)「琵琶血脈」(『伏見宮旧蔵楽書集成』一〈図書寮叢刊〉)。

(15)『尊卑分脈』第二篇、三二九頁。

(16)承安二年九月に没した宗形(藤原)師綱が、『古事談』(古典文庫)第四勇士や『尊卑分脈』第二篇、二二一・二二三頁にみえる。

(17)角川日本地名辞典26『京都府』上巻、「いちひめじんじゃ　市比売神社」の項に拠る。ただし「吉田家日次記」応永九年正月十六日条(『大日本史料』七―五、八一八頁)に「宗像社東洞院」とあり、鎌倉期には移転していた可能性がある。

(18)深堀文書、(文永四年カ)八月十一日付石塚寂然請文(『鎌倉遺文』九七五〇)。

(19)『群書類従』第二十六輯。

(20)永享年間の作成で、島津好久に充てられたもの。五味克夫氏「南北朝・室町期における島津家被官酒匂氏について」(『鹿児島大学法文学部紀要人文科学論集』一九、一九八四年)に翻刻されている。

(21)例えば、佐藤進一氏・池内義資氏編『中世法制史料集』第二巻室町幕府法、第三部参考資料一三六・一三七条参照。

(22)碩田叢史所収野溝文書、建武三年二月二十五日付飯尾吉連等着到状写(『南北朝遺文』中国・四国編二五八)。

(23)『祇園社家記録』(『八坂神社記録』二、増補続史料大成)正月十日・同十六日・同二十一日条等。

(24)『東京大学史料編纂所研究紀要』四、一九九四年。本項で述べる榎原氏の見解は本論文に拠る。

(25)『北区史』資料編古代中世1、中世古文書一九。

(26)『国立市史』中巻(一九八九年)第五編第一章第二節「津戸三郎為守」(木村茂光氏執筆)。

(27)『浄土宗全書』十七所収。津戸氏について巻三上・四下・六下・九下に記述がある。

(28)八坂神社文書、承久三年閏十月十四日付関東御教書(『鎌倉遺文』二八七五)、承久三年十二月二十九日付六波羅下知状(『鎌倉遺文』二九〇四)。

(29)結城文書(『大日本史料』六―八、一七六頁以下)。

（30）『吾妻鏡』同日条。
（31）『天台座主記』（『続群書類従』第四輯下）第八十五無品尊助親王。
（32）周東氏については相馬雑文書、正応三年六月二十三日付関東下知状（『鎌倉遺文』一七三七〇）、安威氏については東寺百合文書カ、正和四年七月日付摂津国御家人安威勝王丸代覚忍申状案（『鎌倉遺文』二五五八一）、下条氏については六条八幡宮造営注文の三河国を参照。また塩谷氏は武蔵七党有道姓で武蔵国児玉郡塩谷郷を本拠とした一族もしくは下野国塩谷荘を領した宇都宮氏の一族、門真氏は河内または尾張の門真荘を名字の地としたと考えられる。なお藤田・杉原・三重氏については前章を、神沢氏については第一編第三章を参照されたい。
（33）もちろん、六波羅評定衆・引付頭人以下の六波羅探題職員の任免権は幕府に存した（本編第一章参照）ことから、この畿内近国出身者の奉行人への登用は、当然ながら、幕府の承認のもとに六波羅探題が採用した基本的人事であったと考えられる。
（34）永仁五年の南方「執権探題」の登場は、永仁の徳政令の西国施行という重大な任務を帯びたものであった。第一編第一章参照。

第四章　六波羅奉行人斎藤氏の諸活動

はじめに

本編第一章～第三章で述べたように、斎藤氏は奉行人として繁栄した一族で、六波羅探題を中心に活動した。室町幕府においても活躍し、飯尾・松田氏等とともに主要な奉行人家を構成したことはよく知られている。本章では六波羅奉行人斎藤氏について多面的に考察することを目的とする。

鎌倉時代、奉行人は訴訟担当の専門技術者集団（文筆吏僚）として重要な役割を果たした。斎藤氏も六波羅奉行人の中核的存在として、訴訟等において活躍している。これまでにも六波羅奉行人斎藤氏に触れた論考は少なくないが、個別訴訟事例のなかで注目される場合が多い。その代表格が紀伊阿氏河荘の相論における斎藤基茂（唯浄）といえる。(1)基茂は『御成敗式目唯浄裏書』の作者であり、六波羅奉行人斎藤氏の中でも最も著名であろう。しかし実際のところ、基茂よりも、兄弟の基永や甥の基任の方が多方面にわたる活躍が知られる。また本論でみるように、斎藤一族の主流を占めたのは基永の流れである。六波羅奉行人斎藤氏については基永流により注目する必要がある。

そこで本章では、六波羅奉行人斎藤氏について奉行人職務以外の活動にも目を配りつつ、多面的に考察したい。まず斎藤氏の奉行人在職状況や系譜について概観する。次いで奉行人としての繁栄の要因について検討する。さらに斎藤氏の在京奉行人、あるいは在京御家人としての立場からの公家や権門寺社との接触・交流について考えてみたいと思う。

第一節　六波羅奉行人斎藤氏の概観

まず最初に、斎藤氏の六波羅奉行人としての在職状況をみておく。表11に示したように、建長七年（一二五五）の兵衛尉某を初見として、斎藤氏は十六名の在職が確認できる[2]（斎藤基永の子の⑰宗像基氏をも含めると十七名となる）。これは飯尾氏の在職者十名を引き離して、トップの人数である。役職としても、正安二年（一三〇〇）に基任が四番引付開闔に、応長元年（一三一一）に左近□某が一番引付開闔に在職していることが知られる[3]。開闔とは「奉行中宿老、引付細々事記録仁」[4]であり、斎藤基任・同左近□某が六波羅奉行人として重職にあったことがわかる。また後でみる（第三節1表12）ように、斎藤氏は弘安（一二七八〜八八）頃から、六波羅使節としても顕著な活動を行っており、表11と併せ考えると、文永〜永仁（一二六四〜九九）頃には奉行人としての家職を確立し、六波羅奉行人家のなかで中核的位置を占めるようになっていたと考えられる。

それは奉行人としての活動からも窺えるところである。文永四年（一二六七）斎藤基茂は、越訴奉行として地頭湯浅氏と争う紀伊阿氐河荘領家寂楽寺の訴えを容れ、一旦は六波羅の法廷で却下された年貢納入について領家側に有利に取り計ろうとしている[5]。また正応二年（一二八九）には斎藤基永が、時の六波羅北方探題北条兼時の有力被官長崎性杲と連名で、小早川定心（政景）の子景宗等への所領譲与につき返報を出した[6]。これは基永が六波羅奉行人の代表格と見做され、小早川氏から所領譲与につき確認を求められたことを意味している。さらに正安二年、四番引付開闔斎藤基任は、丹波大山荘地頭中沢氏を引汲し、同氏の殺害以下の罪科を訴えた同国宮田荘雑掌の申状を三年間放置し

表11　六波羅奉行人斎藤氏一覧

	名前（法名）	通称・官途	在職所見年代
①	某	兵衛尉	建長7（一二五五）
②	基茂（唯浄）	藤内兵衛尉・藤内兵衛入道	文永4（一二六七）―正安2（一三〇〇）
③	基永（観意）	四郎左衛門入道	文永10（一二七三）―正安2（一三〇〇）
④	基任	弥四郎左衛門尉・左衛門大夫	正応元（一二八八）―文保2（一三一八）
⑤	基明	帯刀兵衛尉・帯刀左衛門尉・左衛門大夫	正応2（一二八九）―正中2（一三二五）
⑥	利行	太郎兵衛尉・太郎左衛門尉	永仁4（一二九六）―正中元（一三二四）
⑦	行連	新兵衛尉	嘉元3（一三〇五）―徳治2（一三〇七）
⑧	（行西）	六郎入道	延慶元（一三〇八）
⑨	玄基	伊予房	応長元（一三一一）―元徳2（一三三〇）
⑩	基夏	四郎左衛門尉	応長元（一三一一）―正中2（一三二五）
⑪	某	左近□	応長元（一三一一）
⑫	基秀（玄秀）	四郎兵衛尉・四郎兵衛入道	文保元（一三一七）―正中元（一三二四）
⑬	基宣	雅楽允	元亨2（一三二二）
⑭	基村（性融）	刑部左衛門入道	嘉暦2（一三二七）
⑮	基貞	主計四郎兵衛尉	元徳元（一三二九）
⑯	教親	宮内丞	正慶2（一三三三）
⑰	基氏（玄意）	新左衛門尉・新左衛門入道	延慶元（一三〇八）―元徳元（一三二九）

斎藤氏略系図

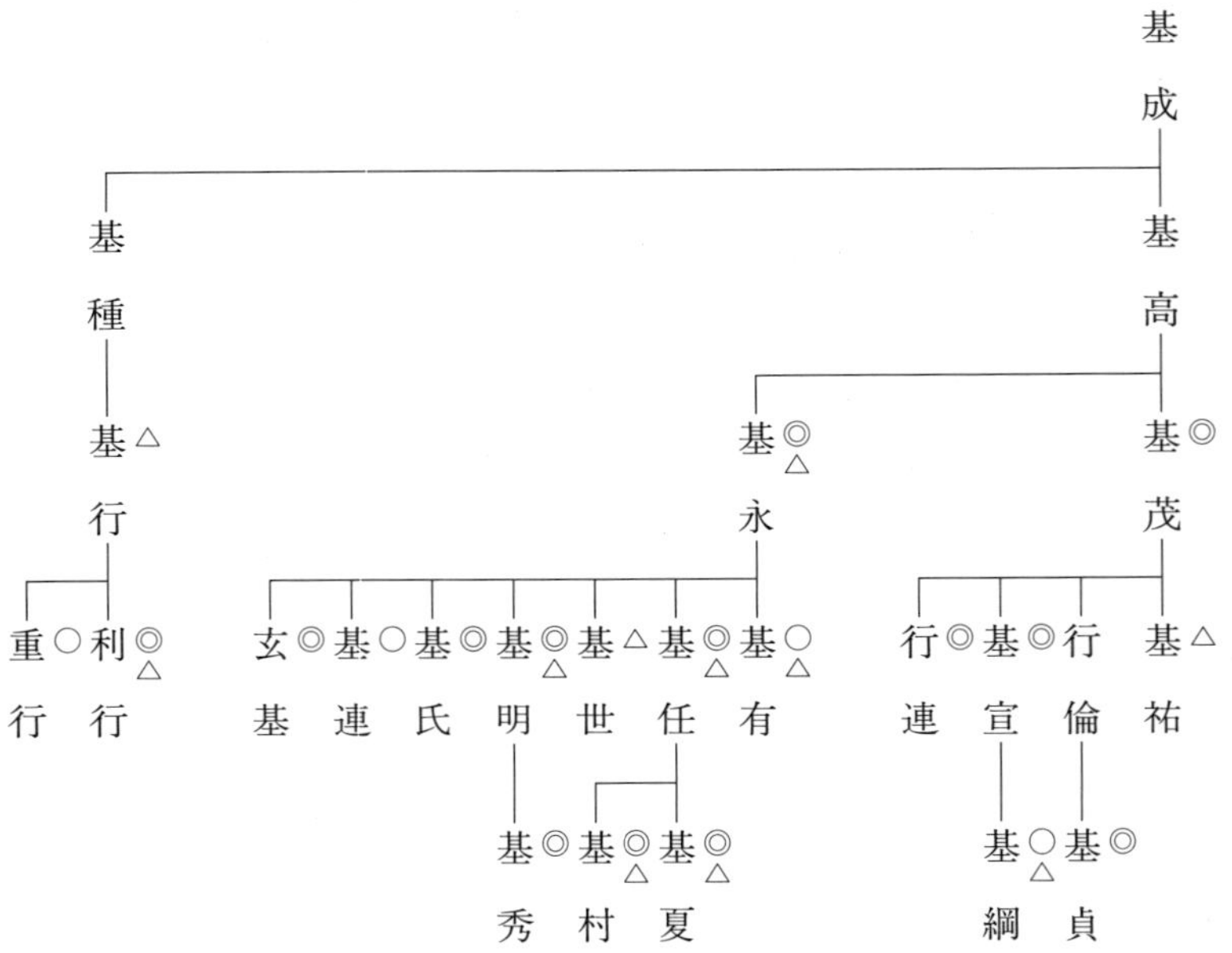

```
                              基成
        ┌──────────────────────┴─┐
        基種                      基高
        │                  ┌──────┴──────┐
        基△               基◎            基◎
        行                 永△           茂
     ┌──┴──┐      ┌──┬──┬──┬──┬──┐   ┌──┬──┬──┐
     重○  利◎    玄◎ 基○ 基◎ 基◎ 基△ 基◎  行◎ 基◎ 行◎ 基△
     行   行      基  連  氏  明△ 世△ 任△ 有   連  宣  倫  祐
                              │  │  │            │  │
                             基◎ 基◎ 基◎         基○ 基◎
                             秀△ 村△ 夏△         綱△ 貞
```

第二編　六波羅奉行人の考察

たまま、「申状等紛失之由、構申」した。[7]これは中沢氏が斎藤氏の烏帽子子であり、これを庇護するため基任が、その職権を利用して裁判の進行そのものを妨害したのである。このように、その善し悪しは別にして斎藤氏は、奉行人として顕著な活動をみせており、六波羅奉行人中の有力者として活動していたことが明らかであろう。

次ぎに六波羅奉行人斎藤一族の系譜関係をみてみよう。系図は『尊卑分脈』（新訂増補国史大系）所載の斎藤系図を基礎に作成したもので、表11所見の六波羅奉行人として確認できる人名に◎を附している。同じく○は関東奉行人として確認される人物である[9]（△については第三節2で述べる）。まずこの系図に拠れば、斎藤氏は基茂・基永の世代から六波羅奉行人として活動していることがわかる。また、基茂と基永、さらに本人の奉行人在職は確かめられないものの、基行の流れの、三つの系統が存在したことを指摘できよう。なかでも基永流が最も多くの奉行人を輩出しており、主流と見做せる。また上記の三流から各々一、二名の関東奉行人を出していることもわかる。ただ、基茂・基永が六波羅奉行人であったこと、及びこの両流における六波羅奉行人と関東奉行人との人数比などからみて、奉行人斎藤氏の活動根拠地は六波羅探題であったと考えられる。六波羅奉行人斎藤氏のうちの数名が、関東奉行人として転出したのであろう。平安後期以来、斎藤氏の本拠地は越前であり、[10]越前との地理的関係からみても、斎藤氏の活動の主要なフィールドは京都六波羅であったと考えられる。なお前章で指摘したように、基茂・基永・基行等の祖父基成は、母親が朝廷の下級官人史大夫清原盛時の娘であり、文筆吏僚としての素養は母系を通じてこの代に培われたと考えられ、基成の代には奉行人として活動していた可能性も少なくないと思われる。

第二節　斎藤氏繁栄の要因

本節では、斎藤氏が六波羅奉行人として中心的位置を占めるにいたった要因について探ってみたい。斎藤氏は六波羅奉行人の中核をなした主要十家[11]（安富・斎藤・宗像・伊地知・飯尾・雅楽・松田・津戸・関・雑賀）のなかでも、建長二年（一二五〇）の安富氏に次いで早期に活動が確かめられる。この活動始期の早さが、六波羅奉行人中でリーダー格となった一つの理由といえるだろう。それは奉行人の序列が経験年数に基づいて決定される年功序列方式であったからである。[12]しかしこれだけではやや表面的理解であり、より本源的に奉行人という職掌に根差した理由を検討する必要があると思われる。

一般的に奉行人とは、主に訴訟関係の事務手続きや審理等に携わった文筆官僚と定義できるから、奉行人としての一族繁栄の要因に、①裁判関連の実務の習得と、その習得技能の父子など親族間における継承、②裁判関係文書・記録の蓄積・相伝などを挙げることができるであろう。まずこれらの点を実例に即して考えてみたい。[13]

①については、建長三年二月十四日付宗像氏業譲状案[14]の弘安（一二七八～八八）頃の裏書が参考になる。宗像浄恵による裏書の注記に「入字者同子息筆也、入字裏判者観意（斎藤基永）其後封レ裏、令レ書二奉行名一」とあり、斎藤基永（観意）の子息が「入字」つまり文面を書き、基永が花押を据え、裏を封じたことがわかる。子息某は父基永の指導の下に、実務を習得していったものと考えられる。このようなケースは六波羅奉行人宗像真性・重基父子にも認められ、[15]奉行人という家職継承のための基本的実習として位置付けられる。奉行人として繁栄した斎藤氏は数世代にわたり、このような実務習得作業を継続的に営むことに成功したといえるだろう。

次に②について検討してみよう。ここでは弘安元年（一二七八）十二月の六波羅探題における東大寺領美濃茜部荘の地頭請所等をめぐる相論[16]に注目したい。この相論は雑掌（慶舜）側がその「私請所」たることを主張して「雖レ経二年序一、被二顛倒一之傍例多レ之」と、地頭請所の停廃を求めたのに対し、地頭代（伴頼広）側が「寛喜以後請所者、不レ可レ有二相違一之由、被レ載」た「尾張国笑生御厨・丹後国波見・同田辺両郷関東御事書」の存在を示し、これに反論していた。ここでいう「関東御事書」とは、幕府評定での裁決を記録した判例（傍例）のことであろう。地頭代側はこの際、「彼御事書者、斎藤四郎左衛門入道観意（基永）令二預置一歟」と述べている。この発言から、地頭請所の停廃基準年代を明示した幕府判例を斎藤基永が所持していたことがわかる。結局この相論は、「私請所」であっても「寛喜以前往古請所上者、不レ可レ有二顛倒之儀一」とした、基永所持の関東事書が決め手となり、地頭代側の言い分通り地頭請はそのまま認められることとなったのである。

この六波羅法廷における裁判事例から、斎藤基永が切り札となり得るような判例を保有していたことが明らかとなった。しかも基永は六波羅奉行人でありながら、幕府評定での判決記録を所持していたのである。地頭代の「彼御事書者、斎藤四郎左衛門入道観意令二預置一歟」との発言に注意すると、関東事書は基永に「預け置」かれていたのであり、幕府から六波羅探題へ傍例として送付された事書が、基永の管理下に置かれていたと考えるのが自然な解釈であろう。基永は六波羅の長官である探題の指示を受け、幕府から送付された判例を保管していたと考えられる。この点から判断すると、斎藤氏は基永の時代すでに、探題から六波羅奉行人の中核として位置付けられていたともいえよう。

基永は少なくとも奉行人在職二十八年に及んでいる（表11参照）。基永は関東の判決記録（傍例）をも所持していたのであり、奉行人として相当な量の裁判関連文書や記録を蓄積していたことは疑いない。高橋一樹氏が奉行人の文書・記録保管という面から明らかにされた、審理経過を逐一記録した引付記録（引付日記）や裁許下知状の草案の下知符案[17]がその中核をなしていたと考えられる。基永が集積したこのような裁判関連文書類は、家職を維持するための重要資料として、奉行人として出仕した子息や一族達に伝領されたと考えられるのである。

以上①・②について、奉行人斎藤氏発展の要因として検討を加えた。史料の残存性から考察が基永流中心となったが、同様な営みが基茂・基行流においてもなされたことは容易に想像できる。①・②を斎藤氏繁栄の基本的条件と考えてよいと思う。

ところで考えてみると、①・②のような行為は他の奉行人家でも認められるところであろう。奉行人を家職として確立した氏族は、当然ながら、数世代にわたり奉行人実務を習得し、職務遂行のために必要な文書・記録等を蓄積・相伝していったと考えられるのである。しかしながら斎藤氏の場合、鎌倉幕府の基本法『御成敗式目』の注釈という、さらに注目すべき作業を行って奉行人としての研鑽を積んでいたのである。

最古の式目注釈書として著名な正応二年（一二八九）十一月の『御成敗式目唯浄裏書』[18]は斎藤基永の兄弟基茂の述作である。その奥書によると、近年、式目の内容はおろか、読み方を知る人さえ稀になってきたので、「引二合法意一引二勘本説一」えた上、「擬二吾党之固実一、伝二授群息親族一」したとみえる。ここに基茂による述作行為の目的が見出され、それは自身の奉行人としての研鑽のみのためではなく、「群息親族」つまり、子息をはじめとする斎藤一族全体への伝授をも意図してなされたことがわかる。基茂の時代には、斎藤氏が奉行人という家職を強く自己認識し、『御成敗式目』の読解に関してではあるが、「擬二吾党之固実一」す、つまり斎藤氏独自の故実形成にまで到達しようと努力していた様子が読み取れよう。このような基茂による式目読解への試みはさらに継続され、永仁四年（一二九六）二月の『関東御式目』[19]の著述にいたる。

　『関東御式目』は、近年義江彰夫氏の考察[20]によって斎藤基茂の著作であることが明確となった。義江氏は同書を『御成敗式目唯浄裏書』の「表現・内容を全面摂取・継承した上で、不要なものを捨て、必要なものを語釈・法理解釈両面にわたって追加し、全体として本格的式目注釈書というにふさわしい水準に高めたもの」と評価している。この評価に基づくと、基茂が目指した「吾党之固実」は、一応この段階で達成されたとみてもよいのではなかろうか。そこでここでは、基茂が故実の水準にまで高めた『御成敗式目』の読解を、いかなる方法によって達成したかを探ってみたい。より直接的に言えば、基茂がいかなる人物と交わって語釈・法理の理解向上に努力し、法曹吏僚として研鑽を積んだかを同書の記述から考えてみたいと思う。

　まず『関東御式目』の奥書をみてみよう。その一節に「僕在俗之昔、文永之比、為二文選読合一、常参二左京大夫俊国儒亭六角大宮一」じたとある。文永（一二六四～七五）頃、斎藤基茂が「文選」講読のため、左京大夫俊国亭に頻繁に通っていたことがわかる。左京大夫俊国とは日野（広業）流藤原氏の人[21]で、後鳥羽院政期に「文之棟梁儒[24]」といわれた権中納言親経の孫である。この一流は家名六角を称し、代々式部大輔・文章博士等を経歴した儒者の家柄である。俊国も「有二明儒之名誉一[23]」りと評された人で、「文道棟梁[24]」といわれた菅原為長の外孫でもあった。基茂も俊国に対し「近比碩儒大才人」（同奥書）として尊敬の念を表している。基茂は六角俊国という当代一流の公家学者の下で「文選」を講読していたのである。「文選」は中国梁代に編まれた古典的詩文集であり、法律書とはいえないが、基茂は本格的な漢文の訓読法等を六角俊国から教わったと考えられよう[25]。

基茂の公家学者との接触は六角俊国のみでなく、従三位藤原基長にも及んでいる。基長は『新猿楽記』等の作者として著名な藤原明衡の子孫で、自身も東宮学士や文章博士等を経歴した儒者である。[26]『関東御式目』の三十四条（密懐他人妻篇）に「斟酌」について、基長が基茂に示した語義が引用されている。基長に関する記述はこれが唯一であるが、基長も公家学者であり、六角俊国の場合と同様に、基茂がその居宅に通うなどして教えを受けたものと考えられる。この他同二十七条（未所分篇）には「明法博士章名勘文」も引用されている。章名とは院文殿衆や記録所寄人でもあった中原章名である。[27]基茂は同じ法曹吏僚である朝廷の下級官人中原氏とも交流があったことがわかる。[28]

このように基茂は、公卿から下級官人にいたる公家側の人物と交わり、法曹吏僚として研鑽を積んでいたことが明らかとなった。『関東御式目』として結実する、基茂による式目読解の試みは、公家学者や明法家の見解にも目を配り摂取した、広い視野に立ってなされたのであり、斎藤流故実の形成にまで到達したものであったといってよいであろう。それはまさに、基茂個人の努力・研鑽によるものが大であったといえるが、先にみたように、基茂の兄弟基永が探題から関東事書を「預置」かれていたように、当時斎藤氏が六波羅奉行人の中核として位置付けられていたことが大いに関係していよう。基茂は自分達斎藤一族を六波羅奉行人の中心的存在として認識しており、その自己認識に基づき、式目注釈作業を進めたと考えられるのである。そしてこの注釈作業により、「吾党之固実」を形成し、六波羅奉行人内における斎藤氏の地位をさらに重要ならしめたといえるであろう。

以上、斎藤氏繁栄の要因について考察してきたが、①数世代にわたる奉行人実務習得の営みや、②裁判関係文書類の蓄積・相伝、さらに③『御成敗式目』の注釈作業（斎藤流故実の形成）等を見出した。特に③は奉行人としての強烈な自己認識のもとになされたものであり、斎藤氏の発展に大きく寄与したものと考えられる。

ところで、公家側の人物と交わることによって達成されたといえる、式目の注釈は、斎藤基茂が六波羅探題府に属す在京御家人であったからこそ可能であったともいえる。斎藤氏は右筆奉行を職掌とする在京御家人として存在していた。奉行人斎藤氏の発展には、斎藤氏の在京活動が重要な意味を持ったものと思われる。そこで六波羅奉行人斎藤氏の京都を中心とした活動について、節を改めて考察してみよう。

第三節　斎藤氏の在京活動

前節でみた斎藤基茂のように、京都に常住した在京御家人は、公家達と接触を持つ機会が少なくなかったと思われる。基茂の場合、六波羅奉行人という法曹吏僚としての研鑽のため、公卿から下級官人にいたる公家達と積極的に交わったものとみられるが、「常参二左京大夫俊国儒亭一」じていた理由が、「為二文選読合一」めであったことを考慮すると、文筆官僚としての研修的側面を含みつつも、公私相半ばした理由から六角俊国と日常的に接触していたと考えられる。文士である基茂が、より高い知識・教養を求めて公家と交わろうとしたことは想像しやすいところである。一方で、六波羅奉行人は職務上から、公家や権門寺社などとしばしば接触している。六波羅奉行人は在京奉行人、あるいは在京御家人として、公的にも私的にも公家達と接触・交流する機会が少なくなかったといえる。そこで本節では、六波羅奉行人斎藤氏の公家・権門寺社との接触・交流について考察する。当然ながら、このような接触・交流は関東や鎮西探題所属の奉行人では生じ得ず、六波羅奉行人に特有なものである。ここでは斎藤氏における、京都とその周辺における人間関係の形成などを考えてみたい。まず最初に在京奉行人としての職務を通じた接触について検討する。次いで、奉行人という職務を離れた場における、在京御家人としての私的な交流について探ってみたいと思う。

1、在京奉行人としての公家・権門寺社との接触

六波羅奉行人斎藤氏の職務活動を通じた公家・権門寺社との接触は、その使節活動においてもっとも明瞭に現れている。表12はその活動をまとめたものである。[29] 弘安年間（一二七八〜八八）の基永を初見として、正中二年（一三二五）十二月の⑱基夏に至る十八例が確認できた。[30]

まず表12について概観しておくと、④は四名勤仕、⑬・⑰は単独勤仕であるが、他はすべて両使であり、使節勤仕は両使を基本形態としていたと考えられる。[31] 斎藤氏とともに起用された両使の一方は、俣野・伊地知・関・松田・津戸・神沢・飯尾氏等であり、何れも六波羅奉行人である。言うまでもないが、この点からみても斎藤氏の使節活動は奉行人としての職務活動であったといえる。次いで、相手・目的地としては、朝廷（蔵人頭・関東申次）・公家（吉田氏）・幕府（関東）・権門寺社（御室・南都・園城寺等）・その他（長門国・伊勢国）であったことがわかる。これに使節としての勤務内容を加味して分類すると、

A、朝廷への幕府・六波羅探題の決定事項の伝達（②・③・⑬・⑮）
B、権門寺社の紛争に際し、幕府へ状況を伝達し指示を仰ぐ（⑤・⑩・⑭・⑰）
C、上記紛争に関する幕府成敗を権門寺社に伝え、武装解除を促す（⑦・⑫・⑯・⑱）
D、訴訟担当者としての接触（⑧・⑨・⑪）
E、悪党検使（⑥）
F、その他（①・④）

に分けられよう。BとEの例を除けば、何れも朝廷・公家関係者や南都・園城寺などの権門寺社との連絡・交渉に当

表12　六波羅奉行人斎藤氏の使節勤仕一覧

	年月	名前	一方使節	相手・目的地	勤務内容	出典
①	弘安年間（一二七八〜八八）	基永	俣野寂一	御室	紀伊勢田郷の相伝由緒を尋ねる	薬王寺文書
②	永仁3・12（一二九五）	基任	行義	蔵人頭三条実躬	南都警固を申し入れる	実躬卿記
③	永仁3・12（一二九五）	基任	某	蔵人頭三条実躬	醍醐寺焼失を関東に注進することを申し入れる	実躬卿記
④	嘉元3・12（一三〇五）	基明	松田頼直 向山敦利 石川弥二郎	長門	連署北条時村の暗殺を伝える	金沢文庫文書
⑤	徳治2・12（一三〇七）	行連	伊地知長清	関東	春日神木入洛につき下向	武家年代記裏書
⑥	延慶元・6（一三〇八）	行西	関頼成	伊勢	悪党検使	狩野亨吉氏蒐集文書七
⑦	延慶元・7（一三〇八）	基任	松田秀頼	南都	幕府成敗を伝え、春日神木帰座を促す	徳治三年神木入洛日記
⑧	応長元・3（一三一一）	基夏	津戸康朝	大乗院	越前坪江郷住人が奪った関東御免津軽船の積荷返却を求める	大乗院文書

⑨	応長元・6（一三一一）	基夏	神沢秀政	関東申次西園寺公衡	紅梅殿社違勅狼藉人の交名下付を求める	紅梅殿社記録
⑩	正和元・4（一三一二）	基任	飯尾頼定	関東	多武峯合戦につき下向	武家年代記裏書
⑪	正和2・6（一三一三）	玄基	関正証	備中国司（吉田定資）	備中上原郷で狼藉の在庁の身柄引き渡しを求める	九条家文書
⑫	正和3・12（一三一四）	利行	某	南都	幕府成敗を伝え、春日神木帰座を促す	大乗院具注暦日記
⑬	正和4・3（一三一五）	基氏		三善春衡（西園寺公衡家司）	鎌倉大火に関し勅使下向不要を伝える	公衡公記
⑭	正和4・6（一三一五）	基明	関正宗	関東	山門馬上役を対捍した成仏法師一件につき下向	武家年代記裏書
⑮	正和4・6（一三一五）	基任	松田頼直	関東申次西園寺公衡	成仏法師身柄に関する関東状を持参し、新日吉小五月会遂行を促す	公衡公記
⑯	元応元・3（一三一九）	基氏	俣野家景	園城寺	園城寺城郭実検使	古簡雑纂一
⑰	正中2・10（一三二五）	基夏		関東	南都闘乱につき下向	春日神主祐臣記
⑱	正中2・12（一三二五）	基夏	飯尾為連	南都	南都闘乱に伴う城郭の撤去を促す	春日神主祐臣記

たっていたことがわかる。奉行人としての職務上、斎藤氏は、公家や権門寺社と接触する機会が少なくなかったことがわかる。これらの接触を通じて斎藤氏が、独自の人間関係を築き得たかどうかは明らかでない。しかし公家や権門寺社に対する交渉能力を高めていったことは推測に難くない。権門寺社の武装蜂起を鎮静化する役割を果たしたCのケースは、その交渉能力を最も発揮すべき重要な任務であったと思われる。この点について少し詳しくみてみよう。

南都・北嶺等による寺社強訴は鎌倉時代にも頻繁に起こり、承久の乱後、朝廷が武力を失うなかで、僧徒の入京阻止やその要求内容の裁許などは、事実上、専ら幕府の所管となっていった。六波羅探題は幕府の京都出先機関としてこのような寺社勢力と対峙した。僧兵の京中乱入を防ぎ、鎌倉へ強訴に対する指示を仰いだ。表12⑰・⑱で、正中二年十月南都闘乱につき関東に下向した斎藤基夏は、十二月に帰京して飯尾為連とともに南都に向い、城郭の撤去を促している。上記B・Cの一連の使節活動において、斎藤基夏は中心的役割を果たしていることがわかる。

表12⑦は、Cのケースにおける斎藤氏の使節活動の重要性を最もよく示す事例である。まず⑦の状況に至る経緯を説明すると、次のごとくである[32]。徳治二年（一三〇七）十二月興福寺衆徒は、大和達磨寺の勧進僧仙海の流罪と寺領近江鯰江荘を違乱した佐々木頼綱の処分等を訴え、神木を奉じて入洛に及んだ。翌年（徳治三・延慶元）六月、幕府は東使二階堂時綱と矢野倫綱の両名を上洛させ、訴訟の裁定を示して衆徒を宥め、神木の帰座を促した。七月神木は帰座し、紛争は解決をみる。この興福寺衆徒の強訴事件に際し、六波羅奉行人斎藤基任・松田秀頼両名が⑦のような使節活動を行うのは、事件の最終段階である。

この興福寺衆徒入京事件を詳細に記録した「徳治三年神木入洛日記[33]」によると、幕府の裁定（関東事書）が東使両名によって奏聞された翌日（七月二日）、「六波羅殿使者二人南都へ下向、斎藤弥四郎左衛門尉基任・松田平内左衛門尉秀頼、両院家へ参申入候、寺訴条々御成敗之上者、急可レ有二御帰座一」と、奈良に下向して興福寺両院家（一乗院・大乗院）と交渉し、神木の帰座を促している。興福寺側と直接交渉を行ったのは、幕府から特使として派遣された東使ではなく、六波羅奉行人斎藤基任・松田秀頼両名であった。東使両名は幕府の裁定を朝廷に申し入れただけであり、興福寺側とは接触していない。幕府裁定を踏まえた興福寺との直接交渉は、六波羅奉行人両名が担当したのである。「徳治三年神木入洛日記」は、先の引用に続けて、

次路次狼藉人事未レ被二寺注申一、然者追寺被レ申者急可レ有二糾明一、且数百人輩罷向上者無二左右一難二治定一歟、能々尋究可レ有レ注二進関東一、其間経二日数一事就二惣別一狼藉以外事也、且頼綱《（佐々木）》法師以下被二流罪一上者、路次狼藉事不レ可レ有二子細一云々、

同二日《（七月）》学道并僧綱同大衆等大集会之趣、皆以先可レ奉レ成二御帰座一之由面々一同云々、

とあり、基任・秀頼が、興福寺側の要求（「路次狼藉人事」）がさらに満たされるよう努力することを約し、神木帰座を説得している様子がよくわかる。基任等は幕府裁定の単なる伝達者ではなかった。巧みな交渉能力を発揮して、紛争収拾をはかっているのである。交渉を取りまとめる、一種の仲裁者の役割を果たしているといっていいだろう。

鎌倉期、寺社強訴は頻発しており、六波羅奉行人は交渉経験を重ねつつ、紛争収拾に持ち込む交渉技能＝作法を形成していったと考えられる。斎藤氏は、表2⑦・⑱でみたように、六波羅奉行人の中核的存在として、権門寺社の紛争解決に起用されることが少なくなかった。在京奉行人として斎藤氏は、権門寺社としばしば接触し、交渉技術（作法）を習得し、武装蜂起の沈静化などの重要な任務を果たしたといえるだろう。

在京奉行人斎藤氏は使節活動を通じ、公家や権門寺社としばしば接触していた。しかし、使節活動は奉行人として

の職務に基づくものであり、そこから独自の人間関係等が生じたかどうかは不明である。(34)ただ斎藤氏が、六波羅奉行人の中核として権門寺社の紛争に際し直接交渉を行うことがあり、巧みな交渉能力を発揮して事態収拾をはかったことは重要であろう。室町期にも同様なケースがみえているのであり、(35)それは六波羅奉行人の活動形態の踏襲であったともいえるからである。

2、在京御家人としての公家との交流

言うまでもなく、六波羅奉行人斎藤氏は御家人身分に属しており、在京御家人（在京人）でもあった。小早川氏や湯浅氏等のように、篝屋番役を勤め京中警護に当たったわけではないが、奉行人として六波羅に不退祗候していたのである。第一編第二章でも触れたように、同じ吏僚系御家人として長井・水谷等の六波羅評定衆とは親密な関係にあった。(36)また斎藤基永・基任父子は在京人で丹波大山荘地頭中沢基員・直基の烏帽子親であり、(37)斎藤利行は美濃の土岐氏に娘を嫁がせるなど、(38)西国の有力御家人とも密接な関係を結んでいた。(39)さらに正慶二年（一三三三）五月の六波羅滅亡に際して、幕府に殉じて討死した斎藤玄基・教親等の存在も知られる。(40)斎藤氏を奉行人という役職から切り離してみた場合でも、その多様な活動状況が浮かび上がってくるのである。ここでは職務活動に由来しない、在京御家人という立場に基づくとみられる、公家との交流について探ってみたい。文士である斎藤氏と公家との交流の一端は、第二節で基茂についてすでにみたのであるが、さらに検証してみたいと思う。

実は斎藤氏は、和歌を通じての公家との交流が顕著にみられる。(41)南北朝期の二条派の歌人頓阿が著した歌学書『井蛙抄』(42)（第六）には、頓阿が斎藤基任から伝え聞いた話がいくつか載っている。そのなかに、藤原為家が北野天神に

参籠した時の連歌会で、為家の息二条為氏が満座の絶賛を浴びた話があり、「観意基任父其座席に候」じていたとみえている。観意とは斎藤基永であり、第一・二節でみたように、六波羅奉行人の要人で地頭請所に関する関東事書の所持などが知られる人物である。この話の年代は確定できないが、藤原為家が没する建治元年（一二七五）五月以前の出来事である。基永は六波羅奉行人としての職務活動の傍ら、藤原為家の許に出入りし、歌人として精進を重ねていたのである。

ところで、第一節に掲げた斎藤氏系図には人名に△を付しているが、これは勅撰和歌集入集者であることを示している。斎藤氏のなかから、十一名もの勅撰歌人を輩出していることがわかる。基茂・基永・基行流の何れからも勅撰歌人が出ているが、基永流が過半数の七名を数え突出している。斎藤氏のなかでも基永流は、歌詠みの家系であったといって差し支えないであろう。先にみたように、基永は藤原為家の許に出入りしていたのである。ここでは基永の子基任を取り上げ、その活発な作歌活動を通じた公家との交流について考えてみたい。

斎藤基任は正応元年（一二八八）～文保二年（一三一八）までの三十一年間に及ぶ、六波羅奉行人在職が知られる（表11参照）。第一節で触れたように、正安二年（一三〇〇）には「奉行中宿老」たる引付開闔に在任していた。また本節1でみたように、延慶元年の興福寺衆徒入京事件では、南都に下向して興福寺側と直接交渉を行っている。

基任の歌人としての活動は、先にみた『井蛙抄』や、同じく頓阿の歌集『草庵集』『続草庵集』等によって窺うことができる。基任は、正応二年生まれの頓阿よりかなり年上であったとみられるが、両者はともに二条派の歌人として親密な関係にあった。頓阿が幕府吏僚二階堂氏の出身であったことも、両人の絆を深めたものと思われる。様々な歌会での同席はもちろん、因幡に下向した基任を頓阿が見舞ってさえいる。[43] また基任は吉田兼好とも親しかった。兼好も二条派歌人である。基任・兼好の交流は『兼好法師家集』[44]にみえている。和歌を通じて基任は交遊関係を広げていたといえる。そしてそれは、公卿・殿上人にまで及んだ。

『草庵集』には、正和二年（一三一三）に基任が三条実任とともに「河しり《尻》のゆあみ《湯浴》」に行った時、「難波の月見」に来ていた二条為世・為藤・為定、富小路実教等と遭遇して、詠歌を交わしたことがみえている。[45]ここにみえる何れの人物も二条為世を中心とした二条派の歌人であり、基任と親しい関係にあった。正和二年当時、三条実任は前参議、二条為世・富小路実教は前権大納言、二条為藤は前参議であった。基任は公卿と同行して湯治に行き、公卿達と遭遇して詠歌を交わしたのである。二条派歌人としてのつながりがあったとはいえ、基任は和歌を通じて公卿層とも交わったのである。基任は一介の在京御家人であり、当時五位相当の左衛門大夫を称していたに過ぎなかった。

さらに次に掲げる正和四年三月五日の亀岡東林寺前花下会での花十首寄書[46]から、基任のより広い交遊関係を窺うことができる。

民部卿殿《二条為世》　中納言入道殿《小倉公雄》　富小路大納言殿《実教》　三条宰相《実任》　宰相中将《二条為藤》
法性寺三品《為理》　隆長朝臣《甘露寺》　具行朝臣《北畠》　為明《二条》　幸鶴《二条為冬》
国冬《津守》　基任《斎藤》　基村《斎藤》　長舜法師　浄弁
頓阿　慶運

二条為世を筆頭に十七人の作者名が記されている。何れも二条派歌人とみられ、頓阿の名前もみえる。また基村とは基任の子息であり（斎藤氏略系図・表11参照）、基任・基村父子は堂上歌人達に交わり、亀岡花下和歌会に参加していたのである。斎藤基任は、在京御家人という立場を生かして、公家達と積極的に交わり、作歌活動に励んだといえよう。基任はさらに、覚助法親王（後嵯峨天皇皇子）主催の和歌会にも出詠していることが知られる。[47]基任は和歌を通じて公家の人々と親密な交遊関係を築いていたのである。そしてそれは、基任が三条実任と同行して湯治に行ったように、積極的かつ意欲的なものであったと考えられる。[48]

六波羅奉行人斎藤氏―特に基永流は、在京御家人としての立場を利用して、和歌という文芸活動を通じ公家と親密な交流を築いていたのである。文士である在京御家人斎藤氏は、基茂といい、基永・基任等といい、高い知識・教養を求めて公家達と積極的に交わったといえるだろう。基茂が式目の注釈に励んで「吾党之固実」を達成したのに対し、基永・基任は斎藤氏を歌詠みの家として文化的に高めたともいえよう。

おわりに

斎藤氏は十三世紀後半以降六波羅奉行人の中心的存在として活躍したが、その発展は裁判関係文書類の蓄積・相伝や、基茂の式目注釈作業による斎藤流故実の形成により築かれたものであった。在京奉行人として公家や権門寺社と交渉を持ち、また在京御家人という立場から、公家達と親密に交わったのである。在京活動により斎藤氏は、関東奉行人や鎮西奉行人では生じ得ない独自の人間関係を形成したといえる。これらの特徴は、式目の注釈作業を別にすれば、飯尾氏や松田氏等の、他の主要な六波羅奉行人家にも認められるものであろう。[49]また斎藤・飯尾・松田氏等は室町幕府奉行人としても活躍するが、例えば第三節1で触れたように、室町幕府における奉行人の権門寺社紛争への対応形態は六波羅探題のそれと共通しており、斎藤氏等は室町幕府奉行人としての活動規範を六波羅奉行人時代に形成したとも評価できる。

ところで、第三節2で斎藤基任が作歌活動を通じ公家と親密な交遊関係を築いたことを考察した。その基任は『草庵集』に拠ると、「思の外の事によりて、いなば《因幡》の国にくだり《下》て後、かしら《頭》おろし」たという。[50]「思の外の事」つまり不慮の出来事によって、因幡に下向して出家を遂げたというのである。因幡に下向したのは同国四部保が斎藤氏の所領であったからだろう。[51]基任は同保で出家したと考えられる。また基任は、少なくとも文保二年（一三一八）三月まで在俗人として確認できるから、[52]その出家はこれ以降の出来事とわかる。それでは「思の外の事」とは一体何であったのだろうか。推測するに、基任は公家とのあまりに親密な関係を幕府側に咎められたのではなかろうか。

先に掲げた、正和四年（一三一五）三月五日の花十首寄書には北畠具行という注意すべき人物もみえている。具行は元弘の変（一三三一）に際し、京都を逃亡した後醍醐天皇に従い、笠置山に籠城した天皇の側近である。笠置陥落後、捕えられ近江で斬られた。[53]また基任の師匠である二条家の人々も、後醍醐天皇の倒幕運動に加担した形跡がある。[54]基任は幕府側にとって危険視された人物と交流を持っていたことになる。近年、後醍醐天皇は文保二年二月の践祚直後から倒幕の意思を懐いていたことが明らかにされている。[55]同年三月以後という、基任の出家時期とを併せ考えると、文化活動を通じたものとはいえ、北畠具行等の後醍醐天皇側近との密接な関係を疑われ、出家遁世を遂げざるを得ない状況に追い込まれたのではなかろうか。基永や基茂に明らかなように、奉行人の場合、出家しても職務に携わるのが普通である。出家＝引退を意味しない。しかし基任の場合、出家後に奉行人として活動した形跡は見出せない。出家して奉行人を引退したと考えざるを得ない。基任は政治的理由により出家遁世したとみるのが自然であろう。基任の活動は、文化活動を逸脱した政治活動と見做されたのである。文士たる六波羅奉行人といえども、公家社会との必要以上の交わりは、幕府から警戒の目を以ってみられたといえよう。斎藤基任と公家との交流はあまりに親密に過ぎ、鎌倉幕府の容認するところではなかったのである。

鎌倉末期になると、斎藤一族のなかに、悪党と指弾された人物の烏帽子親となった基秀[56]（斎藤氏略系図・表11参照）や三河守護（足利氏ヵ）に祗候した五郎左衛門尉某も登場してくる。[57]幕府（六波羅探題）以外の世界ともつながりを持とうとしたのは基任のみではなかった。六波羅奉行人斎藤氏は在京活動を通じ、敏感に社会の変化に対応し、その活動舞台を広げつつあったともいえるだろう。[58]

〔註〕

（1）上横手雅敬氏「鎌倉幕府法の限界」（『日本中世国家史論考』塙書房、一九九四年、初出一九五四年）、仲村研氏「紀伊国阿氐河荘における片仮名言上状の成立」（『荘園支配構造の研究』吉川弘文館、一九七八年、初出一九六五年）、黒田弘子氏「裁判にゆれる荘園」（阿部猛氏・佐藤和彦氏編『人物でたどる荘園史』東京堂出版、一九九〇年）、同「百姓申状と本所裁判」（鎌倉遺文研究会編『鎌倉遺文研究Ⅰ　鎌倉時代の政治と経済』東京堂出版、一九九九年）等が阿氐河荘相論における斎藤基茂の活動について考察している。

（2）ただし①兵衛尉某と⑪左近□某は表11の他の人物と同一人の可能性もあり、最少では十四名となる。なお表11の典拠については本編第一章表7を参照されたい。

（3）本編第一章参照。

（4）『沙汰未練書』（佐藤進一氏・池内義資氏編『中世法制史料集』第二巻室町幕府法、附録）。

（5）高野山文書又続宝簡集七十八、文永四年五月三十日付六波羅御教書案（『鎌倉遺文』九七一三）、同七十九、（文永四年十一月八日）紀伊阿氐河荘地頭等言上状（『鎌倉遺文』九七九九）、同五十六・七十九、紀伊阿氐河荘雑掌陳状案（『鎌倉遺文』九八二六）。

(6)『小早川家文書』(大日本古文書)之二、二八五、元応二年九月二十五日付関東下知状写。なお筧雅博氏『蒙古襲来と徳政令』(講談社日本の歴史10、二〇〇一年)二一四頁参照。

(7)近衛家領丹波国宮田荘訴訟文書、正安二年四月日付丹波宮田荘雑掌円詮庭中言上状(東京大学史料編纂所架蔵影写本に拠る)。

(8)第二篇三二五~三二九頁。

(9)関東奉行人の所見については佐藤進一氏『鎌倉幕府訴訟制度の研究』(岩波書店、一九九三年、初出一九四三年)附録「鎌倉幕府職員表復元の試み」を参照。ただし斎藤基宣については、佐伯藤之助氏所蔵文書、嘉暦四年正月二十四日前将軍久明親王百ヶ日仏事布施取人交名案(『鎌倉遺文』三〇四九七)にみえる「手長　斉〔斎〕藤雅楽四郎」を基宣に比定し、奉行人と推定した。なお川添昭二氏「鎮西評定衆及び同引付衆・引付奉行人」(『九州中世史研究』一、一九七八年)において鎮西奉行人斎藤利高・孫四郎・左衛門大夫・左衛門三郎が検出されているが、斎藤系図に該当する人物は見出せない。

(10)斎藤基茂は越前方上荘下司斎藤助高と相舅の関係にあり(註〈7〉史料)、六波羅奉行人として京都に常住した後も越前と緊密な関係を持っていたことが窺える。なお助高は河合流斎藤氏の一族で、鎌倉御家人ではなく公家に仕えていたようである(『尊卑分脈』第二篇三四五頁参照)。

(11)本編第一章・第三章参照。

(12)南北朝期の史料であるが、『園太暦』(史料纂集)延文四年四月十二日条所載の諏訪円忠条々・洞院公賢勘返状に「﨟次事、或武家右筆者不レ依二官位一、為二参次第一」とみえ、奉行人の序列が官位を基準としない年功序列方式であったことがわかる。これを南北朝期特有の方式とみる必然性はなく、鎌倉期も同様であったと考えて支障はないと思われる。

(13)高橋一樹氏「鎌倉幕府の保管文書とその機能」(河音能平氏編『中世文書論の視座』東京堂出版、一九九六年)・「鎌倉幕府における訴訟文書・記録の保管利用システム」（『歴史学研究』七五八、二〇〇二年）に①・②の事柄について考察があり、以下の記述は氏の研究に依拠した点が少なくない（特に①について）。

(14) 宗像神社文書、『鎌倉遺文』七二七五。

(15) 田良島哲氏「六波羅探題発給の二枚の制札」（『日本歴史』五一一、一九九〇年）参照。

(16) 内閣文庫所蔵美濃国茜部荘文書、弘安元年十二月八日付六波羅下知状（『鎌倉遺文』一三三二六）。

(17) 斎藤基永の子基明の下知符案所持の実例が、高野山文書又続宝簡集百四十二、嘉元三年三月日付備後太田荘山中郷雑掌慶海訴状案（『鎌倉遺文』二二一五〇）から知られる。

(18)(19) 池内義資氏編『中世法制史料集別巻』御成敗式目註釋書集要。

(20) 「『関東御式目』作者考」（石井進氏編『中世の法と政治』吉川弘文館、一九九二年）。義江氏の見解の引用も本論文による。

(21) 『尊卑分脈』第二篇一九七頁。

(22) 『三長記』（増補史料大成）建永元年十一月五日条。

(23) 『吉続記』（増補史料大成）文永八年八月二十八日条。

(24) 『岡屋関白記』（大日本古記録）寛元四年三月二十八日条。

(25) 文選読という「一つの語をまず音読し、さらに同じ語の訓を重ねていう読み方」が存在した（『日本国語大辞典』〈小学館〉「もんぜんよみ」の項）。

(26) 『尊卑分脈』第二篇五三〇頁、『公卿補任』（新訂増補国史大系）弘安六年条藤原基長尻付。

(27) 今江廣道氏「法家中原氏系図考証」（『書陵部紀要』二七、一九七五年）参照。

(28) この他に『関東御式目』二十七条には佐藤業連の見解も引用されている。業連は兄弟の行幹とともに関東奉行人を経歴した。本編第二章参照。

(29) 出典の詳細については本編第一章表7を参照されたい。なお六波羅使節に関する研究に外岡慎一郎氏「六波羅探題と西国守護」(『日本史研究』二六八、一九八四年)、高橋慎一朗氏「六波羅探題被官の使節機能」(『遙かなる中世』一〇、一九八九年)があり、前者は使節遵行を担う在京人を中心とする両使制について考察し、後者は使節(在京人・奉行人・探題被官等)ごとの役割分担を論ずるが、両者ともに奉行人の使節活動を主題としたものではない。

(30) 斎藤氏の使節活動が弘安年間を初見とすることは、時期的に遅いように感じられるが、六波羅使節(両使)が本格的に機能するのは建治三年以降とされており(外岡慎一郎氏「鎌倉末～南北朝期の守護と国人」〈『ヒストリア』一三三、一九九一年〉参照)、斎藤氏の使節活動はむしろ早期から始まっているといえる。

(31) 表12④は、連署北条時村の暗殺という幕府政変をその守護国長門に伝達したケースであり、緊迫した状況下で特別に、六波羅奉行人二名(斎藤基明・松田頼直)+探題被官二名(向山敦利・石川弥二郎)という使節構成がとられたと考えられる。

(32) 辻善之助氏『日本仏教史』(岩波書店、一九四九年)第三巻中世篇之二、三八九・三九〇頁に、事件の概略が述べられている。

(33) 東京大学史料編纂所架蔵写真帳春日大社史料(日記)七。

(34) 六波羅における裁判の場を通じて公家・権門寺社と独自の人間関係が生じた可能性も考えられるが、今のところ明確な具体例は見出せない。六波羅奉行人斎藤氏は在京御家人でもあり、奉行人としての職務活動以外の場でこのような人間関係が形成されたことが確認できる(本節2参照)。

(35) 例えば「迎陽記」康暦元年十一月二十二日条(『静岡県史』資料編6中世二、九四七)。斎藤基兼と安威詮有が両使として南都に派遣されている。

(36) 近衛家文書、(正和五年)丹波宮田荘雑掌申状案(『鎌倉遺文』二五六七三)、『新千載和歌集』(『新編国歌大観』第一巻)七五七、『茂重集』(『私家集大成』4)一八三・一八五参照。

(37) 註(7)史料。
(38) 『花園天皇日記』（史料纂集）正中元年九月十九日条、『太平記』（日本古典文学大系）巻第一「頼員回忠事」。
(39) 金沢文庫文書、（元徳元年）極月二十一日付崇顕（金沢貞顕）書状（『鎌倉遺文』三〇八二七）に「長野ハ斎藤等と無㆓内外事㆒けに候」とあり、長野氏（伊勢の御家人工藤氏カ）との親密な関係も窺われる。
(40) 『太平記』巻第九「六波羅攻事」、『近江国番場宿蓮華寺過去帳』（『群書類従』第二十九輯）。
(41) 歌人としての斎藤氏の事績については井上宗雄氏『中世歌壇史の研究　南北朝期（改定新版）』（明治書院、一九八七年）参照。西畑実氏「武家歌人の系譜」（『大阪樟蔭女子大学論集』一〇、一九七二年）も斎藤氏について触れている。
(42) 『続群書類従』第十六輯下。なお『水蛙眼目』（『群書類従』第十六輯）にも同様な記述がある。
(43) 『草庵集』（『私家集大成』5）一四〇・二三六・二八四・四五八・一〇五〇・一一五五、『続草庵集』（同）二一・八九・一三八・三〇四等に基任と頓阿との交流がみえる。
(44) 『兼好法師家集』（岩波文庫）一四七・一九五。
(45) 『草庵集』一二九九～一三〇三。
(46) 井上宗雄氏他編『頓阿法師詠と研究』（未刊国文資料第三期第九冊）、一九六六年。
(47) 『新拾遺和歌集』（『新編国歌大観』第一巻）一五二・八三三・九七二・一〇七二。
(48) 『実任卿記（継塵記）』（『歴代残闕日記』）文保二年正月十一日条に、二条為藤亭和歌所会始において基任が和歌懐紙を進めたことがみえる。また『続現葉和歌集』（『新編国歌大観』第六巻）六六五に、基任が二条為定に和歌を求めたことがみえる。
(49) 例えば、『継塵記』（今江廣道氏「『光業卿記』と『継塵記』」、國學院大學日本文化研究所編『大中臣祭主藤波家の研究』続群書類従完成会、二〇〇〇年）嘉暦元年十一月六日条に、六波羅奉行人と思われる飯尾某が日野行氏亭の詩会に参加していることがみえる。なお日野行氏は俊基の兄弟である（『尊卑分脈』第二篇二一四頁）。

(50)『草庵集』一一五五。

(51) 師守記貞治三年二月巻紙背文書、文保二年三月日付大炊寮領便補因幡四部保雑掌成信言上状、同貞治三年三月巻紙背文書、文保二年二月二十二日付六波羅御教書案(『師守記』〈史料纂集〉第七、九六・九七頁)等。なお『続草庵集』八九・一三八・四五六にも斎藤氏と因幡との関係がみえる。

(52) 師守記貞治三年二月巻紙背文書、文保二年三月日付大炊寮領便補因幡四部保雑掌成信言上状。

(53)『増鏡』(日本古典文学大系)第十六「久米のさら山」。

(54)『花園天皇日記』正慶元年四月十日条に元弘の変の処分として、二条為世は老齢を理由に赦免され、二条為定は出仕停止の上、為世に預けられたとみえている。

(55) 村井章介氏「吉田定房奏状はいつ書かれたか」(『日本歴史』五八七、一九九七年)。

(56) 田代文書、建武五年閏七月日付田代基綱言上状案(『高石市史』第二巻史料編Ⅰ、一三二)、同、嘉暦二年正月十七日付源秀清請文(『鎌倉遺文』二九七二三)。

(57) 氏経卿引付四―一一六、元応二年五月十六日付内宮解(『三重県史』資料編中世1上)。

(58) 基行流斎藤氏についてあまり触れられなかったが、利行は北条貞時の追悼歌を詠じ(『玉葉和歌集』〈『新編国歌大観』第一巻〉二三八三)、正中の変における後醍醐天皇方の企てを六波羅探題を介さず幕府に急報する(藤島神社文書、〈正中元年〉九月二十六日付結城宗広書状〈『鎌倉遺文』二八八五三〉)など、得宗政権と密着した姿勢が窺える。このような幕府中枢と結びついた政治性の濃い動きは、基茂・基永流には見出し難いと思われる。

第三編　洛中警固・在京得宗被官

第一章　鎌倉時代の洛中警固に関する考察

はじめに

前編までは主として六波羅探題の西国成敗を担った職員を中心に考察してきたが、本編では六波羅探題のもう一つの主務である洛中警固と、在京得宗被官について考える。

本章では文治元年（一一八五）の京都守護北条時政の上洛から暦仁元年（一二三八）の篝屋設置頃までの時期を中心に、洛中警固に関して考察する。

洛中警固とは京中の治安維持活動や僧兵の入京阻止のための活動などを意味している。院政期以来洛中警固には、検非違使や北面武士があたってきたが、その有名無実化とともに、在京御家人（在京人）や六波羅探題が関与していくこととなる。このような鎌倉時代の洛中警固についての専論は、(1)鎌倉時代の検非違使を主題とした考察、[1] (2)京都守護など鎌倉初期在京勢力の洛中警固への関与を検討したもの、[2] (3)六波羅探題設置後の洛中警固に関する考察、[3] (4)篝屋制度に関する研究、[4] (5)幕府・六波羅探題と検非違使庁との関係についての検討、[5] の主に五つに分類できる。本稿では主として(5)の視点を中心に、(1)〜(4)も含めて総合的に考察を加える。特に各時期の公武関係に留意しながら考察を進めたい。それは洛中警固が公家政権の権力拠点京都の守護を意味しており、その警護形態に当然その時期毎の朝幕関係が反映していると考えるからである。

また、幕府・六波羅探題と検非違使庁との関係の変化を考える際の指標として、幕府による京中罪人の身柄請取り、処断代行に注目したい。この制度は頼朝時代の建久二年（一一九一）に始まり、一時的中断はあるものの、六波羅探題設置後も継続されていく。その制度成立の背景及び展開過程は、本論で考察するように、公武関係の変化に伴う鎌倉時代の洛中警固の変遷過程をそのまま映し出していると言ってよい。重要な出来事でありながら、この制度の実例を網羅的に検出し、鎌倉時代の洛中警固の変遷と関連付けた考察は存在していない(6)。そこで本稿では、幕府による京中罪人の身柄請取り、処断代行制度の考察を軸に、各時期の公武関係に留意しながら、鎌倉時代の洛中警固について考えてみたいと思う。

第一節　文治年間における洛中警固

源平争乱の最中の元暦元年（一一八四）十二月七日、右大臣九条兼実は、「近日群盗之恐連夜不レ絶」という洛中治安の乱れから、その対策を願う奏状を後白河法皇に上呈している（『玉葉』同日条）。同奏状によれば、

近曾以来、放火間起、盗賊頻聞、不レ嫌二月卿雲客之居処一、不レ論二洛中城外之舎屋一、連夜之災追レ日無レ絶、非三啻奪二資財一、殆又及二死傷一、

という状態であった。文治元年（一一八五）三月、平家が壇の浦に滅んで源平合戦は終結をみるが、京都近辺の治安の悪さは同様で、同年五月においても「京畿群盗蜂起」(7)していた。

右をみただけでも、源平合戦の内乱期から、その終結を経た時期に至っても、京中での放火・群盗の跳梁が深刻な社会問題となっていたことがわかる。本節では、このような状況にあった源平合戦終了直後の洛中治安維持に対して、

鎌倉幕府がどのような姿勢をもって関わったのかをみていきたい。時期的には頼朝上洛前年の文治五年までとする。

さて、幕府側の洛中治安維持にあたる中心的機関は、当該期においては京都守護である。その初代北条時政は、文治元年十一月二十四日、千騎の軍勢を率いて入京した（『玉葉』同日条）。「北条殿被レ帰二関東一之後、洛中之狼藉不レ可二勝計一」[8]とみえている程なので、時政が京都守護の職名にふさわしく洛中警固に力を発揮したことが知られる。特に次の『吾妻鏡』文治二年二月十三日条は注目される。

十三日辛酉、当番雑色自二京都一参着、進二北条殿状等一、（中略）正月廿三日、同廿八日、洛中群盗蜂起、則搦二獲之一、去一日、十八人梟首畢、経二数日一者、似二刑寛一之間、不レ及レ召二渡使庁一、直致二沙汰一云々、

庁例という検非違使庁の慣習法によって、「於二死罪一者停止、年来官人下部等、有二容隠一之時、雖二強盗一、頗加二寛宥一、赦令時原免、如レ本《マヽ》又犯レ之」[9]すという有様であってみれば、右のように時政が群盗の身柄を検非違使に渡さず直接刎刑に処したことは、鎌倉に報告していることよりして特別の処置とは考えられるものの、洛中の鎮静化に大いに効果をもたらしたはずである。

文治二年三月、北条時政は帰東するが、洛中警固のために「平六兼杖時定」「ひたちほう《常陸房昌明》」以下の三十五名を京に残している[10]。『吾妻鏡』同年三月二十四日条には、「洛中警衛事者示二付平六時定一、内々二品《源頼朝》仰也」とあるから、その中心的存在は北条時定であった。また京都守護の地位には、時政に替って頼朝の妹婿一条能保が就任したが[11]、公家なのでさほどの武力は有していなかったであろう。

時政帰東後は、このような人々が洛中警固にあたることになったのであるが、『吾妻鏡』文治三年八月十二日条は、図らずも彼らの無力さを物語っている。

十二日庚辰、右武衛能保消息到来、当時京中、群盗乱二入所処一、尊卑為レ之莫レ不レ消レ魂、就レ中、去年十二月三日、強盗推二参太皇太后宮一、殺二害大夫進仲賢以下男女一以来、太略隔レ夜有二此事一、差二勇士等一、殊可二警衛給一之由、有二天気一云々、

前年十二月頃より群盗が横行し、朝廷は京都守護一条能保を通じてその鎮圧を幕府側に要請しなければならなかったのである。北条時定を中心とした幕府の在京勢力による洛中警固が、ほとんど有効たりえなかったことは明らかであろう。このような時政帰東後の洛中治安の悪化は、先に述べた三十五名のなかに、「弥源次」「ちうはち（中八）」「ちうた（中太）」の如きせいぜい弱小御家人としか考えられぬ人々が大半を占めていることよりすれば、当然の結果ともいえる。そして、さらにその一方で、北条時定に命じられた「洛中警衛」の任務自体にも、このような状況をもたらす原因の一つがあったと考えられる。

時定の動向をみると、僅かに文治四年に強盗を搦め取っていることが知られるが[12]、これ以前の同二年五月には、常陸房昌明とともに、逃亡中の源行家を討ち[13]、翌月には大和国宇多（陀）郡に源有綱（源義経女婿）を誅し[14]、またその約三年後の文治五年三月には、義経与党の按察使朝方家人出雲目代兵衛尉政綱の身柄を預かる等の活躍がみられる[15]。これらのことは、時定の主要任務が、逃亡中の行家・義経、並びにその与党人の追捕にあったことを示しているのである。頼朝が時定に命じた「洛中警衛」は、一般的な治安維持よりは行家・義経追捕に主眼が置かれていたとみねばなるまい。

時政が下向した文治二年三月末から一条能保の消息がもたらされた同三年八月頃までは、幕府勢力による有効な洛中警固体制は成立していなかったのである。

むろんこの時期、平安初期以来の洛中警固機関である検非違使庁は、全く機能を失っていたわけではない。例えば、文治三年十月四日、大夫尉藤原信盛は御所に押し入った盗賊を搦め取っており（『玉葉』同日条）、また翌年には、検非違使大江経広も強盗を捕えている。[16] しかし、先に「都玉記」でみた如き庁例による寛刑の盛行は、犯罪→逮捕→赦免→再犯という悪循環をもたらし、また「近代使庁沙汰、逐レ日尫弱、偏如二鴻毛一」[17]しと、その弱体化は如何ともし難かった。源義経捜索につき「京中夜行」[18]や「相分保々《(マヽ)》可二尋求一」[19]きことが使庁に命じられているものの、その効果は疑問視せざるをえまい。「大理《(四条隆房)》云、（中略）京中郡盗事条、雖レ被二宣下一、全不二施行一、為二之如何一」[20]という状態には、文治当時の検非違使庁の無力さが露呈している。

さて、先述したように、文治三年八月に朝廷側から洛中警固の要請をうけた源頼朝は、千葉常胤・下河辺行平両名の東国有勢御家人に上洛を命じた。[21] 行平は九月十一日に、常胤は同十四日に入洛した。[22] 一ヵ月もたたぬ十月八日にはともに鎌倉に帰参しているから、下向に要した日時を考慮すれば、滞京日数はせいぜい二十日間位であろう。この間下河辺行平は、群盗八人を捕え「不レ相二触使庁一、任二北条殿《(時政)》之例一」せて刎首している。[23] ただしこの場合も特例で、処断権については、これ以前頼朝は「可レ為二使庁沙汰一」と朝廷側に申し入れており、[24] 基本的には検非違使庁の権限に属していた。けれども、このような厳刑が効を奏したらしく、「各在洛、雖レ不レ歴二幾日数一、更不レ聞二狼藉事一、自然無為」[25]であった。しかしながら、常胤・行平の上洛に関して最も注意すべきは、その在京期間の短さである。彼らは何故、治安維持のため長期間に亘って滞京せず二十日前後の滞在で下向してきたのであろうか。この点に当時の幕府の洛中警固に対する姿勢が表われていると考えられるが、『吾妻鏡』文治三年八月三十日条からは常胤・行平上洛の真の目的を窺うことができる。

卅日丁酉、千葉介常胤為㆓御使㆒上洛、是洛中狼藉事、為㆓関東御家人等所為㆒歟之由、有㆓疑貽㆒之旨、風聞之間、為㆑令㆓尋沙汰㆒也、合御使行平先以進発訖、（後略）

常胤・行平上洛の最大の目的は、洛中狼藉（群盗行為等）が御家人の仕業ではないかとの疑惑の解明に置かれていたのである。であるから、常胤・行平は、この疑惑の無実なることを確認しさえすれば、すぐに京都を離れてかまわなかったのである。「各在洛……自然無為」というのは、結果的にそうなったにすぎない。朝廷側としては、常胤・行平のより長期的な在京を望んだであろうが、幕府側にはそのようにさせる意志は全くなかったと考えるべきである。ただし、幕府側の意図の如何は別として、朝廷側が武士の力を再確認し、洛中警固のため不可欠の存在と認識したことは間違いあるまい。

常胤・行平両名が京都を離れて程無くの文治三年十月八日、摂政九条兼実は群盗対策を左大臣大炊御門経宗・右大臣徳大寺実定に諮問し、「仰㆓使庁并武士等㆒、分㆓保々㆒、可㆓守護㆒、且又可㆑被㆑仰㆓頼朝卿㆒」という回答を得ている（『玉葉』同日条）が、これ以後文治年間における幕府の洛中警固に対する協力的姿勢はみられず、また既述したように、文治四年当時「京中郡（マヽ）盗事条、雖㆑被㆓宣下㆒、全不㆓施行㆒」という状態であってみれば、経宗・実定の意見が採用され朝廷から幕府側に申し入れがなされたとしても、幕府はそれに応じた動きはほとんどみせなかったものと考えざるをえない。

文治年間における洛中警固は、源行家・義経問題を始めとする幕府成立直後の公武間の微妙な対立関係により、それを反映して、幕府の消極的な姿勢が基本的には貫かれたと考えられる。(26)

第二節　建久元年頼朝上洛と洛中警固体制の成立

前節でも一部引用したが、「都玉記」建久二年（一一九一）十一月二十二日条には次のようにある。

十一月廿二日、丁卯、今日京中強盗等所レ被レ遣二前大将《(源頼朝)》許一也、於二六条河原一官人渡二武士一云々、見在十人也、於二死罪一者停止、年来官人下部等、有二容隠一之時、雖二強盗一、頗加二寛宥一、赦令時原免、如レ本《(マヽ)》又犯レ之、仍遣二関東一可レ遣二夷島一云々、永不レ可二帰京一、是又非二死罪一、将軍奏請云々、人以甘心、

庁例によって、検非違使が強盗等重罪人に対して律に基づき断罪しえない現実のなかで、幕府がその身柄を預かり、「遣二夷島一」すという方法で処断を代行しようとしているのである。そしてこの夷島流刑は、「将軍奏請云々、人以甘心」とあるように、源頼朝によって朝廷側に提案されたものなのであった。

ところで、この記事については、遠藤巌氏・大石直正氏・海保嶺夫氏註（6）論考等によって、国家領域の境界——流刑地としての蝦夷地との関連で言及されている。しかしながら、洛中警固や公武関係からの視点に立った考察はほとんどなされていないので、この立場から検討を加えてみたいと思う。

さて、右の記事で注目したいのは、建久二年という年次と「将軍奏請」という事実である。つまり、前節でみたように、少なくとも前々年の文治五年（一一八九）までは洛中警固に対して消極的姿勢であった幕府が、建久二年の時点では積極的な姿勢を示しているのである。文治五年から建久二年までの間に、幕府の洛中警固に対する方針が変化したとみなければなるまい。では、このような変化は一体何によってもたらされたのであろうか。一つの推測として、これには建久元年十一月の頼朝上洛が関係している、と考えることができるのではあるまいか。そこでこの点を考え

てみることにしよう。

文治五年奥州藤原氏を滅した源頼朝は「天下落居」[27]との認識のなかで、翌建久元年十一月七日に初度の上洛を果たした。十二月十四日に下向の途につくまで、その滞京は一ヵ月余りに及び、この間、後白河法皇や摂政九条兼実等の公家政権側の実力者と会談している。

さて、先にみたような幕府側からの洛中警固への協力的関与が、この頼朝上洛中に取り決められたことを直接物語る史料は管見の限り見出せないが、次の『玉葉』建久元年十二月十八日条に注目したい（傍点筆者）。

十八日戊戌、（中略）隆房《（四条）》以㆓家実《（日野）》㆒、自㆑院被㆑仰㆓前大将《（源頼朝）》申状二ケ条事㆒、群盗事并新制事等也、（後略）

やや文章が不明確であるが、摂政兼実が後白河法皇から院司四条隆房→蔵人右少弁日野家実[28]というルートで頼朝申状二ヵ条を伝えられた条文である。注意したいのは傍点部で、頼朝申状の一ヵ条が「群盗事」であった点である。その内容について兼実は記さなかったが、頼朝はこれより四日前の十二月十四日に下向の途についているのであるから、頼朝の滞京中ぎりぎりまで、彼と朝廷との間で折衝を経た重要な案件であったことは推測に難くない。私は、この「群盗事」こそが、罪人請取り・夷島流刑の如き、幕府側からの洛中警固への協力的な関与を表面化したものに他ならないと考えるのである。

幕府による罪人の請取り・夷島流刑が実際に行われたのは、建久元年十二月から十一ヵ月後の翌年十一月であったが、これは、幕府側が「都玉記」に見られた如き検非違使庁において慣習法となっていた庁例を無視・否定することなく、「人以甘心」するような罪人処断を行うために、その考案期間として費やされたものと推定される。この間の建久二年四月一日、京都守護一条能保が検非違使別当に補任され、同年十二月まで在職していた（『公卿補任』〈新訂増補国史大系〉）ことは、罪人請取り・夷島流刑実施に際して能保が大きな役割を果たしたことを物語っている。そして、庁例と抵触しないこのような処断方法は、かつて、平家一門で検非違使別当に三度任じた平時忠が、庁例を無視して刑罰を行い、「希代事」と公家達に非難された(29)ことを十分考慮しながら考え出されたものであろう。(30)また、『古今著聞集』（巻第十二、偸盗第十九「四三四中納言兼光検非違使別当の時腰居の盗人を内問の事」〈日本古典文学大系〉）に、

　中納言兼光卿、建久二年十二月廿八日、検非違使別当になりて、庁務ことにおこし沙汰ありける

とみえている（兼光は能保に次いで別当となった）のは、頼朝が洛中警固に積極的に協力しただけではなく、朝廷側に対しても検非違使庁の再興を要請したことを推定させるであろう。

　以上、『玉葉』建久元年十二月十八日条から、「都玉記」にみられた幕府による強盗等重罪人の請取り・夷島流刑が、建久元年頼朝上洛中の公武交渉を契機として行われたものであったと考えてみた。

　ところで、罪人の請取り・流刑といっても、それはあくまでも処断権の行使（とはいえ代行）に関することである。洛中警固活動には、一方で追捕権の所在することは言うまでもない。そこで次に、頼朝上洛以後、幕府勢力が如何なる形で京中の犯罪人追捕活動に関わるようになったかをみておきたい。

　建久初年の幕府在京勢力による洛中警固（追捕）についてみるべき史料は、『吾妻鏡』建久三年六月二十日条であろう（傍点筆者）。

　廿日庚寅、美濃国御家人等、可レ従二守護相模守惟義（大内）下知一之由、被二仰下一云々、是為レ被レ鎮二洛中群盗等一也、

　　前右大将（源頼朝）家政所下　　美濃国家人等

　　　可三早従二相模守惟義催促一事

右、当国内庄之地頭中、於下存二家人儀一輩上者、従二惟義之催一、可レ致二勤節一也、就レ中近日洛中強賊之犯有二其聞一、為レ禁二遏彼党類一、各企二上洛一、可レ勤二仕大番役一、而其中存下不レ可レ為二家人一之由上者、早可レ申二子細一、但於二公領一者不レ可レ加レ催、兼又重隆佐渡前司郎従等催召、可レ令レ勤二其役一、於二隠居輩一者、可レ注二進交名一之状、所レ仰如レ件、

建久三年六月廿日

（署判者略）

大内惟義の美濃国守護在職は既に文治三年頃より徴証があるので、右の条文に引用されている前右大将家政所下文は、守護惟義に大番催促を一般的に授権したものと考えられている。[31] 注意したいのは傍点部で、「洛中強賊」の禁遏が大番役勤仕の目的とされていることである。すなわち、この政所下文は、美濃国御家人が守護大内惟義に従い京都大番役を勤仕するとともに、洛中群盗の鎮圧にも駆使されることを示しているのである。

このような守護が管国内御家人を率いて洛中追捕にあたる体制は、淡路・阿波・土佐三ヵ国の守護佐々木経高が「帝都警衛人数」[32]、あるいは「洛中警衛之士」[33]と称され、京中において強盗人を召し捕らんとしている事例も知られる[34]から、美濃だけではなく、畿内近国全般に及んだものと解すべきであろう。[35] もちろん、かかる洛中警固体制は幕府の了解なしには成立しえたはずがない。建久三年には認められる、畿内近国守護―御家人による洛中警固（追捕）体制もまた、先述の『玉葉』建久元年十二月十八日条にみられる如き、頼朝上洛の際の公武交渉に直接の契機を求めるべきであろう。

さて、それでは何故、頼朝上洛が契機となって、京中罪人請取り・夷島流刑、及び畿内近国守護―御家人による洛

中警固体制が成立したのであろうか。この点について考えてみたい。もちろんそれが、頼朝上洛中の公武折衝による、と言ってしまえばそれまでだが、問題は何故そのような折衝がもたれるに至ったかにある。つまり、幕府の洛中警固に対する姿勢が、頼朝上洛を挟んで、非協力的↓協力的に変化した根本的理由を明らかにしなければならないのである。これを考えるに際して、上横手雅敬氏「建久元年の歴史的意義」(36)に注目したい。

> 義経追討と反乱防止のために発足した守護地頭制は、奥州征伐によって、その使命を一応終了したのであるが、今や頼朝が御家人を統率し、国家的な軍事警察を担当するシステムが、恒久的な「諸国守護権」として、制度的に固定されるに至ったのである。

この上横手氏の見解は、公武――後白河法皇対源頼朝――対立という従来の図式を批判し、奥州合戦後、公武関係はむしろ融和的状況を迎えたとする観点から出されたもので、建久元年に至り、幕府が国家的に軍事・警察権を行使する機関として、国制上に位置付けられたとされたのである。要するに氏は、頼朝上洛中に「諸国守護権」が附与・確認されたとみておられる。

私は、頼朝上洛後幕府が協力的関与を行った洛中警固も、この「諸国守護権」行使の一環とみてよいのではないかと思う。それは、杉橋隆夫氏が右の上横手説を継承・発展させたなかで重視された、(37)「三代制符」建久二年三月二十三日付後鳥羽天皇宣旨(『鎌倉遺文』五二三、建久I令、全十七条)第一六条「可レ令下二京畿諸国所部官司一搦中進海陸盗賊并放火上事」(被命令者は「前右近衛大将源朝臣《頼朝》并京畿諸国所部官司」)に、「京」が含まれているからである。頼朝上洛=「諸国守護権」の獲得を契機として、幕府が罪人請取り・夷島流刑、畿内近国守護―御家人による洛中追捕という洛中警固制度を成立させたと考えるのは、理解しやすいところであろう。(38)そして、このように考えることによって、

「諸国守護権」が頼朝上洛中に附与・確認されたとみる上横手・杉橋両氏の見解も補強しうるであろう。

洛中警固体制が機能しはじめた建久四年、

京都警衛勤厚御家人等者、其賞可レ超二過関東近士一之趣、被二仰下一云々、

との『吾妻鏡』（二月二十八日条）の記事は、頼朝（「諸国守護権」者）が洛中警固を重視したこと、及びそれにあたる在京御家人（その多くは畿内近国守護）を在鎌倉御家人以上に優遇したことを示しており、大変興味深い。

頼朝は建久元年の上洛により、恒久的な「諸国守護権」を獲得したのであるが、一方でそれに伴い洛中警固に対する義務を背負わざるを得なくなったともいえる。その具体的現れが、追捕の面では畿内近国守護―御家人による体制、処断の面では京中罪人の請取り・夷島流刑という制度の発足であったのである。しかし、前者の畿内近国守護―御家人による洛中警固体制は、頼朝の死後、次第に治天の君後鳥羽上皇の掌握するところとなっていく。

以上、前節と本節で鎌倉初期の洛中警固について考察を加えたが、従来公武交渉を踏まえて位置付けられたことがなく、[39]ここに初めて明確にしえたと思う。次節では、後鳥羽院政下の洛中警固（追捕）と罪人請取り・夷島流刑制について考えてみたい。

第三節　承久の乱以前の洛中警固

承久の乱以前、つまり後鳥羽院政下で洛中警固の主力として活躍したのは在京御家人である。建久元年（一一九〇）の上洛で頼朝が「諸国守護権」を獲得したのに伴い、在京御家人がその分身として洛中の追捕活動にあたることとなった。在京御家人の多くは畿内近国守護であり、管国内御家人を率いて洛中警固を行った。

佐々木定綱・広綱・経高・高重、大内惟義・惟信、小野義成・成時・盛綱、加藤光員・光資、後藤基清、五条有範、大江能範、大友能直、村上頼時、三浦胤義等が在京御家人の主要メンバーであり、一般的な京中の治安維持から寺社強訴の際の僧徒の入京阻止などにあたった。[40][41] 彼らは後鳥羽上皇によって検非違使や院の北面・西面の武士に組織され、次第に院の手兵化していく。[42] 京都守護の任にあった平賀朝雅でさえ、院の武力に取り込まれる。正治元年（一一九九）の頼朝の死後、源氏将軍が在京御家人に対して求心力を弱めつつあった状況のなかで、治天の君後鳥羽上皇が彼らを直属軍として組織していったのである。承久の乱において、上皇方の主力を構成したのも彼ら在京御家人であった。

次に幕府による検非違使庁からの罪人請取り・夷島流刑（以下単に「罪人請取り〈制〉」とする）のその後の展開についてみてみよう。承久の乱以前の実例をあげれば表13の如くである。

建久二年から建保四年（一二一六）までの二十六年間に、罪人請取りが五例見出される。

表13でまず注意されるのは、犯罪者が強盗（盗賊）・放火・海賊等の重犯人である点である。これは、罪人請取りが、庁例によって使庁が死罪を行いえない犯人を対象としていたことからすれば当然であるが、例えば御成敗式目でも、強盗・放火は断罪（斬刑）とされ[44]（三三条）、海賊も夜討・強盗・山賊とともに、守護の大犯三ヵ条の職権に付則された犯罪であった（三条）。検非違使の手から武士に引き渡された罪人達が重犯人であったことは明白であろう。そして見逃してはならないのは、強盗・放火・海賊が、前節でみた、「前右近衛大将源朝臣（頼朝）并京畿諸国所部官司」に追捕を命じた「海陸盗賊并放火」と全く一致していることである（建久I令第一六条）。このことは、「諸国守護権」者として頼朝（幕府）が上記犯罪者の追捕を行っただけではなく、その処断も罪人請取りによって代行したことを示している。[45]

表13　承久の乱以前の罪人請取り　※年月日は請取りの行われた日、また刑罰の（　）は推定を示す。

	年月日	犯罪者	刑罰	典拠
①	建久2・11・22（一一九一）	強盗十人	夷島流刑	都玉記
②	同5・5・12(43)	東西獄強盗人三十余人	（同）	仲資王記（大日本史料四－四、六〇一頁）
③	正治元・12・5（一一九九）	盗賊十九人	（同）	皇帝記抄（群書類従三）
④	承元4・5・6（一二一〇）	強盗六十三人・放火者少々	（同）	百錬抄
⑤	建保4・4・28（一二一六）	東寺凶賊已下強盗海賊之類五十余人	同	吾妻鏡建保四・六・十四条

次に注意されるのは、一度に多数の犯罪者が請取られていることである。最少で十人、多い時には六十人を上回っている。これは、使庁獄舎に拘禁された囚人が多数となった時——例えば、その収容能力の限界に達した場合——検非違使から武士に引き渡されたことを窺わせると思う。つまり、検非違使は犯人を追捕・拘禁したその都度、身柄を武士に渡していたのではなかったと推測されるのである。逆にいえば、幕府は罪人請取りを使庁に強制して行っていたとは考えられないのである。それは、表13の事例が年数をへだててみられることにも表れているが、次に掲げる『明月記』建永元年（一二〇六）九月二十九日条から容易に窺うことができる。

廿九日、（中略）今夜日来被二搦置一強盗十人、賜二衣装一被二追放一、自二叡慮（後鳥羽上皇）一発云々、人不レ知二其由一、（後略）

後鳥羽上皇は、拘禁されていた強盗十人に、衣装まで与えて「追放」（釈放の意であろう）したというのである。この記事は、京中罪人の処断はあくまでも院の裁量下にあったことを物語っている。これは、白河院政以来、院が検非違使庁を掌握してきたことによっているが、一方で、幕府といえども使庁に拘禁された犯人に対しては、朝廷側の処断に任せたことを示している。(46)すなわち、表13の事例が、朝廷（院）→幕府、つまり検非違使庁→武士という指令に従って実施されたケースであったことが推定されるのである。(47)

承久の乱以前では、罪人請取りは、幕府があくまでも朝廷（院）側の意向を尊重し、朝廷→幕府という指令に基づいて行われていたと考えられる。この見解は、当該期、京中犯罪人の処断権は使庁に属していたこと、さらに、先にみたように、後鳥羽上皇によって組織された在京御家人（畿内近国守護）が洛中追捕を担っていたことに照らしてみても妥当と思われる。当該期、洛中警固に対して主導権を握っていたのは院権力であった。この点に、後鳥羽院政期における朝廷と幕府との政治的力関係をみることも許されるであろう。

第四節　六波羅探題と洛中警固

六波羅探題は承久の乱後の京都占領軍として発足したこともあり、成立直後の主務は京方与党の追捕・捜索にあったとみられる。例えば、安貞元年（一二二七）四月には菅周則と小笠原長経が二位法印尊長を捕えている。(48)一方、洛中の追捕や治安維持に関わったのは、本間・宇間・菅・壱岐・大江氏らの探題被官であった。(49)六波羅探題の成立期、小笠原長経、佐原盛連、大友親秀（直）、長井時広・泰重らの有力御家人も在京していたが、(50)彼らが一般的な治安維持活動に従事した形跡はほとんど見当たらない[51]。承久以前洛中追捕に活躍していた在京御家人のほとんどが、承久の乱に際して院方に加わったことに鑑みて、幕府は在京御家人（在京人）を洛中警固に必要以上に関与させないよう六波羅に指示していたと考えられる。

この頃、公家政権の凋落に伴い京中の治安は乱れ、「近日群盗毎夜騒動[52]」といわれ、朝廷側にとって「群盗制止事」が深刻な問題となっていた。しかし朝廷から「雖レ被レ仰二六波羅一、成敗不二分明一云々、使庁沙汰不二事行一云々[53]」と、六波羅探題には、洛中警固に対して消極的な姿勢がみられ、検非違使庁も、かつてのように在京御家人で検非違使に任ずる者の存在しなくなった以上、ほとんど無力であった。

天福元年（一二三三）の追加法六三条[54]によれば、前年、京中強盗殺害人については検非違使の「沙汰」（追捕の意であろう）とされたのだが、摂政九条教実からの申し入れによって、使庁と武士とがともに「沙汰」することとなっている。検非違使が無力である以上、幕府は六波羅探題に対して使庁への協力を指令せざるをえなかった。ただし、嘉禎（一二三五～三八）頃までは、承久の乱以前には行われていた罪人請取りの事例も史料から全く見出せず、やはり洛中警固に対しては基本的に幕府・六波羅の消極的な姿勢が貫かれたと考えられる。

ところで、建久元年（一一九〇）源頼朝上洛によって、畿内近国守護─御家人による洛中警固（追捕）と罪人請取り制が成立したことは第二節で述べたが、これと同様に、暦仁元年（一二三八）の将軍九条頼経上洛も、篝屋という洛中警固制度を発足させる契機となった。

頼経は二月十七日入洛し、十月十三日帰東の途につくまで、滞京約九ヵ月に及び[55]、この間の六月十九日、洛中警固のため辻々に篝屋が設置されたのである（『吾妻鏡』同日条）。

従来、篝屋については、「将軍上洛中の警衛を目的として発足した」[56]ものと説明されているが、頼経の入洛は既に五ヵ月前であり、かかる目的ならばもっと早く置かれて然るべきであろうから、「将軍頼経を介しての朝廷側からの要請によって設置された」とみる山本博也氏の見解[57]が支持される。ただし、山本氏は単に「朝廷側からの要請」とされているが、頼経との在洛中における接触回数（『玉蘂』『吾妻鏡』参照）や、一旦の篝屋停止の通達がその政治的失脚（関東申次更迭）とともになされている事実[58]からみて、頼経父九条道家が篝屋設置に大きく関与したものと推定できる。道家→頼経→執権北条泰時という働きかけによって篝屋が設けられるに至ったものと考えられる。

篝屋設置に伴い、一二四〇～五〇年代には洛中警固を担う在京人体制も成立する[59]（第一編第三章参照）。篝屋武士・在京人は探題有力被官検断頭人の指揮の下、洛中警固にあたることとなる（第二編第一章参照）。また篝屋設置によって「洛中警固は、使庁保官人の保内警固と、六波羅篝屋守護人の大路・辻警固からなる体制が整備されたのである」[60]が、これと同時に、罪人処断権に関しても、使庁と六波羅との間で調整がはかられるようになる。そこで見落せないのは、罪人請取り制のその後の在り方であろう。次の二つの法令（A—追加法一一七条、B—同一六二条、ともに関東から六波羅宛）は、これを考える上で重要である。

A一　重科輩被二放免一事

右、於二軽罪之輩一者、被レ行二赦免一之時、縦雖レ被レ免レ之、至二重犯之族一者、可レ有二御計一歟、所以者何、傍輩無二懲粛一者、悪党増二人数一歟、自今以後、強盗并重科之輩、雖レ被二禁獄一、申二出其身一、可レ被レ進二関東一之状、依レ仰執達如レ件、

延応元年（一二三九）七月廿六日

B一　殺害人事

右、雖レ為二使庁沙汰一、人至二于重犯之輩一者、申二給之一、可レ行二所当罪科一之由、御下知先畢、早任二彼状一、可レ被二申沙汰一也、仍執達如レ件、

仁治二年（一二四一）六月十日

Aは、検非違使によって追捕・禁獄された犯人であっても、「強盗并重科之輩」の場合は、六波羅探題が使庁よりその身柄を「申出」し、関東つまり鎌倉に送致すべきことを指示したもの。Bは、先の「御下知」（Aを指していよう）に任せて、殺害人については使庁より犯人をもらいうけ、処罰すべきことを六波羅に指令したものである。Bの「所当罪科」がAの「可レ被レ進二関東一」に対応していること、及びBの発令されたと同日の『吾妻鏡』の記事には「洛中殺害人等事、有二其沙汰一」（傍点筆者）りと書かれている点から、Aにみえている「強盗」についても再度指令されたことはほぼ間違いないであろう。

A・Bの二法令が罪人請取り制に由来し、その延長線上にあることは容易に推定することができよう。ただし、両法令には「申出其身…」あるいは「申給之…」の如く幕府の主体性が押し出され、罪人請取りが承久の乱以前のような朝廷（使庁）→幕府（武士）という指令に従って行われたとは考えにくい。この点実例によってみることにしよう。表14がそれである。

表14で、承久の乱以前との比較で目に付くのは、請取られている犯人が少人数であることである。この理由を考えてみるに、承久以前の如く朝廷側の指令によって多数の犯罪人が請取られたケースとは違って、幕府（六波羅）が使庁に申し入れて罪人請取りを行ったため、検非違使が犯人を追捕したその都度請取りがなされたためと理解される。

表14　承久の乱以後の罪人請取り　※年月日は請取りの行われた日を示す。

	年月日	犯罪者	刑罰	典拠
①	（一二四六）寛元4・12・21	強盗（後深草天皇御服以下盗人）		百錬抄
②	（一二四八）宝治2・7・1	南都栄円・玄芸（後嵯峨上皇呪咀人）		葉黄記（大日本史料五―二十六、二五六頁）
③	（一二五六）康元元・11・24	強盗		百錬抄
④	（一二五七）正嘉元・閏3・2	治部卿阿闍梨・美濃房（強盗）		同
⑤	同・9・9	散位源長継并同継子信濃房・余党福次郎男（左近大夫将監家棟殺害人）		経俊卿記
⑥	（一二八七）弘安10・8項	強盗丹波八郎入道		勘仲記弘安十・八巻裏文書（鎌倉遺文一五八〇六）
⑦	同	律師某（謀反人）	斬刑	勘仲記弘安十・九・二十一条
⑧	（一三〇七）徳治2・11頃	盛次男（六条殿盗人）		伏見宮記録（鎌倉遺文二三〇八一）
⑨	（一三二一）元亨元頃[61]	紙屋川三位顕香（綾小路宰相有時殺害人）	流刑	増鏡第十三秋のみ山、公卿補任、尊卑分脈二―三八二頁

承久以前は、建久二年から建保四年（一二一六）までの二十六年間に五回の罪人請取りが知られるのに対して、承久以後では、表14①～⑤を例にとれば、十二年間に五回の事例が見出され、罪人請取りが、追加法一一七条及び一六二条に基づいて、頻繁に行われたことを物語っている。正嘉二年（一二五八）以降、表14⑥～⑨の如く、罪人請取りの

事例はそれ程見出しえなくなるが、その理由は、一つには、請取られる罪人が承久以前のように多人数ではないため、人々の関心をあまり惹かなくなり、公家の日記等に書かれにくくなったこと、もう一つには、請取りの対象となる犯人自体が、検非違使の追捕能力の低下[62]によって減少したためであろう。

さて、次に犯罪者に目を転じてみよう。追加法一一七・一六二条が対象とした「重科（盗人）五例、殺人二例、呪咀一例、謀反一例である。強盗及び殺人犯は、追加法一一七・一六二条が対象とした「重科（犯）之輩」であり、また謀反人も同様であることは言うまでもない。②呪咀に関する罰則規定は幕府法に見出しえないが、この場合治天の君後嵯峨上皇に対するそれなので、謀反に準じてよいであろう。このように表14の犯罪者が、「重科之輩」であることは明白である。

ところで、表13でみたように、承久以前では、強盗の他に放火犯・海賊も武士に引き渡されていた。このうち海賊は使庁の追捕能力の減少と活動範囲の縮小とによって考えにくいものの、放火犯は強盗と同罪である点から、表14で実例は見出しえないけれども、承久以後も武士に渡されたケースは当然みられたことであろう。つまり、鎌倉時代を通じて、使庁から武士に引き渡された犯罪者は、おおむね強盗・殺人・放火・謀反（叛）人とみることができる[63]。追加法一一七条発令の延応元年以後は、これらの京中「重科之輩」に対する幕府の処断権が確立したのである。前年の篝屋設置により、六波羅探題が主体的に洛中警固を担う体制が成立したといえる。

では、犯罪者は武士に引き渡された後どのように処断されたのであろうか。表14⑦謀反では斬刑、⑨殺人では流刑が行われたことを知りうるが、前者は国家的犯罪、後者は犯罪者が公卿という身分であった点[64]、そのまま他の事例にあてはめることはできない。そこで、幕府法から推測してみると、追加法一一七・一六二条に則って、犯人はまず鎌倉に送致されたと思われる[65]。ただし承久以前の如く犯罪者全てが夷島に流されたとは考えにくく、むしろ鎌倉において斬刑に処するケースも想定される。それは、寛喜三年（一二三一）の六波羅宛追加法二二条では、強盗殺害人張本は断罪（斬刑）とし、同じく六波羅宛の文暦二年（一二三五）年の追加法八六条でも、夜討強盗張本は断罪と定めているので、検非違使から請取り、鎌倉に送致した犯罪者だけが、断罪されず夷島流刑に止まったとは到底考えられないからである。恐らく、鎌倉送りとなった罪人のなかでも、追加法八六条にみえるように、「枝葉之輩」（例えば表14⑤の余党福次郎男の如き）のみが夷島流刑とされたとみるべきで、[66]張本の場合多くは斬罪に処せられたと考えてよいのではなかろうか。具体的史料に乏しいので、この程度の推測に止まらざるをえないが、承久以前と比較した場合、幕府が京中重罪人に対し厳罰で臨んだことは確実である。そして、このような張本＝斬刑という幕府の方針が、一方で庁例を否定することともなったのである（頼朝が、庁例と抵触しないように「非二死罪一」ずとして京中罪人の夷島流刑を奏請した、建久二年段階と対比すべし）。承久の乱後、王朝の都京都にも、武士による刑法が次第に浸透していき、それに伴い公家政権は洛中警固を専ら六波羅探題に依存することとなっていくのである。

おわりに

以上、幕府による京中罪人の身柄請取り、処断代行制度の考察を軸に、各時期の公武関係に留意しながら、鎌倉時代の洛中警固について考察した。結論として、鎌倉時代の洛中警固には①建久元年（一一九〇）の源頼朝上洛に伴う、在京御家人（畿内近国守護）―御家人による洛中警固（追捕）と罪人請取り制の成立、②暦仁元年（一二三八）の篝屋設置と、それに伴う幕府・六波羅探題主導による罪人請取りの徹底化、の二つの画期があったことを明らかにした。第一編第三章で指摘したように、②に関連して、一二四〇～五〇年代には洛中警固を担う在京人体制も成立する。鎌

倉後期には検非違使は無力化し、公家政権は専ら六波羅探題に洛中警固を依存する状況となっていく。(67)

ところで、言ってみれば、①の画期は、頼朝の「諸国守護権」獲得に伴う履行義務から生じたものであり、頼朝の死後、在京御家人が次第に後鳥羽上皇の武力と化していくこともあって、公家政権独力での洛中警固を可能にした。一方、②の画期は、承久の乱の敗北による朝廷の武力解体を前提にしており、幕府・六波羅―特に六波羅が朝廷の無力化から、次第に無限定に洛中とその周辺地域の警固に関与せざるを得ない状況となっていくのである。

寛元二年（一二四四）六月二十九日幕府は、朝廷が「山城国平河兵衛入道募二武威一違二背朝政一事」への対処を訴えてきたのに対し、「非御家人輩募二武威一雖レ被レ下二綸旨一、申二子細一不レ可レ及二沙汰一」と、平河兵衛入道が非御家人であることを理由にこの一件への関与を拒否した。「但於二刃傷殺害狼藉事一者、尤可レ有二沙汰一」しと、検断事件となった場合にのみ介入することを回答している。(68) 洛中の延長たる山城国の事例であるが、寛元二年の時点において幕府は、本所一円地不介入という原則に基づいて、検断事件以外については朝廷の武力発動要請を拒否していたことがわかる。しかし鎌倉後期になると、例えば永仁四年（一二九六）、東寺領大和国平野殿荘の「土民等違二背寺家下知一、抑二留東寺々用一事」という訴えが、朝廷（綸旨）・関東申次（施行状）を介して六波羅にもたらされた際、六波羅はその解決のため、配下の御家人（深栖八郎蔵人＝在京人カ）に「可レ被レ催二上彼土民等一」ことを指令している。(69) この訴訟は「抑二留東寺々用一事」という所務沙汰事項に属する案件がその主内容であり、検断権を発動するような事件ではない。しかし六波羅は御家人に対して指示を下し、朝廷・本所側の要請を執行したのであった。当該期六波羅探題は、あたかも公家政権の忠実な武力警察機構と化していたようにもみえる。(70) 鎌倉末期の嘉暦三年（一三二八）になると、悪党追捕のため、「在京人篝屋等」の動員を直接六波羅探題に求める本所側の要求も出現してくる。(71)

鎌倉後期になると、公家政権の武力的無力化と洛中警固機関としての六波羅探題の定着とによって、六波羅は洛中とその周辺地域の警固にもあたらねばならなくなっていったのである。しかも本来、六波羅が武力を発動すべき検断事件のみではなく、西国成敗（訴訟）の一環として本所一円地での違乱停止等の強制執行（遵行）も担わざるを得なくなっていく。[72]その根本的背景には、朝廷・本所側の要求を容れての、幕府による悪党鎮圧政策の強化等があろうが、[73]次第に複雑さと困難さとを増す洛中警固に疲弊しながら、[74]六波羅探題は滅亡していくこととなるのである。

〔註〕

（1）秋元信英氏「関東御家人の検非違使補任をめぐって」（『日本歴史』三〇六、一九七三年）、宮崎康充氏「鎌倉時代の検非違使」（『書陵部紀要』五一、二〇〇〇年）。

（2）藤本元啓氏「鎌倉初期、幕府の在京勢力」『芸林』三二―二、一九八三年。

（3）森茂暁氏「六波羅探題の「洛中警固」」（『鎌倉時代の朝幕関係』思文閣出版、一九九一年、初出一九八八年）、木村英一氏「六波羅探題の成立と公家政権」（『ヒストリア』一七八、二〇〇二年）。

（4）五味克夫氏「在京人と篝屋（上）（下）」（『金沢文庫研究』九三・九四、一九六三年）、塚本とも子氏「鎌倉時代篝屋制度の研究」（『ヒストリア』七六、一九七七年）。

（5）黒田紘一郎氏「中世京都の警察制度」（同志社大学人文科学研究所編『京都社会史研究』法律文化社、一九七一年）、五味文彦氏「使庁の構成と幕府」（『歴史学研究』三九二、一九七三年）、大饗亮氏『律令制下の司法と警察』（大学教育社、一九七九年）、森茂暁氏「六波羅探題と検非違使庁」（森氏註〈3〉著書）。

（6）洛中警固との関連では、わずかに京都の歴史第二巻『中世の明暗』（一九七一年）四一七頁（井上満郎氏・川島将生氏執筆）、大饗氏前註著書一五一頁以下で触れられているに過ぎない。他方で、遠藤巌氏「中世国家の東夷成敗権について」（『松前藩と松前』九、一九七六年）、大石直正氏「外が浜・夷島考」（関晃先生還暦記念『日本古代史研究』吉川弘文館、一九八〇年）、海保嶺夫氏『中世の蝦夷地』（吉川弘文館、一九八七年）一一三頁以下、等は、鎌倉幕府による夷島＝蝦夷地支配という観点から考察を加えている。

（7）『吾妻鏡』（新訂増補国史大系）文治元年五月二十五日条。
（8）『吾妻鏡』文治二年五月十三日条。
（9）「都玉記」建久二年十一月二十二日条（『大日本史料』四－三、七四二頁）。
（10）『吾妻鏡』文治二年三月二十七日条。
（11）『吾妻鏡』文治二年二月二十七日条。
（12）『玉葉』文治四年六月八日条。
（13）『玉葉』文治二年五月十五日条、『吾妻鏡』同年五月二十五日条。
（14）『吾妻鏡』文治二年六月二十八日条。
（15）「仲資王記」文治五年三月十一日条（『大日本史料』四－二、五九〇頁）。
（16）『玉葉』文治四年七月十四日条。
（17）『吾妻鏡』文治三年十月三日条所引（同年）九月二十日付後白河法皇院宣。
（18）『玉葉』文治二年六月五日条。
（19）『吾妻鏡』文治二年十一月十九日条。
（20）『玉葉』文治四年六月五日条。『寂蓮法師集』一二〇（『新編国歌大観』第四巻）によれば、四条隆房は「隆房卿別当時、都のまつりごとみな昔にあらためられ」た存在であった。
（21）『吾妻鏡』文治三年八月十九日条。
（22）（23）『吾妻鏡』文治三年十月八日条。

(24)『吾妻鏡』文治三年十月三日条。
(25)『吾妻鏡』文治三年十月八日条。
(26)むろん、この時期、内裏警固のために京都大番役が御家人によって勤仕されているが、これが洛中警固に直接的に結びつかないのは言うまでもない。また、大内守護(『吾妻鏡』文治四年六月四日条)や大内夜行番(『吾妻鏡』同年五月二十日条)も同様であろう。
(27)『吾妻鏡』建久元年六月二十九日条所引同日付源頼朝書状。
(28)日野家実は九条兼実の家司でもあった(『玉葉』文治二年八月六日条参照)。
(29)『山槐記』(増補史料大成)治承三年五月十九日条。なお『百錬抄』(新訂増補国史大系)同年五月十六日・同四年正月十七日条も参照。
(30)『台記』(史料纂集)康治元年七月三日条には、頼朝の祖父為義が、摂政忠通の命によって南都悪僧を奥州に流していることがみえるので、これが先例として意識されていたかもしれない。また遠藤氏等の考察された如く、幕府の蝦夷地支配という観点も見落すことはできない。
(31)佐藤進一氏『増訂鎌倉幕府守護制度の研究』(東京大学出版会、一九七一年)和泉・美濃の項。
(32)『吾妻鏡』正治二年七月二十七日条。
(33)『吾妻鏡』正治二年八月二日条。
(34)『吾妻鏡』正治二年七月二十七日条。
(35)ここでは、五畿内及び山陰・山陽・南海道の諸国と尾張以西の東海道、飛騨以西の東山道、越中以西の北陸道諸国の、合わせて三十七ヵ国と考えておきたい。
(36)『鎌倉時代政治史研究』(吉川弘文館、一九九一年、初出一九七三年)。以下の引用も本書一五五頁による。
(37)「鎌倉前期政治権力の諸段階」(『日本史研究』一三一、一九七一年)。ただし杉橋氏は、上横手氏の前註論文ではなくて、それ以前に上横手氏が同様の趣旨を述べた『中世の明暗』二一三頁以下に拠っている。なお杉橋氏は触れていないが、私は、先にみた『玉葉』建久元年十二月十八日条の「新制事」こそが、本文にあげた建久Ⅰ令第一六条に関わる頼朝申状であったとみたい。とすれば、この点からも、頼朝上洛によって「諸国守護権」が附与・確認されたとする見解を補強しうる。

(38) 上横手氏も「建久三年以来、近国守護が国内御家人を率いて洛中警衛にあたる体制が成立した」と述べている（註〈36〉著書一六二頁）が、その根拠は示されていない。あるいは、本文に引用した『吾妻鏡』建久三年六月二十日条に拠ったのであろうか。この点不明である。

(39) 例えば、鎌倉初期の洛中警固に関する研究として黒田氏註（5）論文があるが、公武関係にはあまり留意していない。

(40) 『吾妻鏡』正治二年七月二十七日・元久元年閏七月二十六日・建暦二年三月二十日・建保元年八月十四日・同六年九月二十一日・承久三年七月二日条、『明月記』建仁三年十月十五日・建永元年九月二十七日条等。

(41) 承久の乱以前の洛中警固（追捕）の詳細については木村氏註（3）論文参照。

(42) 上横手雅敬氏『日本中世政治史研究』（塙書房、一九七〇年）三四七頁以下、平岡豊氏「後鳥羽院西面について」（『日本史研究』三一六、一九八八年）参照。

(43) 『吾妻鏡』建久五年六月二十五日条には、京都から「獄囚数輩」（「強盗之類」）が下されていたことがみえているが、時間的接近及び犯罪者から考えて同一事例と見做した。

(44) 使庁が寛刑を主とした、鎌倉初期頃成立の公家側法制書『法曹至要抄』（『群書類従』第六輯）でも、強盗・放火とも容疑の重い時には獄舎に拘禁することが「使庁之流例」であったとしている。

(45) ただし、罪人請取りの対象となったのは、あくまで使庁に拘禁された犯人のみであって、表13⑤の海賊も他所で捕えられ使庁に身柄を送られていたものであろう。

(46) 大饗氏は註（5）著者一四八頁以下において、承久の乱以前（六波羅探題設置以前）京中犯罪人の処断権が使庁に属していたことを指摘されている。

(47) 表13⑤の請取りの武士が院西面に祗候する佐々木広綱であったことも、この点注意される。

(48)『明月記』安貞元年四月十一日条、『吾妻鏡』同年六月十四日条。

(49) 木村氏註（3）論文、高橋慎一朗氏「六波羅探題と北条氏の西国支配」（『中世の都市と武士』吉川弘文館、一九九六年、初出一九八九年）参照。

(50)『明月記』嘉禄元年六月十四日・同月十八日・同二年正月二十四日・同年七月十四日条、『民経記』（大日本古記録）天福元年五月九日条等。

(51) 木村氏註（3）論文参照。

(52)『明月記』天福元年二月三日条。

(53)『民経記』寛喜三年五月三日条。

(54) 佐藤進一氏・池内義資氏編『中世法制史料集』第一巻鎌倉幕府法。

(55) 暦仁元年には閏二月がある。

(56) 五味克夫氏「在京人と篝屋（上）」（註〈4〉参照）。

(57)「六波羅探題と関東申次」『歴史公論』一〇七、一九八四年。

(58)『葉黄記』（史料纂集）寛元四年十月十三日条。

(59) 先に触れたように、篝屋は一旦停止されるが、「夜行事、宝治定嗣（葉室）卿庁務之時、殊致二沙汰一、直触二武家一、且又申二下院宣於関東一、殊申沙汰、仍洛中静謐」と『吉口伝』（『続群書類従』第十一輯下）にはみえている。葉室定嗣が検非違使別当であった時期（宝治元年十二月～建長元年正月〈『公卿補任』〉＝恐らくは篝屋停止期間中）、幕府・六波羅による洛中警固（ここでは「夜行」）への協力的姿勢が窺え、篝屋停止が幕府勢力による洛中警固の放棄を意味するものでないことは明らかである。従って、第一編第三章でも指摘したように、篝屋の一時的停止が在京人制そのものに大きな影響を与えたとは考えにくい。

(60) 五味文彦氏註(5)論文。

(61) 紙屋川顕香が綾小路有時を殺害したのは、文保二年の大嘗会の折であったが、犯行はすぐに露顕しなかったらしく、ようやく『公卿補任』元亨元年条（非参議、従三位項）に「同（藤）顕香 侍従、出家、関東配流、」とみえている。顕香が武士に引き渡されたことを明記したものはないが、上記『公卿補任』及び『尊卑分脈』（新訂増補国史大系）に「被ㇾ召㆓下関東㆒流刑了」とあることから、元亨元年、武士に身柄を預けられ、配流されたものと考えた。ただし、配流地は不明。

(62)「仁部記」弘安二年五月六日条には、「承久以後、如ㇾ此事（追捕活動＝筆者註）使庁之沙汰有若亡」とある（内閣文庫所蔵写本による）。

(63) 強盗（盗み）・殺人・放火が中世在地社会における大犯三ヵ条である（網野善彦氏・石井進氏他『中世の罪と罰』〈東京大学出版会、一九八三年〉一九三頁以下）点興味深い。また、著名な弘長三年四月三十日付の広田社宛神祇官下文（『中世政治社会思想下』）では、謀叛・殺害・強盗・海賊・山賊を「五箇大犯」としているが、表13・14の犯罪者がほぼこれに相当していることも見逃せないであろう。

(64) 紙屋川顕香が公卿でありながら幕府によって配流されたのは、彼の出身した六条家が「関東祗候の廷臣」として、宗尊親王以来鎌倉将軍に代々仕えた（湯山学氏「関東祗候の廷臣」〈『相模国の中世史上』私家版、一九八八年〉）事と関係があるかもしれない。

(65) ただし表14⑦律師某は、謀反人であったためか、京都郊外桂川で斬刑に処されている。また犯人が武士である場合、賀茂河原で処刑された事例も若干みられる（『明月記』天福元年六月二十八日条＝強盗殺人、『新抄〈外記日記〉』〈『続史籍集覧』第一冊〉弘安十年八月十八日条＝山賊・海賊張本三人）。しかし、使庁から請取った罪人を京中で処刑した事例は⑦以外見出せない。

(66) 夷島流刑が追加法一一七条発令（延応元年）以降も継続していたことは『吾妻鏡』建長三年九月二十日条から容易に窺うことができる。ただし追加法二二条では、強盗殺害人余党は「付二鎮西御家人在京之輩并守護人一可レ下二遣鎮西一也」としているので、九州方面に配流される場合もあった。なお九州地方に流刑執行に関わる囚人預状が数通残存しており、海津一朗氏「中世武家流刑の手続き文書」（『古文書研究』三七、一九九三年）が検討を加えている。

(67) 森氏註（5）論文参照。

(68) 『吾妻鏡』同日条（巻三十六）。

(69) 東寺百合文書と、（永仁四年）四月七日付伏見天皇綸旨案・（同年）同月九日付西園寺実兼施行状案・同年六月六日付六波羅御教書案（『鎌倉遺文』一九〇四四・一九〇四七・一九〇八五）。

(70) 外岡慎一郎氏「六波羅探題と西国守護」（『日本史研究』二六八、一九八四年）はこのような六波羅探題を、「王朝権力の、いわゆる権門体制国家の軍事＝暴力機構として機能せざるを得ない状況に陥った」と位置付けている。

(71) 東大寺文書、嘉暦三年正月日付東大寺衆徒等申状案（『鎌倉遺文』三〇一二七）。

(72) 熊谷隆之氏「六波羅・守護体制の構造と展開」（『日本史研究』四九一、二〇〇三年）は六波羅の遵行体系が永仁年間に完成することを指摘している。

(73) 近藤成一氏により、一二九〇年代に、六波羅探題が違勅綸旨・院宣を承け、本所一円地の悪党検断にもあたるようになることが明らかにされている（「悪党召し取りの構造」、永原慶二氏編『中世の発見』吉川弘文館、一九九三年）。

(74) 第一編第二章で触れたように、六波羅探題は僧兵の入京阻止等にもあたり、寺社勢力との衝突が繰り返された。六波羅評定衆筆頭長井氏でさえ、寺社の紛争処理に関わって流罪となる事態が起きており、鎌倉末期には在京人の、探題やその命を承け洛中警固を指揮した探題被官に対する不信感は増大する一方であった。なお高橋氏註（49）論文・木村氏註（3）論文も参照。

第二章　在京得宗被官小考

はじめに

本章では在京得宗被官について考察する。ここでいう在京得宗被官とは、鎌倉後期頃から姿がみえ、得宗の代官として京都に常駐し、六波羅探題よりはむしろ得宗の命を承け独自な活動を行っていた存在を指す。

そもそも六波羅探題は承久の乱に伴い設置された幕府機関であり、当初、「如㆓右京兆（北条義時）爪牙耳目㆒、廻㆓治国之要計㆒、求㆓武家之安全㆒」[1]めるという、北条氏（得宗）による京都（朝廷）とその周辺の動静監視機関であった。ところがこれまでに述べてきたように、六波羅探題は洛中警固と西国成敗（訴訟）をも担うようになり、特に後者の機能が発展して、正安（一二九九～一三〇二）頃には吏僚系御家人を中核とした官僚制的な機構となっていくと考えられる（第一編第二章、第二編第一章・第三章参照）。その一方で北条氏勢力の活躍の場は、探題被官が中心的役割を果たした洛中警固などの検断事項に限られていったともいえる（第二編第一章参照）。要するに、鎌倉末期になると、六波羅探題府の組織は官僚機構的性格が濃厚となり、当初の京都監視専門機関としての性格が次第に希薄化していったとみられる。鎌倉末期には、初期の北条泰時・時房・時氏・重時らのような、得宗の子弟が探題に任じられることもほとんどなくなり、探題就任を家例とした北条氏庶流によってその職が占められるようになっていく（第一編第一章参照）。血縁からいえば、時代とともに、得宗と探題との関係は次第に遠のいていくのであり、それと同時に、得宗と探題との個人的信頼関係も薄らいでいったと思われる。

このような鎌倉末期の六波羅探題をめぐる趨勢のなかで活躍をみせるのが在京得宗被官なのである。彼らは京都とその周辺で、主人である得宗の手足となり独自の活動を行った。探題以上の情報収集能力を持っていたことも知られる。関連史料が少なく、先行研究もわずかに過ぎないが、[2]本章ではこのような在京得宗被官の活動について探ってみたいと思う。

第一節　在京得宗被官安東蓮聖の活動

まず最初に、鎌倉御家人の在京代官は北条氏（得宗）以外にも見出せることを確認しておく。『吾妻鏡』には①「梶原平三景時之在京郎従」（文治五年〈一一八九〉四月十九日条）、②「前大膳大夫（大江広元）之在京家人」（建保二年〈一二一四〉十一月二十五日条）、③三浦氏（泰村）の「京都雑掌」（宝治元年〈一二四七〉六月五日条）等がみえており、何れも京都代官と考えられる。②の大江広元は京下り官人出身の幕府要人であり、京都にも家人を常駐させていたとみられる。①梶原・③三浦の両氏は西国守護職を保有する有力御家人であった。梶原景時は播磨・美作の、三浦泰村は河内の守護であり、[3]代官（雑掌）を京都に置き、守護国支配等にあたらせていたと考えられる。このように、在鎌倉を基本とした京下り官人出身の御家人や西国守護を兼ねる有力御家人は、京都にも屋敷を持ち代官を常住させていたと考えられる。[4]

得宗家の場合、当初その在京代官としての役割を果たしたのは六波羅探題その人であったと考えられる。六波羅探題の初期には得宗の子弟が探題に任じられており、執権北条義時期には探題泰時（義時子）・時房（同弟）が、執権北条泰時・経時・時頼期には探題時氏（泰時子）・重時らが在任した。彼らは得宗の「爪牙耳目」としても六波羅探題の職務遂行にあたったといえる。重時は泰時の弟（経時・時頼の大叔父で、時頼の岳父）で、得宗家の後継者以外の人で初めて北方探題に任じた人物であるが、その十七年に及ぶ探題在職期間中（一二三〇～四七）に、在京得宗被官の明確な存在は見出せない(5)。得宗家は重時を信頼し、「爪牙耳目」としての得宗被官を京都に常駐させることはなかったと考えられる。また北条時輔と兼時が六波羅探題であった時期（前者は一二六四～七二、後者は一二八四～九三）、南条頼員や長崎性杲・平七郎左衛門尉ら得宗被官の在京が知られるが(6)、これは彼らが主人である時輔・兼時に従って上洛したことによる。彼らは主人の探題離任とともに京都からその姿がみえなくなる。

六波羅探題から独立した存在の在京得宗被官としてみえるのは、安東蓮聖が最初である。

蓮聖については、得宗領摂津多田院造営の総奉行（文永十年・一二七三）、和泉久米田寺の別当職買得（建治三年・一二七七）・律院としての再興、摂津守護代（弘安七年・一二八四）、播磨福泊の築港（乾元元年・一三〇二）等の事跡が著名であり、文永八年頃に幕府の法令に違反して、山門の悪僧（暹尋僧都）と結託し、近江堅田浦で醍醐寺領越中石黒荘内山田郷の年貢運上船を差し押さえた寄沙汰行為もよく知られている。大和近内荘、摂津生魂新荘・福島荘・美作荘、和泉山直郷、豊後佐賀関郷等を所領とし、西国を主要な活動舞台として金融や交易に携わった有徳人的な得宗被官と位置付けられている(7)。その活動根拠地が京都なのであった。

金沢文庫所蔵湛稿冊子四十三紙背文書の（鎌倉末期カ）三月十三日付妙達書状(8)に「五条之平〔右脱〕衛門入道」とあり、この「平衛門入道」は安東蓮聖に比定できるから(9)、蓮聖が京都五条に宿所を構えていたことがわかる。『峰相記』に、乾元元年、蓮聖が福泊の修築を行ったことを載せ、彼が「号㆓為条㆒」したと註記するが、これでは意味不明であり、

「為」は「五」の誤りで、本来彼の居所に因んで「号二五条一」とあったものと考えられる。(10) この五条宿所は蓮聖の子助泰（後述）によって継承されていく。(11)

それでは蓮聖の在京は何時まで遡れるのであろうか。この点を次に考えてみたい。

そもそも安東氏は駿河安東荘を名字の地とする武士であり、得宗家が駿河守護であった関係から、御家人身分を保持しつつも、得宗被官化していったと推定されている。(12) 蓮聖の史料上の初見は、弘長二年（一二六二）十一月、北条時頼の使者として上洛し、西大寺長老叡尊に書状と礼物を届けていたことであり、(13) 時頼の身辺に仕えていたことが窺える。翌年三月には時頼の命を承け、信濃善光寺の不断経衆につき沙汰しており、(14) やはり時頼侍臣として活動していることが知られる。蓮聖の在京活動は、先に触れた、山僧との結託・寄沙汰事件から、文永半ば頃のそれが想定できるのであるが、確実な初見は、次に掲げる弘安元年の『祇園社家記録』(15) 七の記事である（便宜上、A〜Eと頭書した）。

A廿二日(二月)、（中略）相模守殿(北条時宗)大般若被レ奉レ送、奉レ安二持仏堂一了、
B廿六日、（中略）大般若供料并御祈用途三十六貫、五条禅門被レ送レ之、□□□□□
C廿九日(三月)、（中略）六波羅殿御馬、五条禅門引二進之一、
D三日(四月)、（中略）五条禅門入来、
E廿日、（中略）向二平右衛門入道桟敷一了、

A・Bからは執権北条時宗送付の大般若経の供料等を祇園社に沙汰し、Cからは六波羅探題（北方北条時村・南方同時国）奉納の神馬を同社に進じている「五条禅門」の存在が知られる。この人物は幕府関係者であることが明らかであり、五条禅門という呼称からみて、五条に居宅を持っていた安東蓮聖に比定して誤りないと思われる。Eの「平右

衛門入道」も註（9）でみたように、蓮聖の通称と同一であり、「五条禅門」＝「平右衛門入道」＝安東蓮聖と考えられる。[16] 安東蓮聖の在京については従来晩年（元徳頃）のそれが指摘されていたのみであったが、少なくとも五十年以上遡る弘安以来京都五条に屋敷を構え、そこを活動拠点としていたことが明らかとなった。

ところでA・Bからは蓮聖の財力の一端を窺うことも可能である。A北条時宗による大般若経送付の日時と、Bその「供料并御祈用途三十六貫」の納入日時には四日間のズレがある。通常、祈禱用途納入は大般若経送付と一括してなされるであろうから、このケースでは大般若経の祇園社到来後、その祈禱用途を京都で調達したことが推測される。安東蓮聖はその納入者であり、彼が時宗の命を承け、その費用調達を行ったと考えられる。恐らく蓮聖は、その有徳人的活動によって蓄積した膨大な銭貨の一部をこれに充てたものであろう。その富の集積拠点が京都五条であり、このケースでは短時日のうちに銭三十六貫を調進したのである。

蓮聖はCだけをみると、六波羅探題の代官的存在にみえるが、その本質はいまみた如く、得宗の在京被官として位置付けられるのである。弘安元年当時すでに在京しており、富裕な得宗被官としての姿が窺える点、注目されよう。

さて、蓮聖の京都を拠点とした活動を窺う史料としては、次の実躬卿記乾元元年十二月記紙背文書[17]も注目される。従来、この文書を扱った先行研究も存在しないと思われるので、必要部分を以下に掲げ、検討を加えてみよう。

（前欠）無二別違乱一之処、佐野大夫法眼良印募二権威一、俄押領之間、雖□欝訴、不レ達二理訴一、乍レ歎罷過之処、不測被レ行二罪科一之上者、不レ可レ囿二子細一之処、為二没収之地一之由、令レ申レ之、五条平右衛門入道入二使者一、追二□雑掌使者一之間、於二関東一、就レ令レ言二上事由一、被レ聞二食一披子細一、被レ止二没収□儀一畢、仍知行無二相違一之処、乗信法橋濫妨之間、同於二関東一訴二申之一□預二御下知一畢、雑掌当知行勿論也、而乗信違二背御下知一、猶

致二違乱一□間、於二六波羅殿一所二訴申一也、（後略）

本文書は前後欠の断簡であり、年代も乾元元年十二月以前であることが明白であるに過ぎない。しかも何処の所領に関わる文書であるかも明らかでなく、わずかに「当荘」(18)「追二□雑掌使者一」「雑掌当知行勿論」等の文言から、某荘雑掌申状であろうことが推定されるのみである。ただ「於二六波羅殿一所二訴申一也」ともあり、某荘が六波羅探題管轄下の西国に所在したことは間違いない。本文書で注目したいのは傍線を施した前半部分である。その部分の内容を要約すれば、

某荘を佐野大夫法眼良印が権威を後ろ盾に押領し、押領排除の訴えも聞き入れられないまま時が経過したが、今度は良印が罪科に処せられた時、没収地であると称して、五条平右衛門入道が使者を派遣して雑掌使者を追い出したので、これまでの経緯を関東（鎌倉）に言上し、没収地として処分することを止められた、

のようになろう。某荘は、まず佐野大夫法眼良印が「募二権威一、俄押領」し、次いで良印が「不測被レ行二罪科一」れた後、五条平右衛門入道によって「没収之地」として接収されかけたのである。

この五条平右衛門入道とは、言うまでもなく安東蓮聖のことである。蓮聖は使者を派遣して、罪科人佐野良印の「没収之地」の接収にあたっていたのである。ここで注意されるのは、某荘が六波羅探題管轄下の西国に所在するにもかかわらず、某荘雑掌が、蓮聖による「没収之地」接収行為の停止要求を六波羅ではなく関東に訴えていることである。この点から、蓮聖の行動が幕府の直接の指令に基づいていたことが窺える。蓮聖は鎌倉の得宗の指示を承け、「没収之地」接収にあたったと考えられる。この蓮聖の行為に六波羅探題は全く関与していなかったと思われる。罪科人所領の没収（欠所）行為は検断活動の一形態と思われ、幕府侍所の実権を掌握する得宗北条貞時の指示に基づく

ものであろう。罪科に行われた佐野大夫法眼良印についてはよくわからないが、「募二権威一、俄押領」した点を考慮すると、永仁元年（一二九三）四月貞時によって滅ぼされた、平頼綱与党であった可能性が高い。鎌倉で、頼綱やその息飯沼助宗とともに佐野左衛門入道が討たれており[19]、恐らくその一族であろう。とすれば、本文書は永仁頃のものとなる。

何れにしろ、本文書から在京得宗被官安東蓮聖が得宗貞時による直接の指示を承け、西国の罪科人所領の没収という、検断活動を行っていたことが明らかになった。恒常的にこのような行為を行っていたのか、或いはこの時のみの特殊な活動であったのかは明瞭でない[20]。しかし、六波羅探題管轄下の西国で、その関与を経ることなく活動していたことは明らかであり、この点に徴しても、蓮聖は六波羅探題から独立した存在であったといえるのである。

第二節　安東助泰と神五左衛門尉

本節では蓮聖に続いて活動が知られる、在京得宗被官安東助泰と神五左衛門尉について考察してみよう。

安東助泰と神五左衛門尉の在京を示す史料として、次にあげる金沢貞顕書状[21]が注目される。

追申

佐々目僧正有助在洛侯、それへも内々仰られ候へかしと存候、其外の在京人なとニも、内々仰られぬへき侯《(マヽ)》ハ、、可レ被レ申候、平次右衛門尉・神五左衛門尉等もきゝ侯はすハ、可レ被レ申侯也、忩可レ被二賀申一候也、

追而書部分のみの断簡で宛所を欠いているが、書面からみて六波羅探題として在京中の子息貞将に宛てられたものとみられる。内容は、佐々目僧正有助（北条義時六男有時の孫）の「在洛」を賀し申すように指示したものである。た

だし貞顕は、場合によっては「其外の在京人」や「平次右衛門尉・神五左衛門尉」に対しても、有助の「在洛」を告知するよう貞将に注意を与えている。平次右衛門尉・神五左衛門尉両人は、六波羅に出仕し洛中警固等にあたる在京人（第一編第三章参照）とは明らかに区別される存在として金沢貞顕・貞将父子に認識されていたことがわかる。つまり、彼らは在京人と呼ばれた在京御家人ではなかったのである。当時、幕府要人であった貞顕が取り立てて貞将に注意を促したことからみても、この両名の特殊な地位が想像される。そして両人のうち平次右衛門尉こそ、安東蓮聖の子助泰と考えられる。

本文書の年代は、金沢貞将の六波羅探題在任中（正中元年〈一三二四〉十一月～元徳二年〈一三三〇〉閏六月）のものであるが、文中の「佐々目僧正有助在洛侯」の文言により、さらに限定できる。すなわち『東寺長者補任』[22]によると、有助の任僧正は正中元年九月二日で、嘉暦元年（一三二六）正月十四日には大僧正に昇進しているから、貞将の探題在職期間とを併せ考えれば、まず正中元年十一月から嘉暦元年正月の間に絞ることができる。さらに有助の「在洛」は、恐らく彼が正中二年十一月二十五日東寺寺務に、同二十八日には法務に任命されたことに伴うものであろうから、より限定して年代を、正中二年十一月末以後嘉暦元年正月十四日以前の僅か一ヵ月半のものとすることができる。従来安東助泰については、筧雅博氏により、「平次右衛門入道」＝安東助泰（円恵）として、出家後の人名比定がなされていたが[23]、この推定年代は、助泰が主人の得宗北条高時に伴い出家（嘉暦元年三月十三日以後）する前[24]にあたり、安東助泰は「平次右衛門尉」として姿をみせているのである。

この年代推定により、安東助泰の鎌倉末期（少なくとも嘉暦元年正月以降）における在京が確認されたわけであるが、助泰は蓮聖の子であり、その活動を受け継ぎ、在京得宗被官として活躍していたものと思われる。父のような多彩な活動は知られていないが、元徳二年二月、後醍醐天皇の直接の指示を承け、鎌倉へ下向する直前の渡来僧明極楚俊の参内を取り計らったことが明らかにされている。(25) この明極参内の一件を六波羅探題（北方常葉範貞・南方金沢貞将）は全く把握しておらず、その頭越しに在京得宗被官安東助泰を通じ後醍醐の指令が発せられたのであった。助泰も父蓮聖と同様に、六波羅探題からは独立した存在であったといえる。

それでは、「平次右衛門尉・神五左衛門尉」と、助泰と並んでみえていた神五左衛門尉とは如何なる人物であったのであろうか。この人物について次に考えてみよう。

金沢貞顕が六波羅探題として在京する子息貞将に宛てた、年月日未詳の書状(26)に、「神五左衛門尉新恩拝領之間、遣二賀札一候、忩被レ付候て、返状とりて、便宜之時、可レ給（後欠）」とあり、その恩賞拝領という出来事にさえ、貞顕が気遣いする程の存在であったことが窺える。得宗家家人の交名ともいえる徳治二年（一三〇七）五月日付円覚寺毎月四日大斎番文(27)の九番に神四郎入道なる者がみえ、また元亨三年（一三二三）の北条貞時十三年忌供養記(28)に、銭十貫文を進上した諏訪神左衛門入道が記されているから、神五左衛門尉も有力得宗被官諏訪氏の一族と考えられる。ただし実名や系譜は明らかにしえない。

在京得宗被官神五左衛門尉の活動を示す史料は安東蓮聖・助泰父子以上に少ない。それでも注目すべきものがある。次に掲げる『光明寺残篇』(29)元徳三年（元弘元・一三三一）八月二十四日の記事である。

廿四日、子剋　主上（後醍醐天皇）行二幸他所一之由、神五左衛門尉参二六波羅一告申了、仍所レ被レ申二入実否於西園寺（公宗）家一也、

神五左衛門尉は、六波羅探題（北方北条仲時・南方同時益）より早く後醍醐天皇の京都脱出の事実をつかんでいたのである。「参二六波羅一告申」したというニュアンスからみて、彼が常時六波羅に出仕した存在ではなかったことも推

測される。やはり前に述べたように、安東父子と同様、六波羅探題には所属せず、独自な立場にあった在京得宗被官とみてよいであろう。少なくとも、彼も五年以上（嘉暦元年正月～元徳三年八月）にわたって在京しており、場所は不明ながら、京中に宿所を持っていたことも間違いあるまい。『光明寺残篇』の記事や正中の変以降にその在京が確認されることから、穿った見方をすれば、後醍醐天皇の動静を探るために鎌倉から派遣された得宗被官と考えることも可能なように思われる。

以上本節では、安東蓮聖に続いて活躍した、在京得宗被官安東助泰と神五左衛門尉について検討した。

おわりに

本章では、鎌倉後期以降にその独自な活動が知られる、在京得宗被官安東蓮聖・助泰父子と神五左衛門尉についてみてきた。これまでの考察でも明らかにしたように、彼らは六波羅探題からは独立した存在で、「強い自律性をもっていた」[30]といえる。京都には六波羅探題とは別に得宗家の「爪牙耳目」として、御内人が在京していたのである。神五左衛門尉がいち早く、後醍醐天皇の京都逃亡の事実をつかみ六波羅に急報した如く、彼らの情報収集能力は六波羅のそれを上回っていたとさえいえる。

そもそも第一編第二章で明らかにしたように、六波羅には探題以外の北条一門がほとんど存在せず、六波羅評定衆や同引付頭人等の要職に北条氏が任命されることはほとんどなかった。得宗家からみれば、探題がその「爪牙耳目」としての役割を果たすべきであるが、「はじめに」でも触れたように、鎌倉末期になると北条氏庶流によってその職が占められるようになり、得宗との個人的信頼関係は次第に薄らいでいったと思われる。このような状況下で、得宗の「爪牙耳目」となったのが、安東・神氏等の御内人であり、彼らは得宗の在京代官として、本論でみたような独自の活動を行ったのである。

しかしながら、彼らは得宗政権と運命を共にすることはなかったらしく、正慶二年（元弘三・一三三三）五月の近江番場宿における六波羅探題とその配下の討死・自害者交名にその名前は見出せない。(31)

〔註〕

（1）『吾妻鏡』（新訂増補国史大系）承久三年六月十六日条。
（2）筧雅博氏の研究（註〈7〉〈12〉〈23〉論考）が存在するに過ぎない。
（3）佐藤進一氏『増訂鎌倉幕府守護制度の研究』（東京大学出版会、一九七一年）播磨・美作・河内の項参照。
（4）西国守護及びその代官の在京については、既に木内正広氏「鎌倉幕府と都市京都」（『日本史研究』一七五、一九七七年）が指摘されている。
（5）ただし、第二編第一章の表7仁治三1及び寛元三1の神実員が得宗被官の可能性のあることは同章註（13）で述べた。
（6）第二編第一章の表7文永六5・同八1・正応二4、及び『実躬卿記』（大日本古記録）正応四年六月一日条等参照。
（7）佐藤進一氏「幕府論」（『日本中世史論集』岩波書店、一九九〇年、初出一九四九）、豊田武氏「安東氏と北条氏」（豊田武著作集第八巻『日本の封建制』吉川弘文館、一九八三年、初出一九六二年）、石井進氏「九州諸国における北条氏所領の研究」（竹内理三博士還暦記念会編『荘園制と武家社会』吉川弘文館、一九六九年）、納富常天氏「泉州久米多寺について」（『金沢文庫研究紀要』七、一九七〇年）、網野善彦氏『蒙古襲来』（小学館日本の歴史10、一九七四年）、戸田芳実氏「播磨国福泊と安東蓮聖」（『中世の神仏と古道』吉川弘文館、一九九五年、初出一九七五年）、『岸和田市史』第二巻中世編（一九九六年）第一章第七節「久米田寺の「復興」と安東蓮聖」（川合康氏執筆）、筧雅博氏『蒙古襲来と徳政令』（講談社日本の歴史10、二〇〇一年）等参照。
（8）『鎌倉遺文』二三八六五。
（9）『峰相記』（『兵庫県史』史料編中世四）に「安東平右衛門入道蓮性〔聖〕」とみえており、安東蓮聖の通称が「平右衛門入道」であることがわかる。
（10）「為」と「五」の草書体がやや相似していることも勘案すべきであろう。
（11）久米田寺文書（年未詳）七月十二日付安東助泰書状（『岸和田市史』第六巻史料編Ⅰ、中世編二三四）の奥に、「五条壇那状」という端書があり、彼が父の京都五条の屋敷を継承したことがわかる。
（12）『静岡県史』通史編2中世（一九九七年）第一編第二章第一節の「得宗被官安東蓮聖とその一族」の項（筧雅博氏執筆）。
（13）『金剛仏子叡尊感身学正記』（奈良国立文化財研究所史料第二冊『西大寺叡尊伝記集成』）弘長二年十一月八日条。
（14）『吾妻鏡』弘長三年三月十七日条。ただし「沙弥蓮性」を安東蓮聖と同一人と考えた。この事実については既に『国史大辞典』「あんどうれんしょう　安東蓮聖」の項（福田豊彦氏執筆）が指摘している。なお『雑談集』（中世の文学）第三巻五「愚老述懐」にも、蓮聖と善光寺との関係を物語る説話がみえている。
（15）増補史料大成『八坂神社記録』二。
（16）Dのように、その用件も記されず、単に記主（祇園社務感晴）のもとに「入来」ったことのみ書かれているのは、記主感晴がその「桟敷」に出向いたことを示すEとともに、「五条禅門」「平右衛門入道」が記主と親しい関係にあったことを推測させ、この点からも「五条禅門」と「平右衛門入道」が同一人物たることを物語っている。なお蓮聖が「五条禅門」と呼ばれたことについては、『金沢文庫古文書』四〇四〇、氏名未詳書状によって、かつて戸田芳実氏が推測を加えられたことがある（戸田氏註〈7〉論文）。また『祇園社家記録』の記述から、蓮聖と山門（祇園社は末社）との親密な関係も窺うことができよう。

(17) 大日本古記録『実躬卿記』四、二五四・二五五頁。

(18) 後略した部分に記載がある。

(19) 『親玄僧正日記』永仁元年四月二十二日条。東京大学史料編纂所架蔵写真帳に拠る。なお「左野」とあるのは「佐野」のことであろう。七月九日条も参照。

(20) 鎌倉最末期の元徳頃に、西国の欠所地について六波羅探題の管轄が知られる（金沢文庫文書、〈元徳元年〉十一月十八日付崇顕〈金沢貞顕〉書状、『鎌倉遺文』三〇七七八）が、永仁頃については不明であり、この事例における安東蓮聖の活動の評価ついてもさらに慎重な検討が必要と思われる。

(21) 金沢文庫文書、『鎌倉遺文』三二一二七。

(22) 『続々群書類従』第二。

(23) 「道蘊・浄仙・城入道」『三浦古文化』三八、一九八五年。

(24) 久米田寺文書（正中二年）十月二十日付書状（『鎌倉遺文』二九二三二）の差出は「助泰」であり、「泉州久米多寺隆池院覚書」収載の嘉暦三年七月十一日付書下（『岸和田市史』第六巻史料編Ⅰ、中世編一二七）になると、差出が「円恵」という法名に変化しており、安東助泰の出家を北条高時のそれ（嘉暦元年三月十三日）に伴うものと考える私見をやや消極的ながらも支持しよう。

(25) 筧氏註（23）論文。金沢文庫文書、（元徳二年）三月二十四日付崇顕（金沢貞顕）書状、『鎌倉遺文』三〇九八四。

(26) 金沢文庫文書、（年月日未詳）崇顕（金沢貞顕）書状、『鎌倉遺文』三〇八一〇。なお『鎌倉遺文』三〇九一七・三〇九八六も参照。

(27) 円覚寺文書、『鎌倉遺文』二二九七八。

(28) 円覚寺文書、『神奈川県史』資料編２古代・中世⑵、一三六四。なお安東助泰・神五左衛門尉両人も進物を献上している（ただし「安東平右衛門尉」を助泰に比定した）。
(29)『光明寺文書』第一（史料纂集）一〇。
(30)寛氏註（12）論考。
(31)『近江国番場宿蓮華寺過去帳』（『群書類従』第二十九輯）。南北朝期、安東助泰の子高泰は室町幕府に仕え将軍の直臣となっている（『岸和田市史』第二巻五四二頁以下〈山中吾朗氏執筆〉参照）。

終　章　六波羅探題の展開過程

本章では本論での考察の総論として、六波羅探題の展開過程とその滅亡の要因、及び六波羅探題の歴史的位置について述べてみたい。

第一節　六波羅探題の確立

六波羅探題は承久の乱に伴い設置された幕府機関であり、当初の任務は「如㆓右京兆（北条義時）爪牙耳目㆒、廻㆓治国之要計㆒、求㆓武家之安全㆒」（『吾妻鏡』承久三年六月十六日条）めるという、北条氏（得宗）による京都（朝廷）とその周辺の動静の監視にあった。初代の探題は、乱に際し東海道大将軍として上洛した北条泰時（北方、義時子）と同時房（南方、義時弟）であり、執権北条義時の分身として承久の乱の戦後処理にあたった。当時の六波羅探題は京都占領軍であり、機構としても未熟であった。南方探題に対する北方探題の優位も確立しておらず、六波羅下文という他の時期に見出せない、当該期に固有な形式の発給文書も存在している。(1) 六波羅の長官である南北両探題の関係につき、北方が執権探題として六波羅の政務を主導するのは嘉禄元年（一二二五）六月に北方探題に就任した北条時氏（南方は同時盛）以後である。執権探題は公武交渉においてリーダー的役割を果たした（第一編第一章）。

ところで鎌倉末期に成立した『沙汰未練書』に「六波羅トハ、洛中警固并西国成敗御事也」とみえているように、朝廷の監視の他に、六波羅の主要な職務として洛中警固と西国成敗（訴訟）とがあった。洛中警固は、北条時氏に次いで北方探題となった北条重時の時期に制度が整えられ、一二五〇年代までに在京人（在京御家人）を中心とした警固体制が成立する。西国成敗についてはやや遅れ、建治（一二七五～七七）頃に急速に整備がなされる。これらの点につきもう少し詳しくみてみよう。

鎌倉幕府による洛中警固は、建久元年（一一九〇）の源頼朝上洛に伴う、在京御家人（畿内近国守護）―御家人による警固（追捕）と罪人請取り制の成立によってスタートした。頼朝の死後、在京御家人が次第に後鳥羽上皇に組織され、その武力化していくこともあって、後鳥羽院政下では公家政権単独での洛中警固を可能にした。しかし承久の乱に伴う朝廷の武力解体と検非違使の無力化とにより、六波羅探題は次第に洛中警固に関与せざるを得なくなっていく。暦仁元年（一二三八）将軍九条頼経上洛時の、朝廷（頼経父九条道家）側からの働きかけにより、京中の辻々に篝屋が設置され、組織的な洛中警固制度が発足する。それに伴い、幕府・六波羅による罪人請取りも徹底化される（第三編第一章）。寛元四年（一二四六）に篝屋は「不退在京奉公、不退祇〓候六波羅〓」（『吾妻鏡』寛元元年十一月十日条）者である在京人のみの勤役とされ、一二四〇～五〇年代には小早川・海老名・若狭・湯浅氏らを主要メンバーとする、洛中警固を担う在京人体制が成立するのである（第一編第三章）。

尾張（のち三河）・加賀以西を管轄した（のちに周防・長門及び九州地方は管轄を離れる）西国成敗については、早くも元仁元年（一二二四）における六波羅探題での訴論人対決が確認できる（第二編第一章）。しかし訴訟機構としての六波羅評定衆は一二四〇年代後半頃、同引付方は弘安元年（一二七八）以前の成立であり、探題北条重時期（一二三〇～四七）頃までは組織が未熟で、六波羅宛申状の裏花押の分析等からも「探題その人が訴訟進行の中心にあった」段階と位置付けられている。(2) 正元元年（一二五九）幕府は「西国雑務事」について「殊重事外、不レ可二注進一、直可レ令二尋成敗一」きことを六波羅に指令し（追加法三二四条）その裁判権を強化させたが、六波羅の西国成敗機能が確立をみるのは建治年間と考えられる。

蒙古襲来は幕府の西国統治機関である六波羅探題にも多大な影響をもたらし、文永の役の翌建治元年（一二七五）には、伊賀光政・二階堂行清・町野政康らの吏僚系有力御家人三名が上洛し、六波羅評定衆に加わった（第一編第三章）。また建治三年末には、六波羅の訴訟審理が口頭対決や召決を基軸とするものから訴陳状の応酬などを基軸とする方式に転換するとされており、(3)西国成敗機関としての六波羅探題は、建治年間頃に一応の確立をみたと位置付けられよう。「一応の確立」としたのは、永仁元（一二九三）〜五年頃（北方北条久時・南方同盛房在職期）にかけて、六波羅で訴訟審理は行われたものの判決を下した形跡（六波羅裁許下知状）が見当たらず、判決権は関東が掌握していたとみられること、(4)及び次節で述べるように、引付裁判権の確立や六波羅奉行人主要十家の形成が正安年間（一二九九〜一三〇二）頃と考えられるからである。なお訴陳状に加える到来付を有する端裏銘も、文永〜弘安期（一二六四〜八八）に六波羅探題における訴訟手続きのなかから生じたものと推定されている。(5)

さて、六波羅の長官である南北両探題の在職が通常化するのも建治三年末以降のことである。これ以前には南方の欠員期間が長期に及ぶことがあり、北方探題も北条時氏以後、重時・長時・時茂・義宗らの重時流北条氏が独占していた。建治三年末の北方北条時村・南方同時国の就任により、南北両探題の在職が通常化し、重時流以外の北条一門からも北方探題が任命されるようになった。また探題の発給文書も両探題連署を原則とするようになり、御教書・下知状・書下の三形式を基本形とするようになる。(6)このように南北両探題制は建治三年末に確立したといえる。

以上述べてきたように、幕府の西国統治機関として、朝廷監視・洛中警固・西国成敗の機能を兼ね備えた六波羅探題は、建治年間に確立をみたといえるだろう。

第二節　六波羅探題府機構の完成

西国成敗機関としての六波羅探題は順次制度が整い、正安二年（一三〇〇）～延慶元年（一三〇八）の間に引付を中心とする裁判（引付責任制）が確立し、検断方も正安二年～正和二年（一三一三）の間には成立する。(7) 以下に述べる奉行人の主要メンバーも正安元年には出揃い、六波羅探題の訴訟機構は正安年間（一二九九～一三〇二）頃に完成をみたといってよいだろう。これと符合するように六波羅裁許下知状も、北条宗方（北方）・大仏宗宣（南方）が六波羅探題に就任した永仁五年（一二九七）以降に急増している。(8) そしてこのような西国成敗を中心とする六波羅の政務を担ったのが、六波羅評定衆・同引付頭人や引付方に属する右筆奉行人たちである。

六波羅評定衆・引付頭人には有力在京人、すなわち西国守護や西国地頭らが任命されたが、その人員構成においてもっとも特徴的な点は、長井・伊賀・二階堂・町野・海東（中条）・後藤・藤原・水谷氏らの吏僚系御家人がその職を世襲して多数を占め、かつ高い席次を有していたことである。その一方で、関東では顕著な北条氏一門の在職はほとんど認められない。このような六波羅評定衆の構成上の特色は、少なくとも建治元年（一二七五）以来のものである。六波羅探題府は京都に所在したため、朝廷や荘園領主との交渉・接触の機会も多く、実務能力を有する人材を多く必要としたのである（第一編第二章・第三章）。また六波羅奉行人は、西国出身もしくは西国に根拠地（名字の地）を持つ者を中心に構成され、正安元年までには安富・斎藤・宗像・伊地知・飯尾・雅楽・松田・津戸・関・雑賀の主要十家が形成される。六波羅探題府では、関東とは異なる顔触れの奉行人集団が形成された。時代が下るにつれ、探題被官で奉行人に任用される者が見出し難くなるのもその特徴の一つである（第二編第一章～第三章）。探題被官の活躍の場は、洛中警固などの検断関係に次第に限定されていく。要するに、西国成敗機関として完成した時期の六波羅の政務は、関東とはまったく異なり、北条氏勢力を構成要員としない吏僚層を中心とした官僚組織によって担われていたのである。当該期、六波羅の長官南北両探題は、このような六波羅独特の官僚組織の中に身を置きながら、指導力を発揮せねばならなくなっていく。しかも鎌倉末期の探題は得宗との血縁関係も薄れ、かつての執権義時と探題泰時・時房、或いは執権泰時・時頼と探題重時の如き、強固な信頼関係を築くことも困難となっていたと思われる（次節参照）。官僚組織のトップとして、探題に、従来に増して調整能力や実務能力が求められる状況が強くなっていくと考えられる。

このような六波羅探題府をめぐる趨勢のなかで、永仁五年に南方執権探題大仏宗宣が登場する。南方執権探題の出現は、六波羅探題主導者の任命基準が家格優先主義から能力優先主義へ変化したことを意味する。第一編第一章で述べたように、南方執権探題大仏宗宣の出現背景には、いわゆる永仁の徳政令の西国施行という直接的理由が存在したが、非北条系の六波羅の官僚組織をスムーズに動かすためにも、執権探題その人に従来以上の政治的能力が必要不可欠となってきたのである。皮肉にも、鎌倉で得宗北条貞時による専制が頂点に達したとされる頃、六波羅探題府では能力優先主義がトップの人事に顕著に現れたのである。大仏宗宣の探題就任以降、六波羅裁許下知状の所見が急増することも先にみた通りである。

十三世紀末には、悪党問題に対処する――旧来の秩序を維持するための武力発動も本格化する。六波羅探題による遵行システムの完成である。六波羅は建治三年頃から、在京人や畿内近国の守護（守護代）・御家人を両使に編成して、管国内における違乱停止や判決執行などの遵行にあたらせていた。さらに正応三年（一二九〇）～永仁六年（伏見親政期）には、違勅綸旨・違勅院宣を承け、本来幕府が不介入を原則としていた本所一円地においても六波羅が使節遵行を行うようになる。悪党の盛行により、それを自ら鎮圧する武力を持たない朝廷や荘園領主は、六波羅探題への武力依存を強めていったのである。洛中警固を担う在京人らの武力が、六波羅探題の西国成敗機能の一環として使節遵行に恒常的に転用されるようになったのである。(9) 六波羅は公家政権側の下部組織的な武力機構と化してしまったともいえるだろう。

以上のように六波羅探題府は、正安年間頃までに西国成敗機関として完成した。その機構は吏僚層が中心で北条氏勢力が不在であり、官僚制的な性格が濃厚な組織を基盤としていた。探題でいうと、南方執権探題大仏宗宣の在職期（一二九七～一三〇二）頃までにこのような組織・機構が完成したといえる。またほぼ同時期に六波羅探題による遵行システムが完成し、六波羅は公家政権側の強制執行機関とも化していったのである。成立当初の、北条氏による朝廷監視専門機関としての六波羅探題の役割は大きく変質していったといわざるを得ない。

第三節　六波羅探題の滅亡

正慶二年（元弘三・一三三三）五月、六波羅探題（北方北条仲時・南方同時益）は、後醍醐天皇方に寝返った足利高氏らの攻撃を受け、崩壊・滅亡した。そのわずか二週間ほどのち、鎌倉の幕府も滅亡する。六波羅の倒壊は鎌倉幕府滅亡のカウントダウンを意味した。当然ながら、六波羅の滅亡は鎌倉の得宗政権の滅亡と密接に連動していたのであり、その崩壊理由についても、主として六波羅探題権力の源泉である得宗政権それ自身に求めねばなるまい。しかしながら、朝廷の拠点京都に所在した六波羅探題は、ある意味では幕府以上に深刻な、滅亡に至る固有の問題を抱えていたのであり、その様相についてここでは考えてみたいと思う。

十三世紀末に六波羅探題が、違勅綸旨・違勅院宣を承け、本所一円地においてもその武力を発動するようになり、在京人や畿内近国の守護（守護代）・御家人らが恒常的に遵行使節として動員されるようになったことは先にみた。彼等は主に荘園領主に敵対する悪党の排除にあたったが、例えば、元亨四年（一三二四）の伊賀黒田荘における佐々木範綱（東大寺文書）や、元徳二年（一三三〇）に遵行使節（両使）への協力を命じられた和泉大鳥荘の近隣御家人（田代文書）に顕著なように、その使節活動を拒否しようとする動きが次第に強まっていた。[10]悪党鎮圧に動員される使節自身が、悪党の縁者、あるいは追捕・狼藉などを行う悪党的存在であった場合もあり、[11]彼等が荘園領主擁護のために積極的に使節遵行を行うはずもなかったのである。六波羅探題は畿内近国の強制執行を行う、言ってみれば、公家政権側の下部組織的な武力機構と化したことにより、悪党はおろか、使節遵行を担う在京人や畿内近国御家人らの不満・反発をも抱え込まざるを得ない状況に追い込まれていったのである。[12]

鎌倉末期の六波羅探題は、悪党問題に象徴される畿内近国の複雑な政治・社会情勢に対処したが、その任務の重要性に比し、六波羅の長官である南北両探題の権限はあまりに限定されたものであったといえる。[13]主従制の根幹に関わる御家人への恩賞権や処罰権などは、探題に付与されず、幕府がこれを保持・行使し続けた。永仁五年（一二九七）の大仏宗宣以降、六波羅の政務主導者たる執権探題の任命基準が家格主義から能力主義へと変換されたのであるが、これとて探題の権限の拡大を意味するものではなく、所詮は従来の枠組み内における改革に過ぎないともいえる。最重要事においては、探題の頭越しに、関東・朝廷間で交渉が行われることさえあった。[14]六波羅探題滅亡の要因の一つに、探題の権限不足が挙げられるであろう。「宮方ハ負レ共勢弥重リ、武家（六波羅探題＝筆者註）ハ勝共兵日々ニ減ゼリ」（『太平記』巻九「山崎攻事付久我畷合戦事」）という元弘の乱末期における状況は、結局六波羅が、在京人や畿内近国御家人との間に強固な関係を築く求心力となり得なかったことを物語っているように思われる。

これに加え、六波羅探題府には両探題以外の北条氏一門がほとんど存在しなかったこともあって、探題は孤立化しつつあったといえる。北条一門が六波羅評定衆に任命されることは、鎌倉末期に至るまでほとんどなかった。これは関東とはまったく逆の現象である。首脳部が北条氏によって独占される状況は六波羅探題府では生じなかった。その理由として、得宗家が京都における一門の自立的活動を警戒したことや、在京によって生じる可能性のある、北条氏と寺社勢力との紛争を極力回避したことなどが推測される。前節でみたように、六波羅評定衆の主要構成メンバーとなったのは、長井・伊賀・二階堂氏らの吏僚系御家人であった。しかも本来朝廷の下級官人に出自を持つ彼等は、幕府のみでなく朝廷や公家とも個別的関係を持っていた。例えば、六波羅評定衆長井氏歴代と摂関家近衛家とは主従関係を結んでいた。また伊賀兼光や小田時知も後醍醐天皇と個別に結びついていた。また十三世紀末までにその主要メンバーが形成された六波羅奉行人も、同じ吏僚という属性から、評定衆とは姻戚関係を含む親密な関係を結んでいた。奉行人の場合も、例えば斎藤氏のように公家との交流関係が認められ、斎藤基任の如きは作歌活動を通じて後醍醐天皇側近北畠具行と交流していたことが推測される。鎌倉末期、六波羅評定衆・奉行人らの在京官僚たちは朝廷や公家とも深いつながりを形成していた。探題以外の北条氏勢力の僅少さや、鎌倉末期に顕著な探題在職期間の短期化などもあって、結局南北両探題は六波羅評定衆・奉行人らの官僚集団を掌握しきれず、その離反を招き滅亡するのである（第一編第二章、第二編第一章・第四章）。

探題の真の意味での直属の配下としては探題被官が存在していた。そのうちの有力者が検断頭人に任命され、在京人を指揮・統率して洛中警固にあたっていた。しかし検断頭人は探題の離任とともにその任を去るのであり、また在京人からみれば検断頭人は、所詮自分たちより身分の低い探題家人であって、元来その指揮下に属することを快しとしていたとは思えない。しかも在京人が探題・検断頭人の指示を受け、南都北嶺僧徒の入京阻止などにあたり、却ってその防戦の行き過ぎを僧徒らに訴えられて、流罪に処せられるケースがしばしば生じるようになってくる。六波羅評定衆筆頭の長井頼重でさえ、寺社勢力と衝突し二度も配流の憂き目に遭っている。鎌倉末期になると在京人の、洛中警固活動―特に対寺社勢力―への忌避傾向が顕著となっていく（第二編第一章・第一編第二章）。洛中警固においても在京人と探題・探題被官との間の溝は深まっていたのである。(15)

鎌倉末期の六波羅探題府には自立的な官僚集団が形成されており、前節で述べたように、探題もその組織・機構の頂点に位置する官僚的ポストと化しつつあった。北条氏庶流が家例に基づいて交替で探題に就任するようになり、得宗と探題との個人的信頼関係も時代とともに薄らいでいた。このような得宗と探題との関係の変化のなかで、探題権限が大幅に拡大されることはあり得なかった。得宗北条時宗・貞時・高時期には、六波羅探題よりも信頼に足る得宗の分身として、得宗被官安東氏や神氏らが在京活動を行っていた（第三編第二章）。最終的に六波羅探題は、探題府内に有力な北条勢力の不在状況のなかで、探題被官と在京人との対立などの矛盾を抱えたまま、正慶二年五月近江番場で滅亡する。滅亡したのは両探題と共に死んでいったその被官勢力たちに過ぎなかった。

第四節　六波羅探題の位置

以上述べてきたように、六波羅探題は①京都（朝廷）とその周辺の動静の監視、②洛中警固、③西国成敗を主要任務として重要な役割を果たし続けた。探題北条重時期（一二三〇～四七）頃までは得宗との個人的信頼関係が厚く、その一方で探題府の組織が未熟であったこともあり、①・②・③何れにおいても探題（執権探題）が強い指導力を発揮したと考えられる。次いで建治三年（一二七七）末には南北両探題の在職が通常化し、従来の②に続いて③が整備され、六波羅探題の機能は一応の確立をみたといえる。正安（一二九九～一三〇二）頃には主に③を担う官僚集団が形成され、六波羅探題府機構が完成する。トップの探題の人事にも能力主義が導入され、探題その人に、官僚組織を円滑に動かすための調整能力や実務能力が一層求められるようになったのである。

このような展開過程を経ながら、六波羅探題の歴史的役割が、鎌倉幕府の出先機関として①・②・③の職務遂行に存したことはいうまでもない。しかし六波羅探題は鎌倉から距離を隔てた公家政権の根拠地京都に所在したことにより、幕府のみでなく、公家や荘園領主側の動向にも影響を受けながらその任務を行わねばならなかった。

②洛中警固に関しては、暦仁元年（一二三八）篝屋が設置されたことにより、六波羅探題が篝屋を統轄して京中の治安維持活動を担うことになる。弱体化した検非違使の機能を大幅に代替し、京中の警察業務を行ったわけであり、六波羅は公家政権の警察機構としての役割を果したといえる。十三世紀末に悪党鎮圧のため、本所一円地においても六波羅の武力が発動されるようになり、六波羅は公家政権の警察機構としての性格を濃厚にしていく。本所一円地への入部が可能となったことにより、鎌倉幕府―六波羅探題権力が畿内近国に一層浸透したといえるのであるが、六

波羅が悪党追捕にあたる使節の動員に苦慮している深刻な事態を考慮すると、第二・第三節で述べたように、「公家政権側の下部組織的な武力機構と化した」と評価せざるを得ないであろう。鎌倉末期六波羅は、権門体制国家論[16]における、京都及び畿内近国の治安警察機構として機能したと位置付けられる。しかしこのような六波羅探題の機能は、悪党鎮圧策に象徴されるように、あくまでも関東の命令を忠実に実行する幕府の下部機関としての役割に根差すものであり、一方でその桎梏から抜け出せず、六波羅が在京人や畿内近国御家人等の反発を受け、疲弊していく事態が深刻となっていくのである。また先に六波羅探題が「公家政権側の下部組織的な武力機構と化した」と述べたが、これは六波羅が公家の従順な武力機構となったことを意味しない。正中の変や元弘の変に明らかな如く、公家（後醍醐天皇）勢力そのものが六波羅の検断対象となるのであり、幕府（及び六波羅）の存立に係わる①の任務が、②を伴い遂行されるのである。有事に際して現れる①こそが、六波羅の最も重要な本質的任務であったのである。

次に③西国成敗について考えてみよう。第二節で述べたように、探題大仏宗宣在職の正安年間頃に、訴訟機関としての六波羅探題府が完成したと考えられる。六波羅評定衆・奉行人等スタッフの充実振りや、註（8）でみた六波羅裁許下知状の伝存状況から判断しても、正安頃に六波羅探題が訴訟機関として確立したことは疑いないと思われる。問題は六波羅の幕府訴訟制度全体のなかに占める位置である。やはり註（8）でみたように、探題大仏宗宣期以降、六波羅管轄国の訴訟を判決した関東裁許下知状は激減し、六波羅裁許下知状の半数以下となっている。この現象は当然ながら六波羅の訴訟機関としての確立に伴うものと思われる。けれども、鎌倉末期の元亨三（一三二三）・四年頃でさえ、六波羅探題の判決が執行されず、訴人側の訴えもあって六波羅自ら「以二別儀一」て関東に「成敗」を求めた事例[17]が存在する。この点を考慮すると、「六波羅は審級上からも遂に関東より独立しえなかった」[18]との佐藤進一氏の見解は正鵠を射たものといわざるを得ないと考える。もっともこの評価は、鎌倉幕府訴訟制度全体のなかに占める六波羅探題の位置付けに関するものであり、六波羅が関東の下位に位置しつつも、正安頃訴訟機関として確立したことは上記したように疑いないと考えられる。

鎌倉幕府滅亡以後、六波羅探題府の吏僚集団はほぼ室町幕府に継承されていく。第二編第四章で、斎藤氏を通じて考察したように、六波羅時代に形成された奉行人の故実や作法などがその活動規範として引き継がれていくこととなる。北条氏勢力が存在しなかったため、探題府では吏僚を中心とした独自の官僚制が発達した。その中心メンバーが、長井・町野・水谷氏らの吏僚系評定衆や斎藤・飯尾・松田氏らの主要奉行人十家であった[19]（第一編第二章・第二編第一・三・四章）。室町幕府機構の有力な担い手はこれら六波羅出身の官僚たちであり、室町将軍直属の奉公衆も在京人と連続する者が多かった[20]。この点で六波羅探題府は室町幕府の前身的存在と位置付けることが可能であり、ここに六波羅探題の大きな存在意義を見出すこともできるのである。

〔註〕

（1）久保田和彦氏「六波羅探題発給文書の研究」（『日本史研究』四〇一、一九九六年）。
（2）高橋一樹氏「鎌倉幕府訴訟文書の機能論的考察」（『古文書研究』五四、二〇〇一年）。
（3）熊谷隆之氏「六波羅における裁許と評定」（『史林』八五—六、二〇〇二年）。
（4）稲葉伸道氏「鎌倉幕府裁判制度覚書（一）」（『年報中世史研究』一五、一九九〇年）。
（5）註（3）高橋一樹氏論文。
（6）加藤克氏「「六波羅奉行国」に関する一考察」（『北大史学』三七、一九九七年）、熊谷隆之氏「六波羅探題発給文書

に関する基礎的考察」（『日本史研究』四六〇、二〇〇〇年）。
（7）佐藤進一氏『鎌倉幕府訴訟制度の研究』（岩波書店、一九九三年、初出一九四三年）第四章六波羅探題。
（8）瀬野精一郎氏編『増訂鎌倉幕府裁許状集上・下』（第二刷）に拠ると、永仁五年の六波羅探題北条宗方・大仏宗宣期以降六波羅裁許下知状が急増し、六波羅滅亡までの約三十六年間に六十七通を数える。宗方・宗宣発給のそれも九通確認できる。一方、永仁五年の探題北条久時・同盛房期までは約七十六年間で二十八通が知られるに過ぎない（以上のデータ集計に際し、六波羅裁許下知状とは見做し難い補五・同一五は除外した）。また宗方・宗宣期以前は、六波羅管轄国の訴訟を判決した関東裁許下知状が百四十六通に達するが、同期以後のそれは三十通に激減する。
（9）外岡慎一郎氏「六波羅探題と西国守護」（『日本史研究』二六八、一九八四年）、同「鎌倉末～南北朝期の守護と国人」（『ヒストリア』一三三、一九九一年）、近藤成一氏「悪党召し取りの構造」（永原慶二氏編『中世の発見』吉川弘文館、一九九三年）、熊谷隆之氏「六波羅・守護体制の構造と展開」（『日本史研究』四九一、二〇〇三年）。
（10）上横手雅敬氏「六波羅探題と悪党」（『鎌倉時代政治史研究』吉川弘文館、一九九一年、初出一九六〇年）。
（11）網野善彦氏「鎌倉末期の諸矛盾」（『悪党と海賊』法政大学出版局、一九九五年、初出一九七〇年）、小泉宜右氏『悪党』（教育社、一九八一年）5支配者と悪党の対決。
（12）木村英一氏「鎌倉後期の勅命施行と六波羅探題」（『ヒストリア』一六七、一九九九年）。
（13）上横手雅敬氏「六波羅探題の構造と変質」（註〈9〉著書所収、初出一九五四年）。
（14）筧雅博氏「道蘊・浄仙・城入道」（『三浦古文化』三八、一九八五年）。
（15）高橋慎一朗氏「六波羅探題被官と北条氏の西国支配」（『中世の都市と武士』吉川弘文館、一九九六年、初出一九八九年）。
（16）黒田俊雄氏「中世の国家と天皇」（『日本中世の国家と宗教』岩波書店、一九七五年、初出一九六三年）。
（17）高野山文書続宝簡集、正中二年正月日付高野山蓮華乗院学侶等訴状（『鎌倉遺文』二八九六三、佐藤進一氏・池内義資氏『中世法制史料集』第一巻鎌倉幕府法、参考資料五四)。
(18)註(7)著書一五六頁。
(19)佐藤進一氏「室町幕府開創期の官制体系」(『日本中世史論集』岩波書店、一九九〇年、初出一九六〇年)。
(20)五味文彦氏「在京人とその位置」(『史学雑誌』八三－八、一九七四年)。

あとがき

本書は「序章」末尾に記したように、一九八七年以来発表した旧稿七本に新稿四本を加え、構成したものである。旧稿には発表後、十数年を経過したものもあり、大幅に加筆・修正を加えたところがある。新稿の執筆とあわせ、これらの作業は二〇〇三年の春から秋にかけて行った。

第一編では探題・評定衆らの上級職員を扱い、第二編では機構を支えた奉行人を主題としている。職員研究を中心とした第一・第二編が本書の主要テーマであり、第三編ではこの主題から離れて、洛中警固などを考察した。なお、

「平頼綱と公家政権」(『三浦古文化』五四、一九九四年)

「御家人佐分氏について」(『金沢文庫研究』二九三、一九九四年)

も、六波羅探題と関わりを持つ論文であるが、本書には収載しなかった。参照いただければ幸いである。

顧みれば、六波羅探題について勉強しはじめたのは、國學院大學大学院に進学した年の一九八三年の末か翌八四年の初め頃であったかと思う。修士論文の題目の提出期限が迫り、あれこれ迷った末、ようやくたどり着いたのがこのテーマであったことを記憶している。学部生時代に、『吾妻鏡』を講読する歴史系サークル(國學院大學日本史研究会中世部会)に属していたこともあり、当時、鎌倉期の政治・制度史に強い興味を懐くようになっていた。六波羅探題というテーマにたどりついたのは、その組織や機構の輪郭が『吾妻鏡』だけではつかみ難く、京都には鎌倉とは異なった武家の世界が存在しているのではないか、という素朴な疑問を持ち、自分なりに未知の領域を探ってみたいと

思ったからである。

一九八〇年代半ば頃、六波羅探題に関する研究成果はさほど多くはない状況にあった。また『鎌倉遺文』は一三〇〇年代が未刊であったが、そのためかえって、史料収集に多くの労力を注ぐことができたようにも思う。公家の日記などをみていると、自分なりに新たな発見があり、楽しく、励みにもなった。本書は修士論文以来、約二十年を費やしてようやく成ったものであるが、論理的思考が苦手なこともあり、基礎的研究であることは自覚している。今後は精進を重ねて少しでも研究を深めていきたいと思う。

さて私が、まがりなりにも研究書を出すことができたのは、多くの先生の学恩を蒙ったお陰である。大学院時代には、小川信先生・米原正義先生・石井進先生からご指導を受けた。小川先生には、指導教員として卒業論文をはじめ、公私にわたりご指導いただいた。本書の刊行により、僅かながらも学恩にお応えできるのではと思っていた矢先、昨年十一月、先生の突然の訃報に接した。本書をお届けできなかったのは痛恨の極みである。謹んで先生のご霊前に本書を捧げたい。

米原先生には修士論文の副査としてご指導いただいた。石井先生には大学院の授業などで多くのことを教わった。先生に本書をおみせすることも叶わなくなったが、ご覧になられたら、「森君、もっと大きなホラを吹かなきゃだめだよ」と、おっしゃられたに違いない。

一九九四年以来、非常勤講師として母校の教壇に立つ機会に恵まれ、いまでは、二木謙一先生・千々和到先生にご指導いただいている。千々和先生には、本書の構成などにつき懇切なご教示を賜った。

そのほかにも、お名前を挙げることは控えさせていただくが、大学院の先輩や学友、同学諸氏をはじめとする多くの方から、たくさんのご教示をいただき、助けられてきた。また史料の閲覧では、東京大学史料編纂所をはじめとする諸機関のご高配を受けた。これらの学恩に対し、衷心より感謝申し上げたい。

一九九〇年以来、東国中世史の宝庫、小田原の市史編纂に携われたことも、視野を広げる良い機会となった。本書の出版に際しては、小川一義氏をはじめとする続群書類従完成会の方々のお世話になった。人名索引の作成にあたっては國學院大學大学院生の野村朋弘氏の協力を得た。

最後に、私事であるが、好き勝手な私をあたたかく見守ってくれた、両親と義父母、そして怠惰な私を常に励ましてくれる妻美佐生と二人の息子に深く感謝したい。

二〇〇五年一月

著者略歴
森　幸夫（もり ゆきお）

1961年　神奈川県平塚市生まれ
1989年　國學院大學大学院文学研究科日本史学専攻博士課程後期単位取得退学
現　在　國學院大學非常勤講師
主な著書・論文
『小田原市史通史編原始古代中世』（共著、1998年）
「室町幕府奉公衆の成立時期について」（『年報中世史研究』18、1993年）
「本山派修験小田原玉瀧坊について」（『戦国史研究』44、2002年）

六波羅探題の研究

平成十七年四月二十五日　発行

定価六、〇〇〇円（税別）

著者　森　幸夫

発行者　太田　史

発行所　東京都豊島区北大塚一―一四―六
続群書類従完成会
電話（〇三）三九一五―五六二一
振替口座〇〇一二〇―二―六二六〇七

印刷所　株式会社　平文社

ISBN-7971-0742-1

索　　引

事項索引

ア　行

カ　行

サ　行

タ　行

ナ　行

ハ　行

マ　行

ヤ　行

ラ　行

ワ　行

人 名 索 引

ア

イ

ウ

キ

ク

ケ

コ

サ

シ

ニ

ヌ

ノ

ハ

ヒ

フ

ヘ

ホ

マ

ミ

ム

モ

ヤ

ユ

ヨ

ラ

リ

レ

ロ

ワ